iOS Rezepte

40 Lösungen für bessere iPhone- und iPad-Apps

iOS Rezepte

40 Lösungen für bessere iPhone- und iPad-Apps

Matt Drance
Paul Warren

Deutsche Übersetzung von
Lars Schulten

Beijing · Cambridge · Farnham · Köln · Sebastopol · Tokyo

Die Informationen in diesem Buch wurden mit größter Sorgfalt erarbeitet. Dennoch können Fehler nicht vollständig ausgeschlossen werden. Verlag, Autoren und Übersetzer übernehmen keine juristische Verantwortung oder irgendeine Haftung für eventuell verbliebene Fehler und deren Folgen.

Alle Warennamen werden ohne Gewährleistung der freien Verwendbarkeit benutzt und sind möglicherweise eingetragene Warenzeichen. Der Verlag richtet sich im Wesentlichen nach den Schreibweisen der Hersteller. Das Werk einschließlich aller seiner Teile ist urheberrechtlich geschützt. Alle Rechte vorbehalten einschließlich der Vervielfältigung, Übersetzung, Mikroverfilmung sowie Einspeicherung und Verarbeitung in elektronischen Systemen.

Kommentare und Fragen können Sie gerne an uns richten:
O'Reilly Verlag
Balthasarstr. 81
50670 Köln
E-Mail: kommentar@oreilly.de

Copyright der deutschen Ausgabe:
© 2012 by O'Reilly Verlag GmbH & Co. KG
1. Auflage 2012

Die Originalausgabe erschien 2011 unter dem Titel
iOS Recipes bei Pragmatic Programmers, LLC.

Bibliografische Information der Deutschen Bibliothek
Die Deutsche Bibliothek verzeichnet diese Publikation in der Deutschen Nationalbibliografie; detaillierte bibliografische Daten sind im Internet über *http://dnb.d-nb.de* abrufbar.

Übersetzung und deutsche Bearbeitung: Lars Schulten, Köln
Lektorat: Christine Haite & Inken Kiupel, Köln
Korrektorat: Sibylle Feldmann, Düsseldorf
Satz: Andreas Franke, SatzWERK, Siegen; www.satz-werk.com
Produktion: Andrea Miß, Köln
Belichtung, Druck und buchbinderische Verarbeitung:
Druckerei Kösel, Krugzell; www.koeselbuch.de

ISBN 978-3-86899-147-5

Dieses Buch ist auf 100% chlorfrei gebleichtem Papier gedruckt.

Inhaltsverzeichnis

		Vorwort	1
		Einführung	3
		Danksagungen	9
1		**UI-Rezepte**	**11**
	1	Einen einfachen Splashscreen-Übergang einbauen.....	12
	2	Splashscreen-Übergänge gestalten................	21
	3	Einen eigenen Benachrichtigungs-View animieren.....	27
	4	Wiederverwendbare Toggle-Buttons erstellen.........	32
	5	Gerundete Views mit texturierten Farben aufbauen....	38
	6	Einen wiederverwendbaren Web-View aufbauen.......	42
	7	Slider- und Progress-Views anpassen...............	47
	8	Eine eigene Gestenerkennung gestalten	50
	9	Einen in sich abgeschlossenen Alert-View erstellen	55
	10	Ein Label für NSAttributedStrings erstellen	62
	11	Eine endlose Bildwand mit Albencovern scrollen	67
	12	Aus einer Bildwand mit Albencovern Tracks abspielen..	73
	13	Spaß mit automatisch scrollenden Text-Views	80
	14	Ein eigenes Number-Control erstellen	84
2		**Table- und Scroll-View-Rezepte**	**93**
	15	Die Produktion von Tabellenzellen vereinfachen.......	94
	16	Wiederverwendbare Tabellenzellen in einer Nib nutzen..	98
	17	Table-Cell-Subviews finden	103
	18	Komplexe Table-Views aufbauen	107
	19	Zweifarbige Table-Views erzeugen.................	114
	20	Table-Views Schlagschatten hinzufügen.............	119

	21	Statischen Inhalt in einem zoombaren Scroll-View platzieren 127
	22	Einen Scroll-View in Gestalt eines Seitenkarussells aufbauen 133

3 Grafikrezepte — 139

	23	Mit Gradienten gefüllte Bézierkurven zeichnen 141
	24	Dynamische Bilder mit mehreren Animationen erstellen . 147
	25	Zusammengesetzte und transformierte Views erstellen .. 150
	26	Ein Gradienten-Layer animieren 154
	27	Schatten umgestalten 158
	28	Animierte Views anzeigen 161
	29	Einen einfachen Emitter konstruieren................ 165
	30	Die Seite zu einem neuen View umblättern 170

4 Netzwerkrezepte — 177

	31	Den Netzwerkaktivitätsindikator zähmen 178
	32	Webservice-Verbindungen vereinfachen.............. 182
	33	Einen einfachen HTTP POST-Request formatieren...... 186
	34	Dateien über HTTP hochladen..................... 191

5 Laufzeitrezepte — 201

	35	Modernes Objective-C-Design nutzen 202
	36	Intelligente Debugging-Ausgaben erstellen 207
	37	Einfacheren Zugriff auf Benutzereinstellungen gestalten....................................... 212
	38	View-Hierarchien untersuchen und durchlaufen....... 217
	39	Ein einfaches Datenmodell initialisieren 225
	40	Daten in einer Kategorie speichern 231

Index — **235**

Vorwort

iOS ist eine fantastische Plattform für Entwickler. Der Touchscreen und die Interaktionsparadigmen sind revolutionär und haben gänzlich neuen Kategorien von Anwendungen die Tür geöffnet. Wir haben bereits erleben dürfen, wie brillante Entwickler Software vorgelegt haben, die wir uns noch vor wenigen Jahren nicht einmal hätten vorstellen können. Das einfache Handling von iPhone, iPod touch und iPad sorgt dafür, dass wir die Geräte immer dabeihaben können, und ihre vernünftigen Batterielaufzeiten ermöglichen eine permanente Nutzung. Kurz gesagt – und mit einer kleinen Entschuldigung an mein altes 2007er-MacBook Pro mit Snow Leopard, auf dem ich weiterhin Software entwickle und meine Fotos verarbeite –, iOS weist den Weg in die Zukunft. Es ist offensichtlich, dass sich die Welt der Computer verändert und dass sie nie wieder so sein wird, wie sie noch 2005 war.

Wahnsinn, oder? Wer würde nicht gern Software für diese genialen Geräte entwickeln?

Andererseits ist es leider so, dass wir nur einige wenige Jahre Zeit hatten, um zu lernen, wie man am besten Software für iOS und seine Touch-basierten Frameworks schreibt. Gut, einige von Ihnen haben vielleicht schon Software für Mac OS X entwickelt und deswegen einen kleinen Vorsprung vor der großen Mehrheit, die von anderen Plattformen auf die iOS-Entwicklung umgeschwenkt ist. Trotzdem sollten Sie sich davon nicht blenden lassen. Ganz gleich, was für einen Hintergrund Sie haben, wir alle betreten Neuland, wenn es um das Coden für iOS geht. Obwohl ich meine erste Cocoa-App vor mehr als einem Jahrzehnt aufgebaut und seitdem einen ganzen Stapel Bücher und Artikel zur Mac OS X-Entwicklung geschrieben habe, stand ich mehr als einmal wie der Ochs vorm Berg, während ich mit iOS gearbeitet und mich in XCode durch die Dokumentation gewühlt habe. Es gibt so viel, was man herausfinden muss: wie man perfekte Splashscreens erstellt, wie man Table- und Scroll-Views dazu bringt, die eigenen Wünsche so effizient wie möglich zu erfüllen, wie man auf die vielen Netzwerkdienste zugreift, die moderne soziale Anwendungen nutzen, und wie man mit der iOS-Runtime kooperiert, anstatt mit ihr zu ringen.

Glücklicherweise müssen wir die meisten dieser Dinge nicht selbst herausfinden. Matt und Paul – die Autoren dieses Buchs – haben jede Menge Beispiele zusammengestellt und die neuesten, frischsten Prinzipien bei der iOS-Software-Entwicklung in die Rezepte dieses Buches integriert. Sie haben so eine große Sammlung spezifischer Lösungen für bestimmte Probleme aufgebaut, die Sie je nach Bedarf einsetzen können.

Aber das ist noch nicht alles. Obgleich das Buch eine Sammlung eigenständiger Abschnitte ist, die jeweils auch auf eigenen Füßen stehen können, gewinnen Sie, wenn Sie es vollständig durchlesen, eine Menge wertvoller Einsichten darüber, wie Matt und Paul an die App-Entwicklung herangehen. Als ich die ersten Texte aus diesem Buch noch in der Beta-Version las, fühlte ich mich, als würde ich zwei meiner Lieblingsköche dabei zuschauen, wie sie schmackhafte Leckereien zubereiten. Ich nahm dabei nicht nur hervorragende Rezepte mit, sondern lernte viel aus der Art und Weise, wie die beiden die Sache angingen – und das selbst bei den einfachsten Dingen, von denen ich eigentlich dachte, dass ich sie beherrsche.

Nehmen Sie also Platz und schauen Sie zwei von meinen Lieblings-iOS-Entwicklern bei der Arbeit über die Schulter. Anschließend können Sie damit beginnen, Software zu entwickeln, von der Sie vor einigen Jahren nur träumen konnten.

James Duncan Davidson
April 2011

Einführung

Als Programmierer haben Sie das Ziel, Probleme zu lösen. Manchmal sind diese Probleme schwer, manchmal sind sie leicht und manchmal sogar amüsant. Zuweilen sind es nicht einmal „Probleme" im üblichen Sinne, trotzdem bleibt es Ihre Aufgabe, Lösungen zu entdecken.

Als Autoren haben wir das Ziel, Ihnen dabei zu helfen, Ihre Probleme besser und schneller als zuvor in den Griff zu bekommen – vorzugsweise in dieser Reihenfolge. Wir haben uns entschieden, ein Buch im Rezeptstil zu schreiben, das sich auf bestimmte Aufgaben und Probleme konzentriert, denen wir uns direkt zuwenden, statt Fragen der Programmierung auf einer abstrakteren Ebene zu diskutieren.

Das soll nicht heißen, dass wir mit diesem Buch nicht auch erzieherisch tätig werden wollen. Der Segen eines Rezeptbuchs ist, dass es zuverlässige Lösungen für Probleme bietet, die Sie eigenständig vielleicht nicht entdeckt hätten. Der Fluch eines Rezeptbuchs ist, dass Sie in Versuchung geraten könnten, die Lösungen per Copy-and-paste in Ihre Projekte zu übernehmen, ohne sich die Zeit zu nehmen, sie zu verstehen. Natürlich ist es angenehm, wenn man Zeit sparen kann, weil man weniger Code schreiben muss. Aber es lohnt sich ebenfalls, darüber nachzudenken und zu lernen, wie man diese Zeit gespart hat und wie man bei späteren Projekten vielleicht sogar noch mehr Zeit sparen könnte.

Wenn Sie mit dem iOS-SDK vertraut sind und nach Möglichkeiten suchen, die Qualität und die Effizienz Ihrer Apps zu verbessern, ist dieses Buch genau das richtige für Sie. Wir bringen Ihnen hier nicht bei, wie Sie Apps schreiben, aber wir hoffen, dass dieses Buch Ihnen dabei hilft, Ihre Apps zu verbessern. Sind Sie ein fortgeschrittenerer Entwickler, könnten Sie feststellen, dass Sie sich Zeit und Ärger sparen, wenn Sie einige der ausgefeilteren Techniken übernehmen, die auf den folgenden Seiten skizziert werden.

Wir haben bei vielen dieser Rezepte viel Wert auf die Wiederverwendbarkeit der Codes gelegt. Uns ging es nicht darum, einfach eine Technik oder ein paar Codezeilen vorzustellen, die eine bestimmte Aufgabe lösen. Stattdessen haben wir uns daran gemacht, Lösungen aufzubauen, die Sie unmittelbar in jedes iPad- oder iPhone-Projekt übernehmen können, an dem Sie gerade arbeiten. Einige könnten unverändert ihren Weg in Ihre Projekte finden, aber Sie sollten die Rezepte in diesem Buch möglichst genauso kreativ verwenden, wie Sie die eines gewöhnlichen Kochbuchs nutzen: Wenn Sie ein Gericht auf Basis eines Rezepts zubereiten, ergänzen oder streichen Sie unter Umständen einige Zutaten, je nachdem, was Sie in einem Gericht mögen oder im Kühlschrank haben. Dieses Buch erfüllt den gleichen Zweck für Ihre Apps und Projekte: Sie sind herzlich dazu eingeladen, die Projekte, die diese Rezepte begleiten, zu erweitern und zu bearbeiten, um sie Ihren jeweiligen Anforderungen anzupassen.

Die Rezepte in diesem Buch sollen Ihnen helfen, Ihr Ziel zu erreichen, aber wir hoffen auch, dass sie Sie zum Nachdenken darüber ermutigen, wann und warum Sie einen bestimmten Pfad einschlagen sollten. Häufig gibt es viele Optionen, insbesondere bei Umgebungen wie Cocoa. Und mehrere Möglichkeiten führen natürlich zu mehreren Meinungen. Im Sinne der Konsistenz haben wir sehr früh entschieden, welche Muster und Verfahren wir in diesem Buch nutzen wollen. Einige dieser Techniken sind Ihnen vielleicht bereits vertraut, andere mögen auf eine Weise eingesetzt werden, die Sie zuvor nicht erwogen haben, und wieder andere sind Ihnen vielleicht vollkommen unbekannt. Ganz gleich, was davon zutrifft, wir würden gern einige der Entscheidungen vorab erläutern, um Überraschungen zu vermeiden.

Formatierung und Syntax

Einige der Codeauszüge im Buch mussten wir formatieren, damit sie auf die Seite passen. Da ausschweifende Sprachen wie Objective-C Zeichengrenzen nicht immer wohlgesonnen sind, könnten Teile des Codes etwas ungewöhnlich aussehen. Sie könnten auf verkürzte Methoden- und Variablennamen stoßen, auf ein scheinbares Übermaß an temporären Variablen oder seltsame Zeilenumbrüche. Wir haben versucht, den „Geist" der Cocoa-Konventionen so weit wie möglich zu bewahren, aber an einigen Stellen mussten wir uns den Forderungen der gedruckten Seite beugen. Es gibt also keinen Grund zur Panik, wenn sich der Programmierstil gelegentlich ändert.

Kategorien

Eine Vielzahl der Rezepte nutzt Kategorien auf Standard-Apple-Klassen, um ihre Aufgaben zu erfüllen. Kategorien sind eine unglaublich mächtige Einrichtung der Programmiersprache und wirken auf unerfahrene Cocoa-Programmierer häufig befremdlich. Außerdem können Kategorien schnell Namensräume zumüllen und bei komplexen Klassenhierarchien zu unerwartetem Verhalten führen (oder diese maskieren). Man muss sie nicht fürchten, sollte sie aber respektieren. Wenn Sie Kategorien in Betracht ziehen, sollten Sie Folgendes tun:

- Fragen Sie sich, ob eine Unterklasse oder eine neue Klasse geeigneter wäre. Wie sagt schon *The Objective-C Programming Language* von Apple: „Eine Kategorie ist kein Ersatz für eine Unterklasse."
- Stellen Sie Kategoriemethoden immer ein Präfix voran, wenn Sie eine Klasse erweitern, die Sie nicht selbst kontrollieren (UIApplication beispielsweise), um Symbolkonflikte mit zukünftigen APIs zu verhindern. Alle neuen Kategoriemethoden in diesem Buch nutzen das Präfix prp_.
- Überschreiben Sie nie definierte Methoden wie -drawRect: in einer Kategorie. Sie beschädigen den Vererbungsbaum, indem Sie die Quellklassenimplementierung maskieren.

Synthetisierte Instanzvariablen

Sie werden in diesem Buch in den Header-Dateien und in den dieses Buch begleitenden Beispielen nur wenige Deklarationen von Instanzvariablen oder Ivars finden (wenn überhaupt). Wir haben uns entschieden, zur Deklaration der Klassenspeicher ausschließlich Objective-C-2.0-Eigenschaften mit den Ivar-Synthetisierungseinrichtungen der modernen Runtime zu nutzen. Die Folge ist, dass wir weniger tippen und weniger lesen müssen und uns deswegen auf das Rezept selbst konzentrieren können. Das werden wir in Rezept 35, *Modernes Objective-C-Design nutzen*, auf Seite 202 genauer erläutern.

Private Klassenerweiterungen

Private Klassenerweiterungen sind eine weitere relativ neue Einrichtung von Objective-C, die wir in diesem Buch häufig nutzen. Private Klassenerweiterungen können die Lesbarkeit verbessern, da sie den Header entschlacken. So können sie anderen, die Ihren Code später nutzen oder warten müssen, ein viel klareres Bild des Codes verschaffen. Rezept 35, *Modernes Objective-C-Design nutzen*, auf Seite 202 bietet allen, die mit privaten Klassenerweiterungen oder synthetisierten Instanzvariablen nicht vertraut sind, eine Einführung in diese Techniken.

Aufräumen in -dealloc

Wir setzen alle relevanten Instanzvariablen in -dealloc auf nil. Dieses Verfahren ist eine der am meisten diskutierten Fragen unter Cocoa-Programmierern, und beide Seiten haben gute Argumente. Dieses Buch möchte sich nicht auf eine Seite schlagen: Wir setzen sie auf nil, aber das heißt nicht, dass Sie das auch tun müssen. Wenn Sie kein nil in Ihren -dealloc-Methoden haben wollen, können Sie in Ihrem Code gern darauf verzichten.

Blocks vs. Delegation

Blocks sind eine neue Einrichtung, die C und Objective-C in Mac OS X Snow Leopard und iOS 4.0 hinzugefügt wurde. Weil diese Einrichtung recht jung ist, wird noch heiß diskutiert, wann man Blocks und wann man Delegates verwenden sollte. In diesem Buch nutzen wir das, was uns an der jeweiligen Stelle am passendsten erschien. Sie können Rezepten, die Delegates nutzen, gern Blocks hinzufügen – oder umgekehrt. Unser Ziel ist es letztlich, Sie bei der Suche nach der einfachsten und natürlichsten Lösung zu unterstützen.

Schließlich geht es in diesem Buch darum, die Komplexität und die Wiederholungen in Ihrem Code zu reduzieren. Wir haben uns nicht mit schnellen Lösungen zufrieden gegeben, sondern Lösungen angestrebt, die ihren Nutzen auf lange Sicht erweisen. Wir hoffen, dass die Ideen auf diesen Seiten Sie auf Ihrer Reise als iOS-Entwickler unterstützen.

Automatic Reference Counting

Die englische Version des Buchs erschien kurz vor der Veröffentlichung von iOS 5. Neue Einrichtungen von iOS 5 und Xcode 4.2 konnten deswegen nicht mehr in den Inhalt des Buchs integriert werden. Es wurden allerdings alle Rezepte, bei denen es möglich bzw. angemessen war, auf das in Xcode 4.2 neu eingeführte Automatic Reference Counting umgestellt. Automatic Reference Counting, kurz ARC, übernimmt für Sie die Speicherverwaltung und sorgt dafür, dass Sie sich weniger Gedanken darüber machen müssen, ob und wann Sie Referenzen festhalten oder freigeben müssen. Es stellt damit eine weitere Neuerung in Objective-C dar, die die Komplexität und Redundanz des Codes reduziert, den Sie schreiben müssen.

Onlineressourcen

Dieses Buch hat seine eigene Webseite, *http://pragprog.com/titles/cdirec*, auf der Sie weitere englischsprachige Informationen zum Buch finden und auf folgende Weise interagieren können:

- Sie können auf den vollständigen Quellcode für alle Beispielprogramme zugreifen, die in diesem Buch verwendet werden.
- Sie können an einem Diskussionsforum mit anderen Lesern, iOS-Entwicklern und den Autoren teilnehmen.
- Sie können uns helfen, dieses Buch zu verbessern, indem Sie Fehler, Vorschläge oder Tippfehler melden.

Darüber hinaus finden Sie auf der Website des O'Reilly Verlags unter *http://examples.oreilly.de/german_examples/iosrecipesger/* eine lokalisierte Version des Codes, der in diesem Buch abgedruckt wurde. Dieser Code wurde auch unter iOS 5 getestet.

Hinweis: Wenn Sie das E-Book lesen, können Sie auch auf das graugrüne Rechteck vor den Codeauszügen klicken, um die entsprechende Quellcodedatei direkt herunterzuladen.

Danksagungen

Wir hatten ein All-Star-Team an Gutachtern für dieses Buch, und sie alle verdienen unsere Anerkennung für jede Sekunde ihrer unschätzbar wertvollen Zeit, die sie uns gewidmet haben. Colin Barrett, Mike Clark, Michael Hay, Daniel Steinberg, Justin Williams und Marcus Zarra halfen uns selbstlos, entgegenkommend und motiviert, dieses Buch so gut wie möglich zu machen. Das Feedback, das wir per E-Mail, Twitter, iChat, bei gemeinsamen Essen und in den Foren auf PragProg.com erhielten, war Gold wert. Vielen Dank für eure Beiträge zu diesem Buch.

Matt Drance

Man schreibt kein Buch, wenn man das Thema nicht liebt. Das Thema dieses Buchs ist das Ergebnis der unablässigen Arbeit von Hunderten begabter und begeisterter Menschen in Cupertino, und das über den Großteil der letzten Dekade hinweg. Ich muss meinen vielen Freunden und früheren Kollegen bei Apple dafür danken, dass sie diese wundervolle Plattform geschaffen haben: Ingenieuren, Produktmanagern, Apple-Evangelisten, technischen Autoren, der gesamten Belegschaft. Etwas wie iOS kann man nur schaffen, wenn alle jederzeit alles geben.

Apple machte dieses Buch möglich, Dave, Andy, Susannah und der Rest bei Pragmatic Programmers haben es Realität werden lassen. Unsere Lektorin, Jill Steinberg, behielt furchtlos und geduldig den Überblick, während ich mich in meinem Hauptberuf und anderen Ablenkungen verlor. Ich habe immer schon davon geträumt, ein Buch zu schreiben, und bin froh, das so früh in meinem Leben geschafft zu haben. Dank euch allen, dass ihr mir die Möglichkeit dazu gegeben habt.

Der größte Dank von allen geht allerdings an meine Freunde und meine Familie, die mich auf dieser Reise unterstützt haben. Meine wundervolle Frau und mein wundervoller Sohn sind der wahre Grund dafür, dass ich überhaupt etwas tue. Das Indie-Entwickler-Ding ist nicht übel, aber kommt in keiner Weise an das Dasein als Ehemann oder Vater heran.

Paul Warren

Ich möchte ebenfalls den wunderbaren Menschen bei Apple meine Anerkennung für die Arbeit beim Aufbau dieser fantastischen Plattform aussprechen, die unsere tägliche Spielwiese ist. Auch Jill und dem Team bei PragProg.com möchte ich dafür danken, dass sie mir eine wunderbar bereichernde Erfahrung bereitet haben. Dank auch unserer außergewöhnlichen Entwicklergemeinschaft, die uns unterstützte und ermutigte.

Die Frage „Was haltet ihr davon?" wird meine Frau und meine Töchter, die erstaunliche Geduld mit dem angehenden Jungautor im Haus aufbrachten, zweifellos in ihren Träumen verfolgen. Ich werde stets davon beeindruckt und dafür dankbar sein, dass ihr das für mich getan habt und dass ihr mein Leben mit der Musik und der Liebe einer unglaublich hilfsbereiten Familie füllt.

Kapitel 1

UI-Rezepte

Wir könnten problemlos ein komplettes Buch zu UI-Rezepten schreiben. Schließlich bietet das iOS-SDK eine scheinbar endlose Klassen- und Musterbibliothek, die definitiv eine Betrachtung verdient. Wir haben uns letztlich aber dazu entschlossen, uns auf gute Lösungen für einige einfache Muster und Probleme zu konzentrieren – auf die Dinge, die Sie immer wieder tun müssen und bei denen Sie sich stets nicht daran erinnern können, wie Sie vorgegangen sind.

In diesem Kapitel stellen wir Rezepte zu View-Übergängen, Webinhalten, zur Touch-Verarbeitung und zu selbst gestalteten Controls vor. Diese Rezepte können Sie unmittelbar einsetzen. Vielleicht regen sie Sie ja dazu an, sich darüber Gedanken zu machen, wie Sie Ihren eigenen Code so aufbereiten, dass Sie ihn im unausweichlichen nächsten Projekt wiederverwenden können.

> **1** Einen einfachen Splashscreen-Übergang einbauen

Problem

Ein scharfer Übergang vom Standardbild zum aktuellen UI beim Start macht bei Ihren Benutzern keinen guten ersten Eindruck. Der Übergang vom Startbild zum Start-UI Ihrer Anwendung sollte so glatt wie möglich sein, aber Sie wissen nicht so genau, wie Sie das auf die eleganteste Weise erreichen.

Lösung

Der visuelle Ablauf beim Start einer iOS-App hat ungefähr folgende Gestalt:

1. Der Benutzer tippt auf ein App-Icon.
2. Das Standardbild der App wird auf dem Bildschirm angezeigt.
3. Das anfängliche UI der App wird in den Speicher geladen.
4. Das UI erscheint auf dem Bildschirm und ersetzt das Standardbild.

Wenn Ihr Standardbild ein Banner mit einem Firmenlogo oder ein anders gestaltetes Bild ist, könnte Ihren Benutzern der scharfe Übergang zum tatsächlichen UI ins Auge stechen. Sie möchten deswegen einen glatten Übergang vom Splashscreen zur laufenden Anwendung einbauen. Es gibt viele Wege, das zu erreichen, aber wir wollen mit einem sehr einfachen Verfahren beginnen, das so gut wie überall einsetzbar ist. Wir werden zunächst mit einer iPhone-App im Portraitmodus beginnen und dann zu einer iPad-Variante übergehen, die alle Ausrichtungen unterstützt. Die Anfangsbilder können Sie in Abbildung 1.1 sehen.

Der einfachste mögliche Splashscreen-Übergang ist ein Überblenden vom Standardbild zum UI. Er ist einfach und billig und kann für den Benutzer einen gewaltigen Unterschied machen. Denken Sie daran: Dies ist das Erste, was Ihre Benutzer sehen. Es spricht alles dafür, diese Vorstellung so glatt wie möglich laufen zu lassen.

Wollen wir das Standardbild langsam aus dem Bildschirm ausblenden, müssen wir zunächst einen View mit dem gleichen Bild anzeigen, den wir dann ausblenden können. Das lässt sich recht leicht bewerkstelligen: Wir werden einen einfachen View-Controller aufbauen, der von fast jedem Projekt genutzt werden kann. Dieser View-Controller erwartet ein passendes Splashscreen-Bild und definiert eine -hide-Methode, die das Ausblenden anstößt.

Abbildung 1.1: Splashscreen vs. Anfangs-UI

BasicSplashScreen/PRPSplashScreen.h

```
@interface PRPSplashScreen :  UIViewController {}

@property (nonatomic, strong) UIImage *splashImage;
@property (nonatomic, assign) BOOL showsStatusBarOnDismissal;
@property (nonatomic, unsafe_retained) IBOutlet id<PRPSplashScreenDelegate> delegate;

- (void)hide;

@end
```

Die Schnittstelle enthält außerdem eine delegate-Eigenschaft, die als id <PRPSplashScreenDelegate> deklariert ist. Das PRPSplashScreen-Delegate-Protokoll wird in einem separaten Header definiert, dessen Zweck es ist, den Status des Splashscreens interessierten Instanzen mitzuteilen – also wann das Bild erscheint, wann der Übergang beginnt und wann er endet.

Wie wird ein Delegate nun definiert? Werfen Sie einen Blick auf die Protokolldeklaration und beachten Sie das Schlüsselwort @optional, das angibt, dass das Delegate nicht alle deklarierten Methoden unterstützen muss. Ein Objekt, das den Status des Splashscreens in Erfahrung bringen will, kann jetzt deklarieren, dass es dem PRPSplashScreenDelegate-Protokoll entspricht, eine oder mehrere der Delegate-Methoden implementieren und sich selbst der delegate-Eigenschaft des Splashscreens zuweisen.

BasicSplashScreen/PRPSplashScreenDelegate.h

```
@protocol PRPSplashScreenDelegate <NSObject>

@optional
- (void)splashScreenDidAppear:(PRPSplashScreen *)splashScreen;
- (void)splashScreenWillDisappear:(PRPSplashScreen *)splashScreen;
- (void)splashScreenDidDisappear:(PRPSplashScreen *)splashScreen;

@end
```

PRPSplashScreen baut den View in -loadView auf: Sie müssen also nicht immer eine XIB-Datei mitschleppen, wenn Sie die Klasse nutzen, und können die Klasse so leichter in andere Projekte einbinden. Die view-Eigenschaft wird auf einen Image-View gesetzt, der den Bildschirm füllt und das Bild zentriert.

BasicSplashScreen/PRPSplashScreen.m

```
- (void)loadView {
    UIImageView *iv = [[UIImageView alloc] initWithImage:self.splashImage];
    iv.autoresizingMask = UIViewAutoresizingFlexibleWidth |
        UIViewAutoresizingFlexibleHeight;
    iv.contentMode = UIViewContentModeCenter;
    self.view = iv;
}
```

Schauen wir uns jetzt die Eigenschaft splashImage an. Sie ist schreibbar, damit Sie sie, wenn Sie wollen, auf ein eigenes Bild für den Übergang setzen können. Aber Sie können auch einfach Default.png als Splashscreen-Bild nutzen. Schließlich war der einzige Zweck dieses Rezepts, einen glatten Übergang zu gestalten. Wir schreiben deswegen einen verzögerten Initialisierer, der standardmäßig Default.png lädt.

Wenn Sie den Übergang im Ausgang von Ihrem Standardbild gestalten, müssen Sie diese Eigenschaft nicht anrühren. Wir nutzen +[UIImage imageNamed:], um sicherzustellen, dass ein Bild in der geeigneten Größe (beispielsweise `Default@2x.png` für das Retina-Display) genutzt wird.

BasicSplashScreen/PRPSplashScreen.m

```
- (UIImage *)splashImage {
    if (splashImage == nil) {
        self.splashImage = [UIImage imageNamed:@"Default.png"];
    }
    return splashImage;
}
```

Die Einrichtung des Splashscreens ist ein Kinderspiel: Zeigen Sie ihn einfach aus dem Root-View-Controller Ihrer Anwendung als modalen View-Controller an. Das tun wir beim Start, bevor das Hauptfenster angezeigt wird, aber nachdem es dem Root-View hinzugefügt wurde. Dieses Timing ist wichtig: Der Root-View-Controller zeigt modale View-Controller nicht korrekt an, wenn sein eigener View nicht eingerichtet ist. Im Projekt `BasicSplashScreen`, das dieses Rezept begleitet, geben wir im Code außerdem eine Dissolve-Transition (einen Fade oder ein Ausblenden) an. Ein eigenes Bild müssen wir nicht angeben, da der Splashscreen ja standardmäßig das Startbild nutzt.

BasicSplashScreen/iPhone/AppDelegate_iPhone.m

```
- (BOOL)application:(UIApplication *)application
        didFinishLaunchingWithOptions:(NSDictionary *)launchOptions {
    [self.window addSubview:self.navController.view];
    self.splashScreen.showsStatusBarOnDismissal = YES;
    self.splashScreen.modalTransitionStyle =
                                UIModalTransitionStyleCrossDissolve;
    [self.navController presentModalViewController:splashScreen
                                          animated:NO];
    [self.window makeKeyAndVisible];
    return YES;
}
```

Wenn Sie `MainWindow_iPhone.xib` öffnen, werden Sie feststellen, dass in der XIB ein `PRPSplashScreen`-Objekt definiert ist (siehe Abbildung 1.2). Dieses Objekt wird im Interface Builder mit der `splashScreen`-Eigenschaft des App-Delegates verbunden. Der vorangehende Code referenziert diese Eigenschaft, um den Splashscreen-Übergang anzustoßen.

Abbildung 1.2: Den Splashscreen im Interface Builder verbinden. Der Splashscreen wird aus der jeweiligen `MainWindow`-XIB-Datei initialisiert und mit der `splashScreen`-Eigenschaft des App-Delegates verbunden. Das App-Delegate wird auch als das Delegate des Splashscreens verbunden.

Wird das Fenster sichtbar, erhält der Splashscreen-View-Controller die standardmäßigen `UIViewController`-Nachrichten einschließlich `-viewDidAppear:`. Das ist der Hinweis, den Übergang einzuleiten, und geht sehr leicht. Zunächst warnen wir das Delegate für den Fall, dass es den Übergang darauf vorbereiten muss, dass der Splash-View erschienen ist. Es ist wichtig, das zuerst geprüft wird, ob das Delegate die erforderlichen Methoden implementiert, da wir diese in unserem Delegate-Protokoll als optional deklariert hatten. Nachdem wir das Delegate benachrichtigt haben, senden wir `-hide`, um den Splashscreen-Übergang durchzuführen. Beachten Sie, dass wir hier `performSelector:withObject:afterDelay:` nutzen, um der UIKit-Run-Loop die Möglichkeit zu geben, die `viewDidAppear:`-Maschinerie abzuschließen. Gibt man einen View-Controller in seiner eigenen `viewWillAppear:`- oder `viewDidAppear:`-Methode frei, kann das das System verwirren – alle Aktionen müssen getrennt und eigenständig ablaufen.

BasicSplashScreen/PRPSplashScreen.m

```
- (void)viewDidAppear:(BOOL)animated  {
    [super viewDidAppear:animated];
    SEL didAppearSelector = @selector(splashScreenDidAppear:);
    if ([self.delegate respondsToSelector:didAppearSelector])  {
        [self.delegate splashScreenDidAppear:self];
    }
    [self performSelector:@selector(hide)  withObject:nil afterDelay:0];
}
```

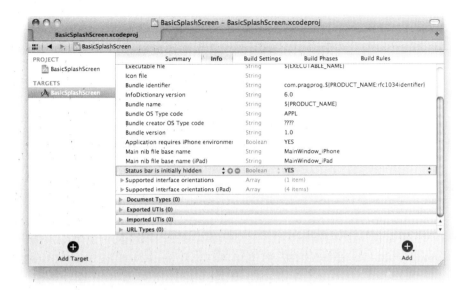

Abbildung 1.3: Die Statusleiste beim Start verbergen. Setzen Sie den Schlüssel UIStatusBarHidden auf YES, um die Statusleiste beim Start zu verbergen. Wenn Sie sie im eigentlichen UI anzeigen wollen, setzen Sie die showsStatusBarOnDismissal-Eigenschaft des Splashscreens auf YES.

Zur Ausführung des Übergangs nutzt die Methode -hide die Standardmethode -dismissModalViewControllerAnimated:, nachdem sie geprüft hat, ob sie die Statusleiste anzeigen soll, nachdem das Ausblenden abgeschlossen ist. Das wird für den Fall eingefügt, dass die Statusleiste beim Start nicht angezeigt werden soll, im UI hingegen schon. Diesen Effekt aktivieren Sie, indem Sie UIStatusBarHidden in der Info.plist-Datei Ihrer App den Wert YES geben und die showsStatusBarOnDismissal-Eigenschaft des Splashscreens ebenfalls auf YES setzen. Der Splashscreen steuert das Wiedereinschalten der Statusleiste, damit Sie sich darum nicht selbst in einer der Delegate-Methoden kümmern müssen (siehe Abbildung 1.3).

BasicSplashScreen/PRPSplashScreen.m

```
- (void)hide {
    if (self.showsStatusBarOnDismissal) {
        UIApplication *app = [UIApplication sharedApplication];
        [app setStatusBarHidden:NO withAnimation:UIStatusBarAnimationFade];
    }
    [self dismissModalViewControllerAnimated:YES];
}
```

Der Splashscreen hält das Delegate auch über den Fortschritt des Übergangs informiert, indem er die Standard-View-Controller-Nachrichten `-viewWillDisappear:` und `-viewDidDisappear:` weiterleitet. Das App-Delegate nutzt die entsprechende `-splashScreenDidDisappear:`-Delegate-Methode, um den Splashscreen zu entfernen, wenn er nicht mehr benötigt wird.

BasicSplashScreen/iPhone/AppDelegate_iPhone.m

```
- (void)splashScreenDidDisappear:(PRPSplashScreen *)splashScreen {
    self.splashScreen = nil;
}
```

Führen Sie das Projekt `BasicSplashScreen` mit dem iPhone als Target aus, um sich den Übergang vom Splashscreen zum UI anzusehen. Da die Delegate-Verbindung in `MainWindow_iPhone.xib` und `MainWindow_iPad.xib` angelegt wird, gibt es im Code keinen Punkt, an dem auf die Delegate-Eigenschaft zugegriffen wird. Die Klasse `PRPWebViewController`, die wir nutzen, um die Buchinformationen anzuzeigen, wird in Rezept 6, *Einen wiederverwendbaren Web-View aufbauen*, auf Seite 42 ausführlich vorgestellt.

Bislang führt die Lösung nur einen Übergang in Portraitausrichtung durch, was bei den meisten iPhone-Apps ausreicht. Von iPad-Apps erwartet man hingegen häufig, dass sie im Portrait- und im Landschaftsmodus funktionieren. Mehrere Ausrichtungen zu unterstützen, ist nicht sonderlich kompliziert, weil `UIViewController` von Haus aus ein automatisches Rotationsverhalten mitbringt und `PRPSplashScreen` von `UIViewController` erbt. Wir beginnen damit, dass wir eine iPad-spezifische Unterklasse von `PRPSplashScreen` schreiben, die eine Unterstützung für beide Ausrichtungen ergänzt.

BasicSplashScreen/iPad/PRPSplashScreen_iPad.m

```
- (BOOL)shouldAutorotateToInterfaceOrientation:
        (UIInterfaceOrientation)toInterfaceOrientation {
    return YES;
}
```

Das ist die einzige Ergänzung, die diese Unterklasse vornimmt. Alle anderen Verhalten von `PRPSplashScreen` bleiben unverändert.

Wir müssen nur noch ein neues Splashscreen-Bild bereitstellen. Wenn Sie beim Start beide Ausrichtungen unterstützen wollen, müssen Sie Portrait- und Landschaftsvarianten Ihres Standardbilds anbieten, unter denen UIKit dann für Sie die erforderliche auswählt. Aber Ihr Code hat keine Möglichkeit, in Erfahrung zu bringen, welches Bild genutzt wurde, und kann deswegen nicht das richtige Bild für Ihren Splashscreen-View auswählen. Wir könnten über `UIDevice` die Ausrichtung des Geräts oder über `UIApplication` die Ausrichtung der Statusleiste ermitteln, aber es gibt noch einen leichteren Weg. Da es unser Ziel ist, das Logo zentriert anzuzeigen, erstellen wir einfach ein neues Splashscreen-Bild, dessen Größe auf 1.024 x 1.024 Pixel geändert wird. Diese Größe entspricht der maximalen Bildschirmgröße in beiden Ausrichtungen und sorgt dafür, dass das Bild zentriert bleibt und den Bildschirm vollständig füllt, egal wie das Gerät gedreht wird. Es bleibt sogar zentriert, wenn bereits vor dem Übergang eine Drehung erfolgt. Wir schließen dieses Bild in die App ein und setzen es über die von `PRPSplashScreen` definierte `splashImage`-Eigenschaft als das als Splashscreen vorgesehene Bild.

BasicSplashScreen/iPad/AppDelegate_iPad.m

```
- (BOOL)application:(UIApplication *)application
        didFinishLaunchingWithOptions:(NSDictionary *)launchOptions {
   [self.window addSubview:self.splitViewController.view];

   UIImage *splash = [UIImage imageNamed:@"splash_background_ipad.png"];
   self.splashScreen.splashImage = splash;

   self.splashScreen.showsStatusBarOnDismissal = YES;
   self.splashScreen.modalTransitionStyle =
                              UIModalTransitionStyleCrossDissolve;
   [self.splitViewController presentModalViewController:splashScreen
                                          animated:NO];

   [self.window makeKeyAndVisible];

   return YES;
}
```

Der Rest des Initialisierungscodes ist mit dem der iPhone-Version identisch. Führen Sie `BasicSplashScreen` für das iPad aus und beobachten Sie den nahtlosen Übergang im Portrait- wie im Landschaftsmodus, den Sie in Abbildung 1.4 sehen können. Jetzt haben wir ein leicht wiederzuverwendendes Überblenden von einem gestalteten Standardbild zum Start-UI einer App für iPhone und iPad produziert.

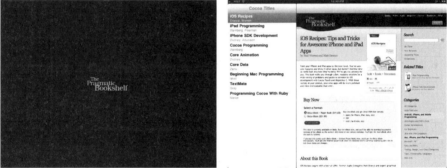

Abbildung 1.4: Mehrere Ausrichtungen auf dem iPad

2 Splashscreen-Übergänge gestalten

Problem

Es ist ganz schön, den Übergang vom Splashscreen sauber zu gestalten, aber manchmal wäre es netter, man müsste sich nicht auf ein einfaches Überblenden beschränken und könnte den Übergang mit etwas mehr Finesse ausstatten.

Lösung

In Rezept 1, *Einen einfachen Splashscreen-Übergang einbauen*, auf Seite 12 haben wir erwähnt, wie wichtig Splashscreen-Übergänge sind und welchen Unterschied sie für User Experience machen. In jenem ersten Rezept ging es uns im Wesentlichen darum, eine saubere Struktur zur Implementierung dieses Übergangs aufzubauen, das Ausblenden selbst war, obgleich elegant, nur die einfachste Form des Übergangs, die wir nutzen konnten. Obwohl es uns immer noch darum geht, dass der Übergang glatt verläuft, können wir einige attraktive Alternativen gestalten, indem wir uns ansehen, was man mit Maskierungstechniken und Core Animation anstellen kann.

Wie im letzten Beispiel müssen wir, wenn wir das Startbild aus dem Bildschirm ausblenden wollen, erst einen View mit dem Standardbild anzeigen, den wir dann schrittweise entfernen können, um die eigentliche Benutzerschnittstelle erscheinen zu lassen, die sich dahinter verbirgt (siehe Abbildung 1.5).

Wir werden uns in diesem Rezept zwar mehrere Beispiele ansehen, die aber alle die gleiche Maskierungstechnik verwenden. Wir nutzen eine Maske, um Teile des Bilds auszuschließen, und animieren dann die Größe der Maske, bis das Bild de facto entfernt wurde.

Im Hintergrund aller Views, die wir erstellen, kommt ein Layer zum Einsatz. Das ist ein Grafikelement, das unmittelbar vom Grafikprozessor gezeichnet wird. Das Layer verhält sich wie ein Grafikspeicher und ermöglicht es, den View zu manipulieren (verschieben, skalieren, rotieren), ohne dass er neu gezeichnet werden muss. Die Eigenschaften dieses Layers können wir direkt verändern und erhalten damit weitere Möglichkeiten, die Darstellung des Views anzupassen. Eine dieser Eigenschaften ist die Eigenschaft mask, die es uns ermöglicht, ein zweites Layer anzugeben, dessen Alphakanal genutzt wird, um das Bild des Layers zu *maskieren*. Der Alphakanal eines Bilds gibt mit Werten zwischen 0 (transparent) und 1 (opak) die Bereiche an, die unterschiedliche Transparenzstufen haben. Wird dem View ein Masken-Layer hinzugefügt, zeigen alle Bereiche des Masken-Layers, die opak sind, das ursprüngliche Bild an, während alle Bereiche, die transparent oder teilweise transparent sind, vollständig oder in gewissem Maße den View durchscheinen lassen, der darunterliegt (siehe Abbildung 1.6).

Abbildung 1.5: Der CircleFromCenter-Übergang in Aktion

Wir nutzen vordefinierte Bilder, um die Inhalte für das Masken-Layer zu erstellen, die jeweils unterschiedliche opake Bereiche haben, um den Effekt zu gestalten, den wir anstreben. Dann animieren wir eine Erhöhung der Skalierung des Masken-Layers und dehnen damit de facto seine Größe aus, bis es den View vollständig bedeckt und transparent macht.

Der anchorPoint des Masken-Layers ist äußerst wichtig. Wenn wir die Skalierung des Layers mithilfe einer Transformation ändern, wird der Dehnungseffekt um den anchorPoint zentriert. Unser anchorPoint muss also dem Mittelpunkt des transparenten Bereichs unserer Maske entsprechen. Das sorgt dafür, dass der durchsichtige Bereich der Maske ausgedehnt wird, und führt dazu, dass der darunterliegende View nach und nach zum Vorschein kommt (siehe Abbildung 1.7).

In der viewDidLoad-Methode fügen wir die Kopie des Default.png-Bilds ein. Das hilft uns, den Eindruck zu erwecken, der ursprüngliche Splashscreen sei nicht entfernt worden. Damit wir keinen UIImageView nutzen müssen, füllen wir den Inhalt des View-Layers direkt und setzen

Abbildung 1.6: Die für den CirclefromCenter-Übergang genutzte Maske

Abbildung 1.7: Die für den ClearfromCenter-Übergang genutzte Maske

dabei den Skalierungsfaktor so, dass er dem Gerät entspricht. Wenn Sie vermeiden wollen, dass das eingesetzte Bild durch die Statusleiste verschoben wird, setzen Sie `contentMode` auf `UIViewContentModeBottom`. Das sorgt dafür, dass das Bild stets am unteren Rand des Bildschirms verankert bleibt.

SplashScreenReveal/PRPSplashScreenViewController.m

```
- (void)viewDidLoad {
    self.view.layer.contentsScale = [[UIScreen mainScreen] scale];
    self.view.layer.contents = (id)self.splashImage.CGImage;
    self.view.contentMode = UIViewContentModeBottom;
    if (self.transition == 0) self.transition = ClearFromRight;
}
```

In der `viewDidAppear:`-Methode verwenden wir eine Switch-Anweisung, um das `Enum` dem Übergangstyp zuzuordnen. Für jeden müssen wir nur zwei Elemente anpassen: das Maskenbild und den entsprechenden `anchorPoint`. Hier ist die Methode `performSelector:withObject:afterDelay:` nützlich, weil sie es uns ermöglicht, eine Verzögerung einzufügen, bevor wir die Animierungsmethode aktivieren und den Übergang anstoßen.

SplashScreenReveal/PRPSplashScreenViewController.m

```
- (void)viewDidAppear:(BOOL)animated {
    if ([self.delegate respondsToSelector:@selector(splashScreenDidAppear:)]) {
        [self.delegate splashScreenDidAppear:self];
    }
    switch (self.transition) {
        case CircleFromCenter:
            self.maskImageName = @"mask";
            self.anchor = CGPointMake(0.5, 0.5);
            break;
        case ClearFromCenter:
            self.maskImageName = @"wideMask";
            self.anchor = CGPointMake(0.5, 0.5);
            break;
        case ClearFromLeft:
            self.maskImageName = @"leftStripMask";
            self.anchor = CGPointMake(0.0, 0.5);
            break;
        case ClearFromRight:
            self.maskImageName = @"RightStripMask";
            self.anchor = CGPointMake(1.0, 0.5);
            break;
        case ClearFromTop:
            self.maskImageName = @"TopStripMask";
            self.anchor = CGPointMake(0.5, 0.0);
            break;
        case ClearFromBottom:
            self.maskImageName = @"BottomStripMask";
            self.anchor = CGPointMake(0.5, 1.0);
            break;
        default:
```

```
            return;
    }
    [self performSelector:@selector(animate)
                withObject:nil
                afterDelay:self.delay];
}
```

Der einzige aktive Teil unseres Übergangs ist die Animation des Masken-Layers. Wir müssen die Skalierung erhöhen und damit das Layer im Endeffekt vergrößern, bis sich der transparente Bereich der Maske über den gesamten View erstreckt. Der toValue, den wir hier nutzen, enthält eine Art Korrekturwert, der so berechnet ist, dass die Maske dermaßen stark vergrößert wird, dass der Aufdeckvorgang abgeschlossen wird. Wenn wir das Maskenbild in größerem Maße ändern, müssten wir diese Berechnung gegebenenfalls anpassen.

SplashScreenReveal/PRPSplashScreenViewController.m

```
- (void)animate {
    if ([self.delegate respondsToSelector:@selector(splashScreenWillDisappear:)]) {
        [self.delegate splashScreenWillDisappear:self];
    }

    [self setMaskLayerwithanchor];

    CABasicAnimation *anim = [CABasicAnimation
                        animationWithKeyPath:@"transform.scale"];
    anim.duration = DURATION;
    anim.toValue = [NSNumber numberWithInt:self.view.bounds.size.height/8];
    anim.fillMode = kCAFillModeBoth;
    anim.removedOnCompletion = NO;
    anim.delegate = self;
    [self.view.layer.mask addAnimation:anim forKey:@"scale" ];
}
```

In der Methode setMaskLayerwithanchor müssen wir das Masken-Layer erstellen, das wir für den Effekt benötigen, seinen Inhalt auf das gewünschte Maskenbild setzen und den Ankerpunkt so setzen, dass der Ursprung der Opazität auf der Maske mit dem Ankerpunkt zusammenfällt.

SplashScreenReveal/PRPSplashScreenViewController.m

```
- (void)setMaskLayerwithanchor {

    CALayer *maskLayer = [CALayer layer];
    maskLayer.anchorPoint = self.anchor;
    maskLayer.frame = self.view.superview.frame;
    maskLayer.contents = (id)self.maskImage.CGImage;
    self.view.layer.mask = maskLayer;

}
```

Das richtige Maskenbild für den gewünschten Übergang müssen wir auf Grundlage des gewählten Enum-Werts abrufen und setzen.

SplashScreenReveal/PRPSplashScreenViewController.m

```
- (UIImage *)maskImage {
    NSString *defaultPath = [[NSBundle mainBundle]
                             pathForResource:self.maskImageName
                             ofType:@"png"];
    maskImage = [[UIImage alloc]
                 initWithContentsOfFile:defaultPath];
    return maskImage;
}
```

Das Delegate animationDidStop wird aufgerufen, wenn die Animation die Ausdehnung des Masken-Layers abgeschlossen hat. Jetzt scheint es, als sei der so ausgeblendete View entfernt worden. Wir müssen ihn nur noch vom SuperView entfernen und dem Delegate mitteilen, dass der Übergang abgeschlossen ist.

SplashScreenReveal/PRPSplashScreenViewController.m

```
- (void)animationDidStop:(CAAnimation *)theAnimation finished:(BOOL)flag {
    self.view.layer.mask = nil;
    [self.view removeFromSuperview];
    if ([self.delegate respondsToSelector:@selector(splashScreenDidDisappear:)])
        [self.delegate splashScreenDidDisappear:self];
}
```

Dieser Übergang, der das UI nach und nach sichtbar werden lässt, stattet den Startvorgang Ihrer App mit etwas mehr Schwung aus. Er lässt sich leicht so erweitern, dass er noch mehr Möglichkeiten bietet. Da die Gestalt des transparenten Bereichs der Maske während der Vergrößerung erhalten bleibt, könnten andere Gebilde – Sternformen beispielsweise – zu interessanten Effekten führen. Sie könnten auch komplexere Gestalten wie beispielsweise Gesichter nutzen, aber dann müssten Sie möglicherweise eine zusätzliche Fade-Animation einsetzen, um eventuell verbleibende visuelle Spuren zu entfernen.

3 Einen eigenen Benachrichtigungs-View animieren

Problem

Manchmal müssen Sie signalisieren, dass sich in Ihrer App etwas geändert hat – beispielsweise dass eine Hintergrundaufgabe abgeschlossen wurde. Die Benachrichtigungsmechanismen, die Apple bietet hierfür – `UI-AlertView` zum Beispiel –, sind grundsätzlich modal. Das ist nicht immer die optimale Lösung, weil derartige Benachrichtigungen die Aufmerksamkeit des Benutzers von der eigentlichen App abziehen und eine Interaktion erforderlich ist, um sie zu schließen. Wie können Sie einen nicht modalen Mechanismus gestalten, der die Aufmerksamkeit des Benutzers erregt, aber leicht ignoriert werden kann?

Lösung

Sie benötigen eine Lösung, die hinreichend allgemein ist und nicht zu sehr vom Layout Ihrer App abhängt. Sie haben mehrere Techniken zur Auswahl, aber für dieses Rezept werden wir einen `UIView` nutzen, der mit einem Tippen geschlossen wird oder sich selbst nach einer bestimmten Zeit entfernt. Eine Slide-Animation sollte die Aufmerksamkeit des Benutzers wecken, sich aber trotzdem leicht ignorieren lassen, vorausgesetzt, die Animation verdeckt nicht zu große Teile des Bildschirms.

Wir erstellen eine `UIView`-Unterklasse, `SlideInView`, die zwei Methoden veröffentlicht: `showWithTimer:inView:from:`, die das Erscheinungsbild und das Timing steuert, und `viewWithImage:`, eine Klassenmethode, die den View auf Basis eines `UIImage` instantiiert. Wir können den View auch im Interface Builder erstellen und gewinnen damit die Möglichkeit, dynamischere Benachrichtigungen zu gestalten, die Labels und Bilder einschließen. Wenn wir Labels nutzen, können wir `SlideInView` leicht wiederverwenden, indem wir einfach den Text im Label ändern (siehe Abbildung 1.8).

SlideInView/SlideInView.m

```
+ (id)viewWithImage:(UIImage *)SlideInImage {

    SlideInView *SlideIn = [[SlideInView alloc] init];
    SlideIn.imageSize  =  SlideInImage.size;
    SlideIn.layer.bounds = CGRectMake(0, 0, SlideIn.imageSize.width,
                                      SlideIn.imageSize.height);
```

```
    SlideIn.layer.anchorPoint  = CGPointMake(0, 0);
    SlideIn.layer.position = CGPointMake(-SlideIn.imageSize.width, 0);
    SlideIn.layer.contents = (id)SlideInImage.CGImage;
    return SlideIn;
}
```

Abbildung 1.8: SlideInView-Beispiel-App

Die Klassenmethode viewWithImage: instantiiert den View und setzt die contents-Eigenschaft des zugrunde liegenden Layers auf das UIImage. Die Position des Views wird so eingerichtet, dass er sich nicht auf dem Bildschirm befindet, sie muss später aber je nach Richtung und Position der Animation erneut angepasst werden.

SlideInView/SlideInView.m

```
- (void)awakeFromNib {

    self.imageSize = self.frame.size;
    self.layer.bounds = CGRectMake(0, 0, self.imageSize.width,
                                         self.imageSize.height);
    self.layer.anchorPoint = CGPointMake(0, 0);
    self.layer.position = CGPointMake(-self.imageSize.width,  0);
}
```

Die Methode awakeFromNib() wird aufgerufen, nachdem die Instanz von SlideInView bereits entpackt wurde, wir müssen uns also nur noch darum kümmern, dass der View außerhalb des Bildschirms positioniert wird.

SlideInView/SlideInView.m

```
switch (side) {  // Den View ausrichten und den Anpassungswert setzen.
  case SlideInViewTop:
    self.adjustY = self.imageSize.height;
    fromPos = CGPointMake(view.frame.size.width/2-self.imageSize.width/2,
                    -self.imageSize.height);
  break;
  case SlideInViewBot:
    self.adjustY = -self.imageSize.height;
    fromPos = CGPointMake(view.frame.size.width/2-self.imageSize.width/2,
                    view.bounds.size.height);
  break;
  case SlideInViewLeft:
    self.adjustX = self.imageSize.width;
    fromPos = CGPointMake(-self.imageSize.width,
                    view.frame.size.height/2-self.imageSize.height/2);
  break;
  case SlideInViewRight:
    self.adjustX = -self.imageSize.width;
    fromPos = CGPointMake(view.bounds.size.width,
                    view.frame.size.height/2-self.imageSize.height/2);
  break;
  default:
    return;
}
```

Die Methode showWithTimer:inView:from:bounce: erwartet drei Parameter: den Ziel-View, das Enum, das die Seite angibt, von der die Animation ausgehen soll, und die Option, der Slide-Animation ein zusätzliches Bounce-Element hinzuzufügen. Wir setzen auf Basis des Enum side den adjustX- oder adjustY-Wert, der genutzt wird, um den Endpunkt der Animation zu berechnen, und wir setzen den fromPos-Wert für den View so, dass sich der Startpunkt der Animation außerhalb des Bildschirms auf der gewählten Seite befindet.

SlideInView/SlideInView.m

```
CGPoint toPos = fromPos;
CGPoint bouncePos = fromPos;
bouncePos.x += (adjustX*1.2);
bouncePos.y += (adjustY*1.2);
toPos.x += adjustX;
toPos.y += adjustY;

CAKeyframeAnimation *keyFrame = [CAKeyframeAnimation
                       animationWithKeyPath:@"position"];
```

```
keyFrame.values   = [NSArray arrayWithObjects:
                     [NSValue valueWithCGPoint:fromPos],
                     [NSValue valueWithCGPoint:bouncePos],
                     [NSValue valueWithCGPoint:toPos],
                     [NSValue valueWithCGPoint:bouncePos],
                     [NSValue valueWithCGPoint:toPos],
                     nil];

keyFrame.keyTimes = [NSArray arrayWithObjects:
                     [NSNumber numberWithFloat:0],
                     [NSNumber numberWithFloat:.18],
                     [NSNumber numberWithFloat:.5],
                     [NSNumber numberWithFloat:.75],
                     [NSNumber numberWithFloat:1],
                     nil];
```

Die bounce-Option stößt den Einsatz einer Keyframe-Animation an und fügt die zusätzlichen values und keyTimes ein, mit deren Hilfe der Eindruck eines kleinen Sprungs in die entsprechende Richtung erweckt wird. Keyframe-Animationen sind eine mächtige und flexible Technik zur Gestaltung nicht stetiger Animationsverläufe. Die keyTimes-Werte sind Unit-Werte, die Bruchteile der Gesamtdauer der Animation repräsentieren und den Positionswerten entsprechen.

SlideInView/SlideInView.m

```
CABasicAnimation *basic = [CABasicAnimation animationWithKeyPath:@"position"];
basic.fromValue = [NSValue valueWithCGPoint:fromPos];
basic.toValue = [NSValue valueWithCGPoint:toPos];
self.layer.position = toPos;
[self.layer addAnimation:basic forKey:@"basic"];
```

Ist die Option bounce auf NO gesetzt, nutzen wir die einfachere CABasic-Animation auf dem Layer, um unsere An-Ort-und-Stelle-gleiten-Animation umzusetzen.

SlideInView/SlideInView.m

```
popInTimer = [NSTimer scheduledTimerWithTimeInterval:timer
                                              target:self
                                            selector:@selector(popIn)
                                            userInfo:nil
                                             repeats:NO];
```

Weil sich die Benachrichtigung selbst entfernen können soll, fügen wir ein NSTimer-Objekt ein, das nach der gewählten Zeit die Methode popIn aufruft.

SlideInView/SlideInView.m

```
[UIView beginAnimations:@"slideIn" context:nil];
self.frame = CGRectOffset(self.frame, -adjustX, -adjustY);
[UIView commitAnimations];
```

Beim Entfernen des Views müssen wir uns keine Gedanken darüber machen, welchen Animationsstil wir einsetzen müssen – wir können einfach einen UIView-Animationsblock nutzen, um den View wieder außerhalb des Bildschirms zu positionieren. Wir nutzen einfach die negativen Werte der zuvor berechneten Anpassungswerte, um dafür zu sorgen, dass die Animation vom Bildschirm in die richtige Richtung verläuft.

SlideInView/SlideInView.m

```
- (void)touchesBegan:(NSSet *)touches withEvent:(UIEvent *)event {
    [popInTimer invalidate];
    [self popIn];
}
```

Ein einfaches Tippen auf den SlideInView, der dann die touches-Began:withEvent-Delegate-Methode anstößt, reicht uns, um den Timer abzubrechen und die Animation zum Entfernen des Views anzustoßen.

Die Klasse MainViewController zeigt, wie man SlideInView-Objekte in allen vier möglichen Richtungen nutzt. Die IBSlideIn-Instanz wurde im Interface Builder erstellt und zeigt, wie Sie mit Views mit mehreren Elementen interessantere und vielleicht dynamischere Benachrichtigungen erstellen können.

Sie können diese Technik leicht so anpassen, dass andere Übergangseffekte wie Fades oder Flips genutzt werden oder auch die Benachrichtigung selbst mit einer zusätzlichen Animation stärker auffällt.

4 | Wiederverwendbare Toggle-Buttons erstellen

Problem

Sie wollen einen selbst definierten Button erstellen, der zwischen den Zuständen "An" und "Aus" hin- und hergeschaltet werden kann, weil `UISwitch` nicht recht in Ihr Design passt. Dieser Button soll wiederverwendbar sein, ohne dass Sie den Code zur Verwaltung des Zustands in jedem View-Controller, der den Button nutzt, neu schreiben müssen.

Lösung

Die Klasse `UIButton` ist äußerst vielseitig, und daher ist es recht einfach, diese Funktionen mit geringem Anpassungsaufwand zu implementieren. Als `UIControl`-Unterklasse unterstützt `UIButton` mehrere Zustände, wie hervorgehoben, aktiviert und ausgewählt. Wir können eigene Bilder, eigenen Text und eigene Textfarben für jeden dieser Zustände setzen. Diese Flexibilität bietet alles, was wir benötigen, um einen Standard-`UIButton` mit An/Aus-Schalterfunktionen auszustatten.

Schauen wir uns an, was zu tun ist. Wir benötigen drei Button-Bilder: normal (oder „Aus"), ausgewählt (oder „An") und einen dunkleren, „gedrückten" Modus. Abbildung 1.9 illustriert, wie diese drei Zustände aussehen könnten. Um die Unterstützung dieser Zustände zu vereinfachen und sie sogar zu automatisieren, deklarieren wir eine Unterklasse. Diese `PRPToggleButton`-Klasse kümmert sich für uns um die gesamte Zustands- und Bildverwaltung. Wir müssen unseren Controller-Code also nicht mit Bildnamen und Textfarben vollstopfen, wenn wir das Tippen auf Buttons verarbeiten wollen. Wir können den Button sogar im Interface Builder einrichten, in dem wir Bilder, Text und Farben für die diversen Zustände festlegen können.

Die Unterklassendeklaration ist sehr einfach: Sie deklariert eine Boolesche Eigenschaft, die steuert, ob sich der Button automatisch selbst umschaltet, wenn er angetippt wird, und eine Hilfsmethode, die die diversen Bilder für die Button-Zustände setzt und verwaltet.

ToggleButton/Classes/PRPToggleButton.h

```
@interface PRPToggleButton : UIButton {}

// Standardwert ist YES.
@property (nonatomic, getter=isOn) BOOL on;
@property (nonatomic, getter=isAutotoggleEnabled) BOOL autotoggleEnabled;

+ (id)buttonWithOnImage:(UIImage *)onImage
               offImage:(UIImage *)offImage
       highlightedImage:(UIImage *)highlightedImage;

- (BOOL)toggle;

@end
```

Abbildung 1.9: Ein bildbasierter An/Aus-Schalter. Zu sehen ist unser PRPToggleButton-Button in seinen An-, Aus und Hervorgehoben-Zuständen (Letzterer tritt ein, während der Finger unten ist).

Da An/Aus-Schalter in der Regel eher bildbasiert sind, erstellen wir eine Hilfsmethode, die die redundanten Aufrufe von -setBackground-Image:forState: abstrahiert. So erreichen wir, dass unser Controller-Code weniger Arbeit leisten muss und weniger Bug-Potenzial birgt. Er speichert die „An"- und „Aus"-Bilder in Eigenschaften, die in Abhängigkeit vom jeweiligen Button-Zustand zum Einsatz kommen.

Kapitel 1: UI-Rezepte

ToggleButton/Classes/PRPToggleButton.m

```
+ (id)buttonWithOnImage:(UIImage *)onImage
              offImage:(UIImage *)offImage
       highlightedImage:(UIImage *)highlightedImage {
    PRPToggleButton *button;
    button = [self buttonWithType:UIButtonTypeCustom];
    button.onImage = onImage;
    button.offImage = offImage;
    [button setBackgroundImage:offImage forState:UIControlStateNormal];
    [button setBackgroundImage:highlightedImage
              forState:UIControlStateHighlighted];
    button.autotoggleEnabled = YES;
    return button;
}
```

Beachten Sie, dass das automatische Schalterverhalten explizit auf YES gesetzt wird, da BOOL-Ivars standardmäßig den Wert NO haben.

Wir führen das automatische Umschalten durch, indem wir einen Blick in das UIControl-Standardkonstrukt zum Nachhalten von Touch-Events werfen. So finden wir heraus, wann der Button ein richtiges Tippen empfangen hat. Die eingebaute Kontrolllogik bleibt unverändert.

ToggleButton/Classes/PRPToggleButton.m

```
- (void)endTrackingWithTouch:(UITouch *)touch withEvent:(UIEvent *)event {
    [super endTrackingWithTouch:touch withEvent:event];
    if (self.touchInside && self.autotoggleEnabled) {
        [self toggle];
    }
}
```

Die Methode -toggle ist eine Abkürzung zum Umschalten der Eigenschaft des Buttons, aber die eigentliche Arbeit erfolgt in der -setOn:-Zugriffsmethode. Das ist der Ort, an dem wir das Standardhintergrundbild auf Basis des verwalteten An/Aus-Zustands austauschen.

ToggleButton/Classes/PRPToggleButton.m

```
- (BOOL)toggle {
    self.on = !self.on;
    return self.on;
}
```

ToggleButton/Classes/PRPToggleButton.m

```
- (void)setOn:(BOOL)onBool {
    if (on != onBool) {
        on = onBool;
        [self setBackgroundImage:(on ? self.onImage : self.offImage)
                  forState:UIControlStateNormal];
    }
}
```

Die Ausstattung der Klasse mit IB-Unterstützung ist trivial. Da der IB einen Archivierer nutzt, um seine Objekte aus der Nib zu laden, wird der Code in +buttonWithOnImage:OffImage: nie ausgeführt. Deswegen haben wir die Methode -awakeFromNib implementiert, um das automatische Umschaltverhalten korrekt zu initialisieren.

ToggleButton/Classes/PRPToggleButton.m

```
- (void)awakeFromNib {
    self.autotoggleEnabled = YES;
    self.onImage = [self backgroundImageForState:UIControlStateSelected];
    self.offImage = [self backgroundImageForState:UIControlStateNormal];
    [self setBackgroundImage:nil forState:UIControlStateSelected];
}
```

Jetzt ist es ein Kinderspiel, den Toggle-Button aus dem Interface Builder heraus zu nutzen. Wir ziehen einfach ein Button-Objekt aus der Library in unseren Eltern-View, wählen den Identity-Inspektor und geben als Klasse für den Button PRPToggleButton an. Wenn der Name der Klasse beim Eingeben nicht automatisch vervollständigt wird, kann das daran liegen, dass die Klasse nicht gefunden wurde. Das wissen wir sicher, wenn wir das Projekt ausführen: Wird in der Konsole Unknown class PRPToggleButton in Interface Builder file gemeldet, fehlt die Klasse entweder in der kompilierten Anwendung, oder der Name entspricht nicht dem Namen, den wir in das Feld Custom Class eingegeben hatten. Wir müssen die Schreibweise an beiden Stellen überprüfen. Abbildung 1.10 zeigt diese XIB-Konfiguration in Xcode 4.

Nachdem wir die Identity der Klasse konfiguriert haben, wählen wir den Attributes-Inspektor, in dem wir unsere An-, Aus- und Hervorgehoben-Bilder für die State Config-Optionen Selected, Default beziehungsweise Highlighted einrichten. Hier müssen wir auf einige Tricks zurückgreifen. Unser PRPToggleButton wechselt einfach zwei Bilder im Normal Control State aus, aber wir benötigen einen Ort, an dem wir im IB das „An"-Bild angeben können. Dazu nutzen wir vorübergehend den Zustand Selected und räumen dann in -awakeFromNib hinter uns auf. Werfen Sie einen weiteren Blick auf den Code, um zu sehen, wie er funktioniert.

Führen Sie die Anwendung aus und beachten Sie, dass das Umschalten automatisch abgewickelt wird. Ein Target und eine Aktion müssen Sie nur ergänzen, wenn Ihre Anwendungslogik auf die eintretenden Zustandsänderungen reagieren muss. Sie können die on-Eigenschaft des Buttons jederzeit auslesen, um den aktuellen Schalterzustand herauszufinden.

Das war's! Jetzt haben wir einen eingebauten, wiederverwendbaren An/Aus-Schalter für jede Anwendung, den wir aus Code oder einer Nib heraus nutzen können. Würden wir einen Standard-UIButton nutzen, müssten wir in jedem View-Controller, der das tun will, eine erhebliche Menge Steuerungscode schreiben. Da diese Logik jetzt in unseren selbst definierten Button integriert ist, wird unser Controller-Code erheblich sauberer.

ToggleButton/Classes/ToggleButtonViewController.m

```
self.toggleButton = [PRPToggleButton buttonWithOnImage:self.buttonOnImage
                                              offImage:self.buttonOffImage
                                      highlightedImage:highlightedImage];
CGFloat buttonWidth = self.buttonOnImage.size.width;
CGFloat buttonHeight = self.buttonOffImage.size.height;
self.toggleButton.frame = CGRectMake(kButtonX, 100.0, buttonWidth, buttonHeight);
[self.view addSubview:toggleButton];
```

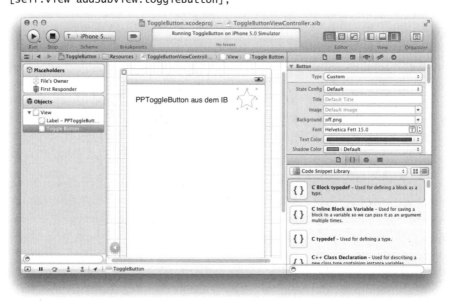

Abbildung 1.10: Den PRPToggleButton im Interface Builder nutzen. PRPToggleButton nutzt die Standard-Button-Zustände und Hintergrundbilder, um den An/Aus-Zustand zu verwalten, damit wir die Klasse unmittelbar aus dem IB nutzen können. Denken Sie daran, die selbst gebaute Klasse im Identity-Inspektor zu setzen, da Sie ansonsten einen gewöhnlichen UIButton erhalten.

Die Reaktion auf Tippvorgänge auf einem PRPToggleButton ist die gleiche wie bei jedem anderen Button: Ergänzen Sie einfach in Ihrem Code oder aus dem IB ein Target beziehungsweise eine Aktion und unternehmen Sie die erforderlichen Schritte, nachdem Sie die Eigenschaft on geprüft haben.

ToggleButton/Classes/ToggleButtonViewController.m

```
- (IBAction)toggleButtonTapped:(id)sender   {
    if ([sender isOn]) {
        NSLog(@"Toggle-Button wurde aktiviert!");
    } else {
        NSLog(@"Toggle-Button wurde deaktiviert!");
    }
}
```

Sie sollten auf alle Fälle auch einen Blick auf die begleitende `UIButton`-basierte Implementierung zu diesem Code in `-[ToggleButtonViewController viewDidLoad]` und `-[ToggleButtonViewController plainButtonTapped:]` werfen, um sich klarzumachen, wie viele Mühen Sie sich ersparen. Mit dem `PRPToggleButton` sparen wir uns nicht nur Arbeit, auch der Controller-Code wird sauberer: Der Aktionscode muss auf die Zustandsänderungen nur noch reagieren, er muss sie nicht mehr selbst verwalten.

5 Gerundete Views mit texturierten Farben aufbauen

Problem

Die `UIView`-Unterklassen, -Buttons und -Labels, die Sie nutzen, sehen recht langweilig aus, und Sie möchten dem Hintergrund Texturen hinzufügen – am liebsten mit abgerundeten Ecken und einem Rahmen.

Lösung

In iOS steht hinter allen `UIViews` ein Layer, d.h., dass ein View oder Subview auf einem eigenen hardwarebasierten Layer aufsetzt. Das ist gut für die Leistung, weil Sie Views verschieben, vergrößern und verkleinern sowie transformieren können, ohne dass sie neu gezeichnet werden müssen. Aber Sie können die Eigenschaften des zugrunde liegenden Layers auch direkt manipulieren, wenn Sie mehr Möglichkeiten haben wollen, die innere Funktionsweise des Views zu steuern.

Alle `UIViews` oder Unterklassen veröffentlichen eine `layer`-Eigenschaft, die eine schreibgeschützte Referenz auf das zugrunde liegende Layer ist, deren Eigenschaften jedoch verändert werden können. Zu den `CALayer`-Eigenschaften, die uns hier interessieren, gehören `backgroundColor`, `borderWidth`, `borderColor` und `cornerRadius`. Setzen Sie eine davon auf dem `CALayer` einer Unterklasse von `UIView`, wirkt sich das unmittelbar auf die Darstellung des Views aus (siehe Abbildung 1.11).

Wir können das gewünschte Aussehen – texturiert, mit abgerundeten Ecken und einem Rahmen – nicht erreichen, indem wir einfach die `backgroundColor`-Eigenschaft des Layers setzen. Dazu müssen wir die `UIColor`-Klassenmethode `colorWithPatternImage:` nutzen, die auf Basis eines Bilds ein sich wiederholendes Muster erzeugt. Wir müssen das Bild allerdings sorgfältig auswählen, da andernfalls Übergänge bei den Wiederholungen zu offensichtlich sind. Dieses Problem können wir vermeiden, indem wir ein größeres Bild nehmen, dessen Größe eher der des Views entspricht, für den wir das Bild nutzen wollen. Das wird besonders wichtig, wenn wir das Muster für die Eigenschaft `backgroundColor` verwenden, weil wir damit de facto ein Hintergrundbild für den View setzen. Das Muster ist sehr einfach zu nutzen, da es immer noch ein `UIColor`-Objekt ist und folglich jede Methode oder Eigenschaft, die ein solches erwartet, dieses Musterbild dankbar annehmen wird.

Nachdem wir unseren Satz gemusterter Farben erstellt haben, instantiieren wir ein gewöhnliches UIButton-Objekt. Wenn wir die Layer-Eigenschaften ändern, müssen wir den gewünschten Effekt definieren, indem wir cornerRadius setzen, um ein Rechteck mit abgerundeten Ecken und einem 8 Punkt breiten Rahmen zu erzeugen, und das Farbmuster für borderColor und backgroundColor nutzen.

Abbildung 1.11: Abgerundete Views mit Textur

Wir richten Target/Action-Paare für die TouchDown- und TouchUpInside-Events mit alternativen Werten für die Eigenschaften borderColor und cornerRadius ein, um Benutzern eine eindeutige Rückmeldung zu geben, sobald der Button angetippt wurde.

RoundedView/Classes/RoundedViewViewController.m

```
// Auf Basis von UIImages die Farbtexturen definieren.

thickColor =    [UIColor colorWithPatternImage:
                [UIImage imageNamed:@"thickColorGradient.png"]];
UIColor *grayGradient = [UIColor colorWithPatternImage:
                [UIImage imageNamed:@"grayGradient.png"]];
UIColor *steelColor = [UIColor colorWithPatternImage:
                [UIImage imageNamed:@"simpleSteel.png"]];
```

```objc
UIColor *steelTexture = [UIColor colorWithPatternImage:
             [UIImage imageNamed:@"steelTexture.png"]];
UIColor *woodTexture =  [UIColor colorWithPatternImage:
             [UIImage imageNamed:@"woodTexture.png"]];

CGRect buttonFrame = CGRectMake(60, 60, 200,80);
UIButton *roundButton = [[UIButton alloc] initWithFrame:buttonFrame];
roundButton.layer.borderWidth = 8;
roundButton.layer.borderColor = thickColor.CGColor;
roundButton.layer.backgroundColor  = grayGradient.CGColor;
roundButton.layer.cornerRadius = roundButton.bounds.size.height/4;
[self.view addSubview:roundButton];

[roundButton addTarget:self action:@selector(buttonPressed:)
      forControlEvents:UIControlEventTouchDown];
[roundButton addTarget:self action:@selector(buttonReleased:)
      forControlEvents:UIControlEventTouchUpInside |
UIControlEventTouchUpOutside];
```

Hier nutzen wir einen `UIView` mit einem `UILabel`-Subview. Das Layer des Views wird manipuliert wie oben das des Buttons, um einen interessanten Hintergrund für das Label zu erzeugen.

RoundedView/Classes/RoundedViewViewController.m

```objc
UILabel *labelA = [self centeredLabel:buttonFrame
                           label:@"Farbprächtig"];
labelA.font = [UIFont fontWithName:@"MarkerFelt-Thin" size:36];
labelA.textColor = thickColor;
[roundButton addSubview:labelA];

CGRect viewFrame = CGRectMake(30, 210, 260, 50);
UIView *steelView = [[UIView alloc] initWithFrame:viewFrame];
steelView.layer.borderWidth = 5;
steelView.layer.borderColor = steelColor.CGColor;
steelView.layer.backgroundColor = steelTexture.CGColor;
steelView.layer.cornerRadius = steelView.bounds.size.height/4;
[self.view addSubview:steelView];

UILabel *labelB = [self centeredLabel:viewFrame
                           label:@"Gebürsteter Stahl"];
labelB.font = [UIFont fontWithName:@"TrebuchetMS-Bold" size:28];
labelB.textColor = steelColor;
[steelView addSubview:labelB];
```

Wir könnten noch weitergehen und die gleichen Eigenschaften unmittelbar auf dem Layer des `UILabel` setzen, um den gleichen Effekt zu erzielen.

RoundedView/Classes/RoundedViewViewController.m

```
CGRect labelFrame = CGRectMake(10, 340, 300, 40);
UILabel *label = [self centeredLabel:labelFrame
                               label:@"Ein viel längeres Label"];
label.frame = labelFrame;
label.font = [UIFont fontWithName:@"Thonburi-Bold" size:24];
label.textColor = steelColor;
label.shadowColor = [UIColor blackColor];
label.layer.borderWidth = 4;
label.layer.borderColor = steelColor.CGColor;
label.layer.backgroundColor = woodTexture.CGColor;
label.layer.cornerRadius = label.frame.size.height/2;
[self.view addSubview:label];
```

Die Klasse CALayer veröffentlicht noch weitere Eigenschaften, die Sie über UIView nicht steuern können. Es lohnt sich also unbedingt, einen Blick in die iOS-Dokumentation zu werfen, damit Sie sich ansehen können, welche Effekte Sie erzielen können.

6 Einen wiederverwendbaren Web-View aufbauen

Problem

Einige der elegantesten nativen Apps auf dem Markt verlassen sich trotz allem gelegentlich noch auf Webinhalte – und sei es nur, um eine URL zu öffnen, ohne zu Safari zu wechseln. `UIWebView` ist eine elegante, leicht zu verwendende Klasse, aber bereits zur Anzeige einer einzigen Webseite muss eine nicht unerhebliche Menge Unterstützungscode geschrieben werden.

Lösung

Wenn wir das bei mehreren Projekten tun müssen, können wir uns Zeit und Mühen sparen, indem wir einen elementaren Web-View aufbauen, der entweder modal oder als Teil eines Navigations-Stacks angezeigt werden kann. Der Controller erhält vom aufrufenden Code eine URL und lädt automatisch den Code, wenn der View geladen wird. Er zeigt einen Aktivitätsindikator an, während die Seite geladen wird, und gestaltet einen glatten Übergang, wenn der Inhalt zur Anzeige bereit ist. Wir starten diesen Controller und zeigen ihn mit wenigen Zeilen Code an und wenden uns dann wieder wichtigeren Geschäften zu. Abbildung 1.12 zeigt diesen View in Aktion.

Die Klasse `PRPWebViewController` erstellt einen elementaren, in der Größe veränderbaren Root-View, der einen `UIWebView` zur Anzeige von Webinhalten enthält und einen großen, weißen `UIActivityIndicatorView` erstellt, der dem Benutzer mitteilt, dass der Inhalt geladen wird. Wir bauen die Hierarchie in Code auf, damit wir nicht jedes Mal eine `xib`-Datei bewegen müssen, wenn wir die Klasse wiederverwenden.

Der Aktivitätsindikator wird während des Ladens im Haupt-View zentriert, und alle Masken zur automatischen Außenabstandsanpassung werden gesetzt, um sicherzustellen, dass er zentriert bleibt, wenn Größe oder Ausrichtung des Haupt-Views sich ändern.

SmartWebView/PRPWebViewController.m
```
activityIndicator.autoresizingMask = UIViewAutoresizingFlexibleTopMargin |
                                     UIViewAutoresizingFlexibleRightMargin |
                                     UIViewAutoresizingFlexibleBottomMargin |
                                     UIViewAutoresizingFlexibleLeftMargin;
CGRect aiFrame = self.activityIndicator.frame;
CGFloat originX = (self.view.bounds.size.width - aiFrame.size.width) / 2;
CGFloat originY = (self.view.bounds.size.height - aiFrame.size.height) / 2;
aiFrame.origin.x = floorl(originX);
aiFrame.origin.y = floorl(originY);
self.activityIndicator.frame = aiFrame;
```

Abbildung 1.12: Ein wiederverwendbarer Web-View-Controller
Zu Anfang zeigt unser Web-View-Controller einen Aktivitätsindikator an und blendet dann den Webinhalt auf dem Bildschirm ein, wenn er geladen ist.

Wir runden den berechneten Ursprung ab, um nicht ganzzahlige Koordinaten zu vermeiden, die den View verschwommen erscheinen lassen können.

Unser Controller implementiert die standardmäßigen `UIWebViewDelegate`-Methoden, um zu erkennen, wann die Anfrage abgeschlossen ist. Wenn das Laden erfolgreich war, wird der Aktivitätsindikator verborgen und der Web-View auf dem Bildschirm eingeblendet. Das sorgt für einen glatteren Übergang, während der Benutzer darauf wartet, dass der Inhalt auf dem Bildschirm erscheint. Außerdem zieht der Controller das `<title>`-Element aus dem geladenen HTML und setzt seinen Inhalt als Navigationstitel.

SmartWebView/PRPWebViewController.m

```objc
- (void)webViewDidFinishLoad:(UIWebView *)wv {
    [self.activityIndicator stopAnimating];
    [self fadeWebViewIn];
    if (self.title == nil) {
        NSString *docTitle = [self.webView
            stringByEvaluatingJavaScriptFromString:@"document.title;"];
        if ([docTitle length] > 0) {
            [self.navigationItem.title = docTitle;
        }
    }
    SEL sel_didFinishLoading = @selector(webControllerDidFinishLoading:);
    if ([self.delegate respondsToSelector:sel_didFinishLoading]) {
        [self.delegate webControllerDidFinishLoading:self];
    }
}
```

> **Wann das Laden eines Web-Views wirklich abgeschlossen ist**
>
> Abhängig davon, was für Inhalt geladen wird, kann sich ein UIWebView ein wenig unvorhersagbar verhalten. Wenn die angeforderte Seite Iframes oder dynamischen Inhalt enthält, kann es vorkommen, dass Ihr Code mehrere webViewDidFinishLoad:-Nachrichten erhält. Weil die diversen Anwendungsfälle jeweils andere Definitionen von „fertig" haben können, unternimmt dieses Rezept nichts, um die verschiedenen Callbacks zu überwachen. So bleibt es Ihnen überlassen, die Klasse auf Ihre spezifischen Bedürfnisse anzupassen.

Beachten Sie, dass der Code eine bereits gesetzte title-Eigenschaft des View-Controllers berücksichtigt. Wenn Sie PRPWebViewController nutzen und einen statischen Navigationstitel einem auf dem Seiteninhalt basierenden Titel vorziehen, müssen Sie also einfach die title-Eigenschaft des View-Controllers setzen, wenn Sie ihn erstellen.

Außerdem wird eine backgroundColor-Eigenschaft veröffentlicht, damit sich das Erscheinungsbild des Views beim Laden leicht anpassen lässt.

SmartWebView/PRPWebViewController.m

```objc
- (void)setBackgroundColor:(UIColor *)color {
    if (backgroundColor != color) {
        backgroundColor = color;
        [self resetBackgroundColor];
    }
}
```

Warum wir eine spezielle Eigenschaft für die Hintergrundfarbe erstellen, statt diese einfach auf dem View direkt zu setzen? Weil wir, je nachdem, wann wir das tun, den View zwingen könnten, zu früh zu laden. Die Methode `resetBackgroundColor` setzt die Hintergrundfarbe nur, wenn der View geladen ist. Rufen wir diese Methode aus `setBackgroundColor:` und `viewDidLoad` auf, respektieren wir sowohl die Wünsche des Aufrufers als auch die verzögerten Lademechanismen von UIKit.

SmartWebView/PRPWebViewController.m

```
- (void)resetBackgroundColor {
    if ([self isViewLoaded]) {
        UIColor *bgColor = self.backgroundColor;
        if (bgColor ==  nil) {
            bgColor  = [UIColor whiteColor];
        }
        self.view.backgroundColor = bgColor;
    }
}
```

Außerdem gibt es eine praktische `BOOL`-Eigenschaft, die einen vom System bereitgestellten Fertig-Button generiert, was nützlich ist, wenn der Controller modal angezeigt wird. Barbutton-Items zählen zu den Dingen, die wir ständig erstellen, deren Erzeugung jedoch ziemlich umständlich ist. Hier haben wir einen in einen wiederverwendbaren Controller gepackt.

SmartWebView/PRPWebViewController.m

```
- (void)setShowsDoneButton:(BOOL)shows  {
    if (showsDoneButton != shows) {
        showsDoneButton = shows;
        if (showsDoneButton) {
            UIBarButtonItem *done = [[UIBarButtonItem alloc]
                initWithBarButtonSystemItem:UIBarButtonSystemItemDone
                                     target:self
                                     action:@selector(doneButtonTapped:)];
            self.navigationItem.rightBarButtonItem = done;
        } else {
            self.navigationItem.rightBarButtonItem  = nil;
        }
    }
}
```

Soll er all diese Arbeit für uns erledigen, muss `PRPWebViewController` als Delegate des Web-Views dienen. Aber was ist, wenn sich unser Code dafür interessiert, wenn das Laden fehlschlägt, oder wissen muss, wann die Seite vollständig geladen wurde? Delegation ist eine Eins-zu-eins-Beziehung, wir können die `UIWebViewDelegate`-Rolle also nicht einfach vom `PRPWebViewController` abziehen, da wir sonst die Funktionsfähigkeit beschädigen. Deswegen deklarieren wir für diesen Fall ein neues PRPWebViewControllerDelegate-Delegate, das die entsprechenden Events für Interessierte weiterleitet.

SmartWebView/PRPWebViewControllerDelegate.h

```
@class PRPWebViewController;

@protocol PRPWebViewControllerDelegate <NSObject>

@optional
- (void)webControllerDidFinishLoading:(PRPWebViewController *)controller;

- (void)webController:(PRPWebViewController *)controller
didFailLoadWithError:(NSError *)error;

- (BOOL)webController:(PRPWebViewController *)controller
shouldAutorotateToInterfaceOrientation:(UIInterfaceOrientation)orientation;
@end
```

Die Autorotationsmethoden ermöglichen Ihnen, das Verhalten des Controllers den Anforderungen Ihres UI gemäß anzupassen. All diese Protokollmethoden sind optional: Sie müssen keine davon implementieren. Der PRPWebViewController kann immer noch vollends eigenständig handeln.

Jetzt haben Sie einen in sich abgeschlossenen Web-View, der Benutzern einen glatten Übergang präsentiert, während der Inhalt geladen wird. Wenn Sie in Ihre App Webinhalte einschließen wollen, müssen Sie nur noch einen PRPWebViewController erstellen, eine URL setzen und den Web-View anzeigen.

7 | Slider- und Progress-Views anpassen

Problem

Das standardmäßige Aussehen von `UISlider` und `UIProgressView` entspricht dem Ihrer restlichen App nicht. Unglücklicherweise können Sie im Interface Builder nur ihre Breite anpassen. Was können Sie tun, um diesen Elementen ein anderen Aussehen zu verleihen?

Lösung

Wollen wir über die Grundlagen hinausgehen, müssen wir mit Code arbeiten, um einige der vorhandenen Bildeigenschaften zu erforschen, und lernen, wie man dehnbare `UIImages` nutzt.

`UISlider` hat einige Eigenschaften, die vom Interface Builder nicht veröffentlicht werden: `currentMaximumTrackImage`, `currentMinimumTrackImage` und `currentThumbImage`. Diese Eigenschaften eröffnen uns viele Möglichkeiten, da wir mit ihrer Hilfe alternative Bilder für das Steuerelement festlegen können. Wollen wir das Beste aus ihnen herausholen, müssen wir verstehen, wie dehnbare `UIImages` funktionieren (siehe Abbildung 1.13).

Ein dehnbares `UIImage` erstellen wir wie jedes andere `UIImage` auf Basis einer Festplattendatei, müssen dabei aber auch die `leftCapWidth`- und `topCapHeight`-Werte setzen. Das tun wir, indem wir die Methode `stretchableImageWithLeftCapWidth:topCapHeight` aufrufen, um die Länge der Abschnitte zu definieren, die nicht gedehnt werden sollen. Wenn ein Bild 100 Punkte breit ist und wir `leftCapWidth` den Wert 49 geben, ist der 50. Punkt der, der gedehnt (oder dupliziert) wird, während die anderen 50 Punkte unverändert bleiben. Setzen wir die Bildlänge dann auf 200, werden 100 Kopien des gedehnten Punkts eingesetzt, um das Bild zu füllen. Ihnen ist sicher klar, dass wir das Bild und die Dehnungspunkte sorgfältig auswählen müssen, damit das Bild immer noch gut aussieht, wenn es gedehnt wird. Werfen Sie einen Blick auf die Bilder im Beispielcode. Sie scheinen eine recht seltsame Form zu haben, aber liefern uns das gewünschte Aussehen, wenn sie gedehnt werden.

CustomSlider/Classes/CustomSliderViewController.m

```
UIImage* sunImage = [UIImage imageNamed:@"sun.png"];
[customSlider setThumbImage:sunImage forState:UIControlStateNormal];
```

Wir können die Eigenschaft thumbImage nutzen, um ein neues Bild für das verschiebbare Element des Sliders zu setzen. Im Vergleich zu dem standardmäßigen weißen Punkt sieht das hier gewählte Sonnen-Icon recht auffällig aus und dient zugleich dazu, die Verbindung zwischen den beiden Bildern, aus dem der Slider zusammengesetzt ist, zu verbergen.

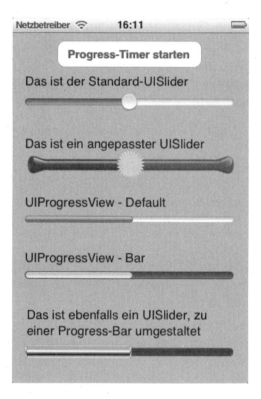

Abbildung 1.13: Angepasster Slider

CustomSlider/Classes/CustomSliderViewController.m

```
customProgress.userInteractionEnabled = NO;

UIImage* sliderPoint = [UIImage imageNamed:@"sliderPoint.png"];
[customProgress setThumbImage:sliderPoint
                forState:UIControlStateNormal];

UIImage *leftStretch = [[UIImage imageNamed:@"leftImage.png"]
                    stretchableImageWithLeftCapWidth:10.0
                                        topCapHeight:0.0];
```

```
[customProgress setMinimumTrackImage:leftStretch
                            forState:UIControlStateNormal];

UIImage *rightStretch = [[UIImage imageNamed:@"rightImage.png"]
                        stretchableImageWithLeftCapWidth:10.0
                                            topCapHeight:0.0];
[customProgress setMaximumTrackImage:rightStretch
                            forState:UIControlStateNormal];
```

Wir erstellen hier keinen richtigen UIProgressView, sondern nutzen einen teilweise deaktivierten Slider, um den gleichen Eindruck zu erwecken, und verschaffen uns damit die Möglichkeit, die gleiche Styling-Technik zu nutzen wie beim UISlider. Ein feiner Aspekt hierbei ist, dass das Bild, das wir für den Schieber nutzen, viel kleiner ist und einen geeigneten Abschluss für die untere linke Seite der Schieberbahn abgibt. Dadurch dass wir die Eigenschaft userInteractionEnabled auf NO setzen und kein als solches erkennbares, verschiebbares Element anzeigen lassen, geben wir dem Slider das Aussehen einer gestylten Fortschrittsleiste.

Die Demo-App enthält einen Timer, der über den Button oben im Fenster aktiviert wird, und Ihnen zeigt, wie leicht man eine animierte Fortschrittsleiste erstellt, indem man die value-Eigenschaft des UISlider verändert.

8 Eine eigene Gestenerkennung gestalten

Problem

Apple bietet einige einfache Gesture-Recognizer zur Gestenerkennung, aber was ist, wenn Sie mehr wollen und komplexere Gesten erkennen möchten?

Lösung

In der Regel stellen die von Apple mit iOS 3.2 eingeführten Gesture-Recognizer die beste Lösung für Ihre Bedürfnisse bei der Erkennung von Touch-Events dar. Sie lassen sich leicht verwenden und ersparen Ihnen, mühselig Code zu schreiben, der in der Regel erforderlich ist, um die verschiedenen Stufen von Touch-Eingaben nachzuhalten. Eine Gestenerkennung steht für die wichtigsten elementaren Gesten Tap (Tippen), Pinch (Spreizung oder Zusammenführung von zwei Fingern), Rotate (Drehung von zwei Fingern), Swipe (Wischen), Pan (Ziehen) und LongPress (lang drücken) zur Verfügung. Aber wenn Ihnen das nicht ausreicht und Sie komplexere Gesten wie beispielsweise einen Kreis erkennen wollen, müssen Sie einen eigenen angepassten Gesture-Recognizer schreiben.

Wir lassen unsere neue Klasse `PRPCircleGestureRecognizer` auf der abstrakten Klasse `UIGestureRecognizer` basieren, müssen aber `UIKit/UIGestureRecognizerSubclass.h` einbinden, weil dieser Header zusätzliche Methoden und Eigenschaften definiert, die wir eventuell benötigen. Wir müssen außerdem entscheiden, ob wir den Gesture-Recognizer diskret oder kontinuierlich machen. Ein diskreter Recognizer löst seine Delegate-Aktion nur aus, wenn die Geste vollständig erkannt wurde, während kontinuierliche Recognizer die Delegate-Aktion bei allen Touch-Events auslösen, die der Recognizer als gültig betrachtet.

Die Wahl eines geeigneten Recognizers hängt davon ab, wie wir den Kreis erkennen wollen. Jeder Berührungspunkt muss in der Nähe des Umfangs liegen, was ein bestimmtes Maß an Abweichung ermöglicht. Unglücklicherweise ist weder Radius noch Umfang des Kreises definiert. Deswegen ist die Position des Umfangs unbekannt. Dieses Problem lösen wir, indem wir alle Touch-Punkte speichern, bis die Geste vollständig ist, damit die Extrempunkte der Geste genutzt werden können, um den Durchmesser zu berechnen, auf dessen Basis wir dann

Radius und Mittelpunkt ermitteln. Ein Gesture-Recognizer für einen Kreis muss deswegen diskret sein, da er die Touch-Punkte nur prüfen kann, wenn die Geste abgeschlossen ist.

Die Basisklasse kümmert sich um alle Touch-Events und stellt die erforderlichen Callbacks für die Methoden, die wir implementieren. Ebenso wichtig ist die zugrunde liegende Zustandsmaschine, die die Basisklasse überwacht, um den Prozess der Gestenerkennung nachzuhalten. Bei einem diskreten Recognizer kann die Eigenschaft state nur auf einen dieser gültigen Zustände gesetzt werden:[1]

- UIGestureRecognizerStatePossible
- UIGestureRecognizerStateRecognized
- UIGestureRecognizerStateFailed

UIGestureRecognizerStatePossible ist der anfängliche Zustand. Er zeigt an, dass der Erkennungsvorgang läuft. Ist die Erkennung erfolgreich, wird die Eigenschaft state auf UIGestureRecognizerStateRecognized gesetzt und der Selektor für die Delegate-Aktion aufgerufen. Wird zu irgendeinem Zeitpunkt ein Touch-Punkt außerhalb der berechneten Grenze des Kreises angetroffen, wird die Eigenschaft state auf UIGestureRecognizerStateFailed gesetzt und damit ein Aufruf der Methode reset angestoßen, um den Vorgang neu zu initialisieren und auf eine neue Touch-Sequenz zu warten.

CircleGestureRecognizer/PRPCircleGestureRecognizer.m
```
- (void)touchesBegan:(NSSet *)touches withEvent:(UIEvent *)event {
        [super touchesBegan:touches withEvent:event];
        if ([self numberOfTouches] != 1) {
                self.state = UIGestureRecognizerStateFailed;
                return;
        }
    self.points = [NSMutableArray array];
    CGPoint touchPoint = [[touches anyObject] locationInView:self.view];
    lowX = touchPoint;
    lowY = lowX;
    if (self.deviation == 0) self.deviation = 0.4;
    moved = NO;
}
```

Die Methode touchesBegan:withEvent: dient als Initialisierer, und das veränderliche Array, das unsere gespeicherten Touch-Punkte aufnehmen wird, wird instantiiert. Dann wird der erste Touch-Punkt hinzugefügt, bevor die Werte lowX und lowY auf den aktuellen Punkt gesetzt

---

[1] Ein kontinuierlicher Recognizer verlangt noch mehr Zustände. Die vollständige Liste der Zustände finden Sie im iPad-Entwicklerhandbuch auf Apple.com.

werden, damit sie später genutzt werden können, um die längste Linie zu berechnen. Wenn die Eigenschaft deviation noch nicht gesetzt wurde, wird ihr ein vorgegebener Wert zugewiesen.

CircleGestureRecognizer/PRPCircleGestureRecognizer.m

```
- (void)touchesMoved:(NSSet *)touches withEvent:(UIEvent *)event {
    [super touchesMoved:touches withEvent:event];
    if ([self numberOfTouches] != 1) {
            self.state = UIGestureRecognizerStateFailed;
    }
    if (self.state == UIGestureRecognizerStateFailed) return;

    CGPoint touchPoint = [[touches anyObject] locationInView:self.view];

    if (touchPoint.x > highX.x) highX = touchPoint;
    else if (touchPoint.x < lowX.x) lowX = touchPoint;
    if (touchPoint.y > highY.y) highY = touchPoint;
    else if (touchPoint.y < lowY.y) lowY = touchPoint;
    [self.points addObject:[NSValue valueWithCGPoint:touchPoint]];
    moved = YES;
}
```

Die Methode touchesMoved:withEvent: wird für jeden nachgehaltenen Punkt aufgerufen. Mehrfach-Touches werden als ungültig betrachtet. Werden sie erkannt, wird die Eigenschaft state auf UIGestureRecognizerStateFailed gesetzt. Zu diesem Zeitpunkt können die Touch-Punkte, weil der Umfang noch nicht bekannt ist, noch nicht validiert werden, und werden deswegen dem Punkte-Array hinzugefügt. Zur Berechnung des Umfangs müssen die Extremwerte auf den x- und y-Achsen ermittelt werden. Wenn der Touch-Punkt einen der gespeicherten Extremwerte übersteigt, wird dessen Wert auf den neuen Punkt gesetzt. Dass fälschlich ein einziger Punkt als Kreis erkannt wird, wird vermieden, indem der Boolesche Wert moved auf YES gesetzt wird, um anzuzeigen, dass die Methode touchesMoved:withEvent: zumindest einmal aufgerufen wurde.

CircleGestureRecognizer/PRPCircleGestureRecognizer.m

```
- (void)touchesEnded:(NSSet *)touches withEvent:(UIEvent *)event {
    [super touchesEnded:touches withEvent:event];
    if (self.state == UIGestureRecognizerStatePossible)  {
            if (moved && [self recognizeCircle]) {
                    self.state = UIGestureRecognizerStateRecognized;
            } else {
                    self.state = UIGestureRecognizerStateFailed;
            }
    }
}
```

Die Methode `touchesEnded:withEvent:` muss nur prüfen, ob sich der Touch-Punkt verschoben hat, und ruft dann die Methode `recognizedCircle` auf, um den eigentlichen Inhalt der Prüfung auszuführen.

CircleGestureRecognizer/PRPCircleGestureRecognizer.m

```
- (BOOL) recognizeCircle {
    CGFloat tempRadius;
    CGPoint tempCenter;
    CGFloat xLength = distanceBetweenPoints(highX, lowX);
    CGFloat yLength = distanceBetweenPoints(highY, lowY);
    if (xLength > yLength) {
        tempRadius = xLength/2;
        tempCenter = CGPointMake(lowX.x + (highX.x-lowX.x)/2,
                                 lowX.y + (highX.y-lowX.y)/2);
    } else {
        tempRadius = yLength/2;
        tempCenter = CGPointMake(lowY.x + (highY.x-lowY.x)/2,
                                 lowY.y + (highY.y-lowY.y)/2);
    }
    CGFloat deviant = tempRadius * self.deviation;

    CGFloat endDistance =
    distanceBetweenPoints([[self.points  objectAtIndex:0] CGPointValue],
                          [[self.points lastObject] CGPointValue]);
    if (endDistance > deviant*2) {
        return NO;
    }

    for (NSValue *pointValue in self.points) {
        CGPoint point = [pointValue CGPointValue];
        CGFloat pointRadius = distanceBetweenPoints(point, tempCenter);
        if (abs(pointRadius - tempRadius) > deviant) {
            return NO;
        }
    }
    self.radius = tempRadius;
    self.center = tempCenter;
    return YES;
}
```

Die Methode `recognizedCircle` berechnet den Abstand zwischen den Touch-Punkten, die in den Variablen für die Extremwerte `lowX`, `highX`, `lowY` und `highY` gespeichert sind, und nimmt den größten davon als Durchmesser. Von diesem ausgehend, lassen sich Mittelpunkt und Radius leicht berechnen. Dann wird auf Basis des Radius und der Eigenschaft `deviation` ein Abweichungswert berechnet. Ein vollständiger Kreis wird nur dann erkannt, wenn der erste und der letzte Touch-Punkt nicht zu weit voneinander entfernt sind (das Doppelte des Abweichungswerts). Ist das der Fall, wird die Eigenschaft `state` auf `UIGestureRecognizerStateFailed` gesetzt. Alle Punkte im Array `points` werden validiert, indem sichergestellt wird, dass die Differenz zwischen dem Radius und dem Abstand zwischen dem Punkt und dem Mittelpunkt des Kreises den Abweichungswert nicht übersteigt. Sind alle Punkte validiert, werden die Eigenschaften `radius` und `center` gesetzt, und es wird `YES` zurückgeliefert, um den Erfolg anzuzeigen. Die Methode `touchesEnded:withEvent:` setzt dann die Eigenschaft `state` auf `UIGestureRecognizerStateRecognized`.

Ist die Erkennung erfolgreich, löst der Basisklassencode einen Aufruf des Selektors für die Delegate-Aktion aus, der angegeben wird, wenn der Gesture-Recognizer instantiiert wird – hier die Methode `circleFound` in `mainViewController.m`. In unserem Beispiel, wird in den `UIView`, der an den Recognizer gebunden war, ein Smiley gezeichnet, dessen Größe und Position der des erkannten Kreises entspricht.

Obwohl der Code hier spezifisch für die Erkennung einer Kreis-Geste ist, können Sie diese Technik leicht anpassen, um Gesten beliebiger Art zu erkennen, die Sie benötigen.

9 Einen in sich abgeschlossenen Alert-View erstellen

Problem

Die Klasse `UIAlertView` bietet Ihnen eine einfache und konsistente Schnittstelle, über die Sie Ihren Benutzern wichtige Informationen mitteilen können. Die Logik für die Reaktion auf Benutzereingaben in diesen Views kann jedoch mühselig und fehleranfällig sein. Wäre es nicht wunderbar, wenn es eine `UIAlertView`-Version gäbe, die in sich abgeschlossen und leicht verwendbar ist und mit der man aus beliebigem Controller-Code leicht interagieren kann?

Lösung

UIKit besitzt eine großzügige Bibliothek mit von Apple entworfenen Controls, die Sie in jeder App einsetzen können. `UIAlertView` ist ein großartiges Beispiel dafür: Sie erhalten einen von Apple entworfenen Dialog mit einem Titel, einem Inhalt und Buttons, und es wird sogar der restliche Bildschirm abgedunkelt, um den Benutzer auf die Meldung aufmerksam zu machen.

Die Erstellung eines Alert-Views ist recht einfach: Sie initialisieren ihn und rufen `show` auf, und Apple kümmert sich um den Rest. Wenn Sie dem Benutzer nur eine Nachricht anzeigen wollen, ist dieser Vorgang recht gradlinig. Geben Sie dem Benutzer jedoch Wahlmöglichkeiten, auf die Sie reagieren müssen, steht Ihnen mehr Arbeit ins Haus: Sie setzen Ihren Code als Delegate des Alert-Views und implementieren eine oder mehrere der Methoden des `UIAlertViewDelegate`-Protokolls wie `-alertView:clickedButtonAtIndex:`.

Diese Delegate-Methode ist der Ort, an dem es nicht nur mühselig, sondern auch gefährlich werden kann. Sie müssen ermitteln, welcher Button angetippt wurde, um entsprechend zu reagieren. Aber auf welche Weise? Sie haben verschiedene Möglichkeiten:

- Sie können einen fest vorgegebenen Vergleich/Switch auf Basis der Button-Indizes durchführen.
- Sie können `-buttonTitleAtIndex` an den Alert-View senden und die Strings vergleichen.

Der an Ihre Delegate-Methode übergebene `buttonIndex` bringt Ihnen eigentlich nicht viel, weil Sie die Titel der Buttons zu Anfang selbst als Varargs an die Standardmethode `-initWithTitle:message:...` übergeben haben. Vielleicht haben Sie die Indizes an anderer Stelle als Konstanten festgehalten, aber dann haben Sie in Ihren Code eine unerwünschte Kopplung eingeführt.

Die zweite Option – der Vergleich von Button-Titeln – ist weniger riskant: Wenn Sie die Strings als globale Werte oder lokalisierte Strings definiert haben, sollte der Code auch noch funktionieren, wenn Sie die Button-Titel umstellen.

Beide Verfahren verlangen Ihnen einige Refactoring-Mühen ab und erfordern jedes Mal, wenn Sie einen Alert-View anzeigen wollen, eine nicht unerhebliche Menge Gerüstcode. Das kann besonders hässlich werden, wenn Ihr View-Controller in unterschiedlichen Situationen unterschiedliche Alert-Views anzeigt: Dann ist die Frage nicht mehr bloß „Welcher Button?", sondern „Welcher Button in welchem Alert-Dialog?".

PRPAlertView/ScrapCode.m
```
- (void)alertView:(UIAlertView *)alertView
      willDismissWithButtonIndex:(NSInteger)buttonIndex {
    NSString *buttonTitle = [alertView buttonTitleAtIndex:buttonIndex];
    if (alertView == self.offlineAlertView) {
        if ([buttonTitle isEqualToString:PRPOKTitle]) {
            // ...
        } else if ([buttonTitle isEqualToString:PRPCancelTitle]) {
            // ...
        }
    } else if (alertView == self.serverErrorAlertView) {
        if ([buttonTitle isEqualToString:PRPTryAgainTitle]) {
            // ...
        }
    }
}
```

Das Delegate-Modell ist in Cocoa Touch etabliert, aber wir können den gesamten Vorgang mithilfe von Blocks erheblich angenehmer gestalten. Wir werden eine Unterklasse, `PRPAlertView`, erstellen, die den Vorgang der Anzeige von Alerts gradliniger gestaltet. Anschließend haben Sie eine wiederverwendbare Komponente, die in einer einzigen Methode erledigt, wozu Sie zuvor drei oder vier benötigt haben. Der Einsatz von Blocks spart uns den Delegate-Code, und das gewünschte Verhalten für die einzelnen Buttons wird bereits bei der Erstellung definiert – nicht erst dann, wenn der Kontext der Frage „Welcher Button in welchem Alert?" bereits vergessen ist.

Die Schnittstelle für die Unterklasse ist sehr einfach. Wir haben jederlei Initialisierung oder Delegates vermieden und Klassenmethoden eingesetzt, die die Alerts unmittelbar anzeigen. Die erste Methode erwartet einen „Abbrechen"- oder Standard-Button-Titel, einen anderen Button-Titel und die Blocks, die jeweils ausgeführt werden sollen, wenn auf den entsprechenden Button getippt wird. Außerdem definieren wir einen einfachen Blocktyp (keinen Rückgabewert, keine Argumente), um den Code lesbarer zu machen.

PRPAlertView/PRPAlertView/PRPAlertView.h

```
+ (void)showWithTitle:(NSString *)title
              message:(NSString *)message
          cancelTitle:(NSString *)cancelTitle

          cancelBlock:(PRPAlertBlock)cancelBlock
           otherTitle:(NSString *)otherTitle
           otherBlock:(PRPAlertBlock)otherBlock;
```

PRPAlertView/PRPAlertView/PRPAlertView.h

```
typedef void(^PRPAlertBlock)(void);
```

Außerdem gibt es eine einfache „Anzeigen und nichts tun"-Hilfsmethode, die Sie einsetzen können, wenn Sie dem Benutzer etwas mitteilen wollen, aber keine Antwort erwarten.

PRPAlertView/PRPAlertView/PRPAlertView.h

```
+ (void)showWithTitle:(NSString *)title
              message:(NSString *)message
          buttonTitle:(NSString *)buttonTitle;
```

Die Implementierung ist einfach: Beide Hilfsmethoden erstellen und zeigen den Alert-View mithilfe der unten aufgeführten neu definierten Methode -initWithTitle:... an. Diese Methode speichert die übergebenen Blocks und Button-Titel für spätere Vergleiche in Copy-Eigenschaften. Außerdem dient sie sich selbst als Delegate – wenn tatsächlich einer oder mehrere Handler-Blocks übergeben werden.

PRPAlertView/PRPAlertView/PRPAlertView.m

```
+ (void)showWithTitle:(NSString *)title
              message:(NSString *)message
          cancelTitle:(NSString *)cancelTitle
          cancelBlock:(PRPAlertBlock)cancelBlk
           otherTitle:(NSString *)otherTitle
           otherBlock:(PRPAlertBlock)otherBlk {
    [[[self alloc] initWithTitle:title message:message
                     cancelTitle:cancelTitle cancelBlock:cancelBlk
                      otherTitle:otherTitle otherBlock:otherBlk] show];
}
```

PRPAlertView/PRPAlertView/PRPAlertView.m

```objc
- (id)initWithTitle:(NSString *)title
            message:(NSString *)message
        cancelTitle:(NSString *)cancelTitle
        cancelBlock:(PRPAlertBlock)cancelBlk
         otherTitle:(NSString *)otherTitle
         otherBlock:(PRPAlertBlock)otherBlk {

    if ((self = [super initWithTitle:title
                             message:message
                            delegate:self
                   cancelButtonTitle:cancelTitle
                   otherButtonTitles:otherTitle, nil])) {

        if (cancelBlk == nil && otherBlk == nil) {
            self.delegate = nil;
        }
        self.cancelButtonTitle = cancelTitle;
        self.otherButtonTitle = otherTitle;
        self.cancelBlock = cancelBlk;
        self.otherBlock = otherBlk;
    }
    return self;
}
```

Die Initialisierungsmethode und die Eigenschaften werden in einer privaten Klassenerweiterung verstaut, um die in der Header-Datei definierte Schnittstelle einfach zu halten. Das erhöht die Lesbarkeit und ermutigt Nutzer, nur die Hilfsmethoden einzusetzen, die die einfachste Möglichkeit darstellen, die Klasse zu nutzen.

PRPAlertView/PRPAlertView/PRPAlertView.m

```objc
@interface PRPAlertView ()

@property (nonatomic, copy) PRPAlertBlock cancelBlock;
@property (nonatomic, copy) PRPAlertBlock otherBlock;
@property (nonatomic, copy) NSString *cancelButtonTitle;
@property (nonatomic, copy) NSString *otherButtonTitle;

- (id)initWithTitle:(NSString *)title
            message:(NSString *)message
        cancelTitle:(NSString *)cancelTitle
        cancelBlock:(PRPAlertBlock)cancelBlock
         otherTitle:(NSString *)otherTitle
         otherBlock:(PRPAlertBlock)otherBlock;

@end
```

Die Hilfsmethode no-response-necessary ruft einfach den gleichen Code ohne Handler-Methoden auf. Die tatsächliche Logik hinter dieser Klasse ist dann vollständig isoliert.

PRPAlertView/PRPAlertView/PRPAlertView.h

```
+ (void)showWithTitle:(NSString *)title
              message:(NSString *)message
          buttonTitle:(NSString *)buttonTitle;
```

Wie aber helfen uns diese Blocks, das Delegate zu vermeiden? Wie Sie zuvor sahen, dient PRPAlertView als Delegate für sich selbst und implementiert intern eine UIAlertViewDelegate-Methode, um den Blocks die entsprechenden Button-Titel zuzuordnen.

PRPAlertView/PRPAlertView/PRPAlertView.m

```
- (void)alertView:(UIAlertView *)alertView
        willDismissWithButtonIndex:(NSInteger)buttonIndex {
   NSString *buttonTitle = [alertView buttonTitleAtIndex:buttonIndex];
   if ([buttonTitle isEqualToString:self.cancelButtonTitle]) {
      if (self.cancelBlock) self.cancelBlock();
   } else if ([buttonTitle isEqualToString:self.otherButtonTitle]) {
      if (self.otherBlock) self.otherBlock();
   }
}
```

Ihnen ist wahrscheinlich bereits aufgefallen, dass diese Klasse nur zwei Buttons gestattet und so die UIAlertView-Unterstützung für die Vararg-Liste "otherButtonTitles" verbirgt. Das hält den Code einfacher – und seien wir ehrlich: Wie oft sind Ihnen schon Alert-Views mit drei oder mehr Buttons begegnet? Wenn Sie das Gefühl haben, drei oder mehr Buttons zu brauchen, kann es gut sein, dass Sie ein Entwurfsproblem haben, das Sie lösen sollten, bevor Sie sich daranmachen, weiteren Code zu schreiben. Nachdem das gesagt ist: Es ist nicht sonderlich kompliziert, dieser Klasse eine Varargs-Unterstützung hinzuzufügen (siehe beispielsweise Rezept 36, *Intelligente Debugging-Ausgaben erstellen*, auf Seite 207) und die Blocks und Titel in einem Dictionary festzuhalten, damit man sie leicht ermitteln kann. Wir wollten die Sache einfach halten – sowohl in technischer als auch in ästhetischer Hinsicht.

> **Blocks und Retain-Zyklen**
>
> Dieses Rezept nutzt Hilfsmethoden, die den erstellten `UIAlertView` verbergen – der Initialisierer wird in einer privaten Klassenerweiterung verborgen. Das verstärkt das Konzept, dass Alert-Dialoge "temporäre" Elemente sind und eigentlich nicht lange erhalten bleiben sollen. Die Bedeutung dieses Konzepts wird jetzt dadurch wichtiger, dass wir Blocks nutzen, um die Buttons zu verarbeiten, weil Blocks alle Referenzen festhalten, die sie erhalten. Stellen Sie sich vor, Ihr View-Controller referenziert aus dem an die Klasse übergebenen Abbrechen-Block `self` und speichert den Alert-View dann in einer Eigenschaft, damit er später wiederverwendet werden kann. Dann hätten Sie einen View-Controller, der Ihren Alert-View festhält, der selbst eine Block-Eigenschaft hat, die Ihren View-Controller festhält.
>
> Wenn Ihr View-Controller vom Alert-Block festgehalten wird, wird er nicht dealloziert, bis der festgehaltene Alert-View (und damit sein Block) explizit freigegeben wird. Der Alert aber hängt in einer Eigenschaft des View-Controllers fest. So etwas wird als *Retain-Schleife* bezeichnet und kann zu ernsthaften Speicherlöchern führen. Dieses Problem vermeiden wir vollständig, indem wir den Alert-View nie veröffentlichen und ihn so auch niemand festhalten kann. Alert-Views sind kurzlebig und können ohne große Kosten alloziert werden – es sollte also keinerlei Grund geben, sie irgendwo festzuhalten.

Nachdem wir unseren `PRPAlertView` haben, wird der Controller-Code erheblich einfacher. Folgendes mussten wir vor `PRPAlertView` tun, um einen Alert mit zwei Buttons und Reaktionen für jeden Button zu definieren:

PRPAlertView/ScrapCode.m

```objc
- (void)showAlert {
    UIAlertView *alert = [[UIAlertView alloc] initWithTitle:@"Problem"
                         message:@"Es trat ein Problem auf."
                         delegate:self
                         cancelButtonTitle:PRPAlertButtonTitleRunAway
                         otherButtonTitles:PRPAlertButtonTitleOnward, nil];
    [alert show];
    [alert release];
}
- (void)alertView:(UIAlertView *)alertView
    willDismissWithButtonIndex:(NSInteger)buttonIndex {
```

```
    if ([buttonTitle isEqualToString:PRPAlertButtonTitleAbort]) {
        [self runAway];
    } else if ([buttonTitle isEqualToString:PRPAlertButtonTitleOnward]){
        [self proceedOnward];
    }
}
```

So sieht der entsprechende Code mit `PRPAlertView` aus:

PRPAlertView/ScrapCode.m

```
- (void)showAlert {
  [PRPAlertView showWithTitle:@"Problem"
                 message:@"Es trat ein Problem auf."
                 cancelTitle:PRPAlertButtonTitleAbort
                 cancelBlock:^(void) {
                     [self runAway];
                 }
                 otherTitle:PRPAlertButtonTitleOnward
                 otherBlock:^(void) {
                     [self proceedOnward];
                   }
                 ];
}
```

Mit diesem Rezept müssen wir uns keine Gedanken mehr über Speicherverwaltung, Refactoring, Kopplung und die Komplikationen bei mehreren interaktiven Alert-Views, die den gleichen Controller nutzen, machen. Alles, was der Alert je tun muss, wird an eben dem Punkt definiert, an dem er erstellt wird. So wird die Mehrdeutigkeit in Bezug darauf entfernt, welcher Code auf welchen der Buttons des Alert-Views reagiert – was Ihnen und allen, die später mit Ihrem Code arbeiten müssen, die Mühe spart, herauszufinden, welchen Zweck die alten Delegate-Methoden haben.

10 Ein Label für NSAttributedStrings erstellen

Problem

Die iOS-Labelklasse kann keine Strings mit Attributen zeichnen – d.h. Strings, die „Rich-Text-Formate" wie Unterstreichungen, Farben oder unterschiedliche Schriftarten haben.

Lösung

Als Apple iOS die Core Text APIs zur elementaren Textdarstellung hinzufügte, wurde auch die Klasse `NSAttributedString` eingeführt, die erheblich mehr Möglichkeiten zur Formatierung von Text bietet. Obgleich OS X die Fähigkeit hat, `NSAttributedStrings` über UI-Controls zu rendern, kann iOS das aktuell nicht.

Core Text ist eine sehr tiefschichtige API, die sich mit Glyphen und Kerning, Textsequenzen und Zeilen befasst, es wäre also nett, wenn man dieses Problem lösen könnte, ohne dass man zu tief schürfen muss.

Dankenswerterweise bietet Core Text eine sehr einfache Methode, die wir nutzen können, um eine Zeile mit ausgezeichnetem Text zu erstellen. Wir können diese Zeile dann nehmen und in einen beliebigen Grafikkontext zeichnen (siehe Abbildung 1.14). Es ist sinnvoll, unsere neue Klasse, `PRPAttributedLabel`, zu einer `UIView`-Unterklasse zu machen, weil das die einfachste Möglichkeit bietet, den Grafikkontext zu erhalten, den wir benötigen.

Die Methode `drawRect:` enthält nur drei Zeilen mit Code, die sich direkt mit der Erstellung und Darstellung des ausgezeichneten Texts befassen. Der Großteil des Codes befasst sich damit, eine Referenz auf den Kontext abzurufen, den Kontextzustand zu speichern und wiederherzustellen und die Kontextkoordinaten so zu verschieben, dass sie dem iOS-Koordinatensystem entsprechen.

Die erste Funktion, `CTLineCreateWithAttributedString`, erstellt eine sehr einfache Core Text-Zeile, die keinen Typesetter benötigt, da jene Arbeiten im Hintergrund für uns ausgeführt werden. Dann setzen wir mit `CGContextSetTextPosition` die Position der Zeile im Frame des Views. Die aktuelle Textposition befindet sich im Mittelpunkt des Frames, wir müssen die Verschiebung also in Bezug auf diesen berechnen. In diesem einfachen Fall beginnen wir am linken Rand und bewegen uns vom unteren Rand des Frames ein Viertel der Frame-Höhe nach oben. Diese Positionierung berücksichtigt die Attribute des Strings wie z.B. die Schriftgröße nicht. Wir müssen die Frame-Größe des Labels also so anpassen, dass er für die Schriftart ausreicht, die in dem ausgezeichneten Text genutzt wird. Wie bei einem gewöhnlichen UILabel müssen Sie eventuell etwas experimentieren, bis die Zeilen ordentlich passen.

Abbildung 1.14: TableView mit Labeln mit ausgezeichnetem Text

Schließlich rufen wir die Funktion CTLineDraw auf, um die Zeile am angegebenen Punkt in den Grafikkontext zu zeichnen.

coreText/Classes/PRPAttributedLabel.m
```
- (void)drawRect:(CGRect)rect {
    if (self.attributedText == nil)
                return;
    CGContextRef context = UIGraphicsGetCurrentContext();
    CGContextSaveGState(context);
    CGContextTranslateCTM(context, self.bounds.size.width/2,
                                   self.bounds.size.height);
    CGContextScaleCTM(context, 1.0, -1.0);
```

```
        CTLineRef line = CTLineCreateWithAttributedString(
                                    (__bridge CFAttributedStringRef)
                                    self.attributedText);
        CGContextSetTextPosition(context,
                                    ceill(-self.bounds.size.width/2),
                                    ceill(self.bounds.size.height/4));
        CTLineDraw(line, context);
        CGContextRestoreGState(context);
        CFRelease(line);
}
```

In der Regel lassen wir uns unsere Eigenschafts-Setter gern von der @synthesize-Direktive erstellen, aber in diesem Fall müssen wir sicherstellen, dass alle Änderungen an unserem ausgezeichneten Text ein Neuzeichnen anstoßen, damit das Label bei jeder Änderung aktualisiert wird. Dazu müssen wir einen angepassten Setter für die Eigenschaft attributedString erstellen, der den zusätzlichen setNeedsDisplay-Aufruf absetzt, um das Neuzeichnen zu erzwingen.

coreText/Classes/PRPAttributedLabel.m

```
- (void)setAttributedText:(NSAttributedString *)newAttributedText {
    if (attributedText != newAttributedText) {
        attributedText = [newAttributedText copy];
        [self setNeedsDisplay];
    }
}
```

Im Beispielcode nutzen wir einen angepassten UITableViewController, um die Liste der verfügbaren Schriftarten anzuzeigen. Das ist im Wesentlichen Schablonencode, aber in der tableView:cellForRowAtIndex:-Delegate-Methode ersetzen wir das Standardlabel durch unser PRPAttributedLabel. Wir setzen seine Größe so, dass sie der vollständigen Breite des Table-Views und der Höhe einer Zeile entspricht.

coreText/Classes/FontsTableViewController.m

```
- (UITableViewCell *)tableView:(UITableView *)tableView
        cellForRowAtIndexPath:(NSIndexPath *)indexPath {

    static NSString *CellIdentifier = @"Cell";

    UITableViewCell *cell =
        [tableView dequeueReusableCellWithIdentifier:CellIdentifier];
    if (cell == nil) {
        cell = [[UITableViewCell alloc] initWithStyle:UITableViewCellStyleDefault
                                      reuseIdentifier:CellIdentifier];
        CGRect frame = CGRectMake(10, 0, self.tableView.frame.size.width,
                                    self.tableView.rowHeight);
        PRPAttributedLabel *attLabel =
                            [[PRPAttributedLabel alloc] initWithFrame:frame];
        attLabel.backgroundColor = [UIColor whiteColor];
        attLabel.tag = 999;
```

```objc
        [cell.contentView addSubview:attLabel];
    }
    PRPAttributedLabel *attLabel = (id)[cell.contentView viewWithTag:999];
    attLabel.attributedText =
            [self.attributedFontNames objectAtIndex:indexPath.row];
    return cell;
}
```

Es gibt viele Möglichkeiten, NSAttributedString-Texte zu erstellen – häufig werden sie auf Basis abgerufener XML-Daten erzeugt –, aber in diesem Beispiel benötigen wir lediglich eine Möglichkeit, diesen auf Basis eines gewöhnlichen Strings zu erstellen, damit wir etwas haben, das wir in unserem neuen Label anzeigen können.

Die Methode illuminatedString erwartet einen Eingabestring und eine Schriftart, um ein NSAttributedString-Objekt zu erstellen, dessen erstes Zeichen etwas größer und leuchtend rot dargestellt wird. Der Rest des Strings erscheint dann in Dunkelgrau. Wir bauen den String attributweise auf, setzen zunächst die Farben und ihre Bereiche und ergänzen dann die Schriftarten mit den unterschiedlichen Größen.

coreText/Classes/FontsTableViewController.m

```objc
- (NSAttributedString *)illuminatedString:(NSString *)text
                                     font:(UIFont *)AtFont{
    int len = [text length];
    NSMutableAttributedString *mutaString =
    [[NSMutableAttributedString alloc] initWithString:text];
    [mutaString addAttribute:(NSString *)(kCTForegroundColorAttributeName)
                       value:(id)[UIColor darkGrayColor].CGColor
                       range:NSMakeRange(1, len-1)];
    [mutaString addAttribute:(NSString *)(kCTForegroundColorAttributeName)
                       value:(id)[UIColor redColor].CGColor
                       range:NSMakeRange(0, 1)];
    CTFontRef ctFont = CTFontCreateWithName(
                        (__bridge CFStringRef)AtFont.fontName,
                        AtFont.pointSize,
                        NULL);
    [mutaString addAttribute:(NSString *)(kCTFontAttributeName)
                       value:(__bridge id)ctFont
                       range:NSMakeRange(0, 1)];
    CTFontRef ctFont2 = CTFontCreateWithName(
                        (__bridge CFStringRef)AtFont.fontName,
                        AtFont.pointSize*0.8,
                        NULL);
    [mutaString addAttribute:(NSString *)(kCTFontAttributeName)
                       value:(__bridge id)ctFont2
                       range:NSMakeRange(1, len-1)];
    CFRelease(ctFont);
    CFRelease(ctFont2);
    return [mutaString copy];
}
```

Die Methode `underlinedString` folgt einem ganz ähnlichen Muster, fügt aber für die ersten sechs Zeichen mit dem Attributbezeichner `kCTUnderlineStyleSingle` ein Unterstreichen-Attribut hinzu – auch das ist etwas künstlich, aber eine nette Demonstration des Effekts.

coreText/Classes/FontsTableViewController.m

```
[mutaString addAttribute:(NSString *)(kCTUnderlineStyleAttributeName)
            value:[NSNumber numberWithInt:kCTUnderlineStyleSingle]
            range:NSMakeRange(0, 6)];
```

In ihrer aktuellen Gestalt ist die Klasse `PRPAttributedLabel` nicht so vollständig ausgestaltet wie die Klasse `UILabel`. Wenn wir die Funktionen erweitern wollen, vielleicht um eine bessere Positionierung zu integrieren, müssten wir uns tiefschürfender mit Core Text befassen, um die Zeilen- und Glyphendaten abzurufen. Mithilfe dieser Daten könnten wir die Länge und die maximale Höhe der Zeile in Punkten berechnen und die Zeilenposition anpassen, um Optionen wie die Zentrierung oder die Links- oder Rechtsausrichtung zu unterstützen.

11   Eine endlose Bildwand mit Albencovern scrollen

Problem

Scroll-Views sind naturgemäß durch die Größe des Views beschränkt, der gescrollt wird. Scrollen Sie in irgendeine Richtung, werden Sie schon bald auf den Rand des Views stoßen und wahrscheinlich wieder zurückgestoßen werden. Aktuell gibt es keine Möglichkeit, den Inhalt eines `UIScrollView` zu umbrechen und den Eindruck eines kontinuierlichen Scrollen zu bewahren.

Lösung

Eigentlich wäre es nett, wenn der View, statt an einer Grenze zu enden, wieder an den Anfang zurückgebogen werden könnte, damit der Übergang weniger spürbar ist. Man kann Scroll-Views zwar so einrichten, dass sie wieder zum anderen Ende zurückspringen, wenn das eine Ende erreicht ist, aber das stellt einen visuellen Bruch dar und unterbricht unmittelbar jeden laufenden Scrollvorgang. Wie aber kann man einen unendlichen umbrechenden Scroll-View erstellen?

Eine Möglichkeit wäre, einen Scroll-View zu nutzen, der einen sehr großen View enthält. Wenn der zu scrollende View groß genug ist, scheint es, als hätte der View keinerlei Grenzen. Allerdings würde es zu einem Problem mit dem Speicherbedarf führen, wenn man einen derart großen View mit so vielen Daten füllt, dass der Eindruck des Umbrechens entsteht. Wenn Sie Code für Mobilgeräte schreiben, müssen Sie stets darauf bedacht sein, sorgsam mit dem Speicher umzugehen. Auch bei neueren Geräten, die große Mengen physischen Speichers haben, verlangen die Multitasking-Anforderungen, dass Sie den Speicherbedarf Ihrer App auch in inaktivem Zustand im Blick behalten.

Was wir brauchen, ist eine Lösung, die einen sehr großen View instantiiert und doch minimalen Speicherbedarf hat – dank `CATiledLayer`, der Klasse, die den Mapping-APIs zugrunde liegt, ist das gar nicht so unmöglich, wie es klingt. Stellen Sie sich die Maps-App als eine App vor, die genau die Eigenschaften hat, nach der Sie suchen: scheinbar endloses Scrollen, bei dem der View nach Bedarf mit Bildern gefüllt wird (siehe Abbildung 1.15).

Abbildung 1.15: Eine Bildwand

Die Klasse CATiledLayer bricht Ihren Inhalt in Kacheln fester Größe auf. Scrollt eine dieser Kacheln auf den Bildschirm, ruft sie die drawRect-Methode des entsprechenden Views auf, wobei der rect-Parameter auf die Größe des zu zeichnenden Bilds gesetzt wird. Das bedeutet, dass nur die Kachelbereiche, die aktuell sichtbar sind oder gleich sichtbar werden, gezeichnet werden müssen, und damit Verarbeitungszeit und Speicherbedarf minimiert werden.

Jetzt sind wir der Erstellung des Endlosschleifeneffekts, den wir anstreben, einen Schritt näher gekommen. Weil alle Kacheln in unserer drawRect-Methode gezeichnet werden, können wir steuern, welches Bild sie enthalten. Mit ein paar Berechnungen können wir sichern, dass einfach wieder mit dem ersten begonnen wird, wenn wir das Ende der Liste der vorhandenen Bilder erreicht haben.

In diesem Rezept nutzen wir eine reichhaltige Quelle an Grafikdaten, die häufig übersehen wird: die iPod-Bibliothek. Der einzige Nachteil ist, dass der Xcode-Simulator uns keine Möglichkeit bietet, auf diese Bibliothek zuzugreifen. Das zwingt uns, etwas zusätzlichen Code zu schreiben, um Zugriffsfehler zu vermeiden und ein alternatives Bild anzuzeigen.

Die Klasse `MainViewController` enthält den Initialisierungscode für den Scroll-View und eine Instanz unserer `PRPTileView`-Klasse. Der Scroll-View ist unser Fenster in den gekachelten Alben-View und benötigt deswegen einen Frame, der nicht größer als das Gerätfenster ist. Seine `contentsize`-Eigenschaft muss hingegen auf die Größe des Alben-Views gesetzt werden – in diesem Fall ein sehr großes Rechteck.

Wir möchten uns von `UIScrollViewDecelerationRateNormal` fernhalten – dem Standard-`decelerationRate`-Wert für einen Scroll-View. Dieser böte zwar ein glattes, schnelles Scrollen, würde aber eine sichtbare Verzögerung in der Erscheinung der Bilder bewirken, weil diese immer wieder aktualisiert werden müssten. Wenn wir stattdessen `UIScrollViewDecelerationRateFast` nutzen, behalten wir die Scrollgeschwindigkeit im Griff und bieten damit letztendlich ein besseres Benutzerergebnis.

So cool es auch sein mag, einen gewaltigen virtuellen View zu haben, es wäre vollständig sinnlos, wenn dieser in der linken oberen Ecke, dem Standardort, ansetzte, weil er dann unmittelbar an eine Grenze stoßen würde. Wir müssen also die Eigenschaft `contentOffset`, den aktuellen Abstand von der linken oberen Ecke, auf den Mittelpunkt des Views setzen. Nachdem das geschehen ist, können wir praktisch für Stunden scrollen, ohne je auf eine echte Grenze zu stoßen. Wie `contentsize` müssen wir die Frame-Größe des `tiles`-Views auf das gleiche sehr große `CGRect` setzen.

InfiniteImages/MainViewController.m
```
- (void)viewDidLoad {
    [super viewDidLoad];

    width = self.view.bounds.size.width;
    height = self.view.bounds.size.height;
    CGRect frameRect = CGRectMake(0, 0, width, height);

    UIScrollView *infScroller = [[UIScrollView alloc]
    initWithFrame:frameRect];
    infScroller.contentSize = CGSizeMake(BIG, BIG);
    infScroller.delegate = self;
    infScroller.contentOffset = CGPointMake(BIG/2, BIG/2);
    infScroller.backgroundColor = [UIColor blackColor];
    infScroller.showsHorizontalScrollIndicator = NO;
    infScroller.showsVerticalScrollIndicator   = NO;
    infScroller.decelerationRate = UIScrollViewDecelerationRateFast;
    [self.view addSubview:infScroller];

    CGRect infFrame = CGRectMake(0, 0, BIG, BIG);
    PRPTileView *tiles = [[PRPTileView alloc] initWithFrame:infFrame];

    [infScroller addSubview:tiles];
}
```

Die Klasse `PRPTileView` wird als Unterklasse der Standardklasse `UIView` geschrieben. Um diesen View zu einem kachelnden View zu machen, müssen wir jedoch die Klasse für das Hintergrund-Layer auf `CATiledLayer` setzen. In diesem Fall werden wir tatsächlich eine Unterklasse von `CATiledLayer` nutzen, aus Gründen, die wir uns etwas später ansehen werden.

InfiniteImages/PRPTileView.m

```
+ (Class)layerClass {
  return [PRPTiledLayer class];
}
```

Die Methode `initWithFrame:` muss drei Aufgaben bewältigen: Sie muss die Kachelgröße setzen, die Anzahl an Spalten berechnen und auf die iTunes-Datenbank zugreifen, um ein Array mit den verfügbaren Alben zu erstellen. Wir sollten dabei die Möglichkeit in Betracht ziehen, dass auf dem Zielgerät ein Retina-Display mit stark vergrößerter Auflösung genutzt wird. Wir müssen also die Eigenschaft `contentScaleFactor` nutzen, um die Kachelgröße anzupassen und die Größe unter den oben genannten Umständen damit de facto zu verdoppeln. Es kann passieren, dass der `MPMediaQuery`-Aufruf ein leeres Array liefert, aber das werden wir später bei der Erstellung der Kacheln prüfen. Bei Bedarf können wir dann ein Platzhalterbild zeichnen, um die Lücke zu füllen.

InfiniteImages/PRPTileView.m

```
- (id)initWithFrame:(CGRect)frame
{
    if ((self = [super initWithFrame:frame])) {
        PRPTiledLayer *tiledLayer = (PRPTiledLayer *)[self layer];
        CGFloat sf = self.contentScaleFactor;
        tiledLayer.tileSize = CGSizeMake(SIZE*sf, SIZE*sf);

        MPMediaQuery *everything = [MPMediaQuery albumsQuery];
        self.albumCollections = [everything collections];
    }
    return self;
}
```

Die Methode `drawRect:` muss die genaue Spalte und Zeile der angeforderten Kachel berechnen, damit wir die Positionsnummer an die Methode `tileAtPosition` übergeben können. Das Bild, das dieser Aufruf zurückliefert, wird dann unmittelbar in das angegebene Rechteck des Kachel-Layers gezeichnet.

InfiniteImages/PRPTileView.m

```objc
- (void)drawRect:(CGRect)rect {

    int col = rect.origin.x / SIZE;
    int row = rect.origin.y / SIZE;
    int columns = self.bounds.size.width/SIZE;
    UIImage *tile = [self tileAtPosition:row*columns+col];

    [tile drawInRect:rect];
}
```

Die Methode `tileAtPosition` berechnet den Index der benötigten albumsCollections, indem die Positionsnummer restlos durch die Anzahl an Alben geteilt wird. Die Klasse `MPMediaItem` liefert über die Methode `representativeItem` ein Medienelement, dessen Eigenschaften andere Elemente der Sammlung repräsentieren. Das sorgt dafür, dass wir nur ein Bild für jedes Album erhalten, wenn es unterschiedliche Bilder für die einzelnen Tracks gibt.

Die Klasse `MPMediaItemArtwork` bietet eine praktische Methode, `imageWithSize:`, die eine Instanz eines Albenbilds in genau der gewünschten Größe liefert, wir müssen also keine weitere Skalierung vornehmen, um das Bild in das Rechteck einzupassen. Da die Datenbank nicht für alle Alben Albenbilder enthält, laden wir ein Platzhalterbild, das gegebenenfalls zur Füllung des Rechtecks genutzt wird.

InfiniteImages/PRPTileView.m

```objc
- (UIImage *)tileAtPosition:(int)position
{
    int albums = [self.albumCollections count];
    if (albums == 0) {
        return [UIImage imageNamed:@"missing.png"];
    }

    int index = position%albums;

    MPMediaItemCollection *mCollection = [self.albumCollections
                                                    objectAtIndex:index];
    MPMediaItem *mItem = [mCollection representativeItem];
    MPMediaItemArtwork *artwork =
            [mItem valueForProperty: MPMediaItemPropertyArtwork];

    UIImage *image = [artwork imageWithSize: CGSizeMake(SIZE, SIZE)];
    if (!image) image = [UIImage imageNamed:@"missing.png"];

    return image;
}
```

Wir haben oben beim Überschreiben der `layerClass` des Views die Klasse `CATiledLayer` nicht genutzt, weil die `CATiledLayer`-API eine etwas seltsame Eigenschaft mitbringt. Kacheln werden normalerweise in einem Hintergrund-Thread geladen und über einen bestimmten Zeitraum, der standardmäßig 0,25 Sekunden beträgt, an der Position eingeblendet. Seltsamerweise ist `fadeDuration` keine Eigenschaft, sondern eine Klassenmethode und kann deswegen nicht über das Kachel-Layer modifiziert werden. Das können wir umgehen, indem wir eine `CATiledLayer`-Unterklasse, `PRPTiledLayer`, erstellen, die die `fadeDuration`-Methode überschreibt, damit sie den gewünschten Wert liefert – in diesem Fall null. Das sorgt dafür, dass neue Kacheln unmittelbar erscheinen, hat letztendlich aber kaum Auswirkungen auf die allgemeine Scroll-Performance.

InfiniteImages/PRPTiledLayer.m

```
+ (CFTimeInterval)fadeDuration {
    return 0.00;
}
```

Der endgültige Effekt ist sehr befriedigend: Die Bildwand wird in alle Richtungen ohne Auswirkungen auf die Reaktivität des Scrollens umbrochen. Schnelle Scroll-Vorgänge können dazu führen, dass die Bilder etwas hinterherhinken, aber im Allgemeinen ist die Leistung recht annehmbar, sogar auf einem Retina-Display.

12 Aus einer Bildwand mit Albencovern Tracks abspielen

Problem

Sie haben Scroll-Views und Kachel-Layer genutzt, um eine farbenprächtige Bildwand mit Albencovern zu erstellen, die in alle Richtungen umbrochen wird. Jetzt wollen Sie eines der Alben auswählen und Musik daraus abspielen. Was müssen Sie tun, um Rezept 11, *Eine endlose Bildwand mit Albencovern scrollen*, auf Seite 67 zu erweitern?

Lösung

Im letzten Beispiel haben wir Scroll-Views und Kachel-Layer erforscht und Albencover aus der iPod-Bibliothek genutzt, um einen visuell attraktiven Hintergrund zu erstellen. Aber mit der iPod-Bibliothek können Sie erheblich mehr anstellen, als nur die Cover abzurufen: Sie können eine Wiedergabeliste mit Songs erstellen, Songs abspielen und steuern und auf eine umfangreiche Auswahl an Metadaten zugreifen (siehe Abbildung 1.16).

Unsere erste Aufgabe besteht darin, den Code aus dem letzten Rezept so anzupassen, dass wir erkennen können, welches Album ausgewählt wurde. Das erreichen wir am leichtesten mit einem `UITapGestureRecognizer`. Wir nutzen diesen im `MainViewController` und rufen dann über die Methode `initWithTarget:action:` die neue Methode `tapDetected` auf. Wir könnten den Recognizer mehreren Views hinzufügen, aber wenn wir ihn dem Kachel-View hinzufügen, bezieht sich der zurückgelieferte Touch-Punkt auf das Koordinatensystem für diesen View, was es erheblich vereinfacht, das angewählte Album zu ermitteln.

Wir stecken den größten Teil des iPod-Bibliothekscodes in eine neue Controller-Klasse, `PRPMusicViewController`, erstellen also eine Instanz dieser Klasse, `musicController`, und richten ihren Frame im aktuellen View zentriert ein.

InfinitePlayback/MainViewController.m

```
UITapGestureRecognizer *tap = [[UITapGestureRecognizer alloc]
                    initWithTarget:self
                    action:@selector(tapDetected:)];
[tiles addGestureRecognizer:tap];
[tap release];
```

```
musicController = [ [PRPMusicViewController alloc]
        initWithNibName:@"PRPMusicCont rollerView" bundle:nil];
CGFloat xPos = (width-musicController.view.frame.size.width)/2;
CGFloat yPos = (height-musicController.view.frame.size.height)/2;
musicController.view.frame = CGRectOffset(musicController.view.frame, xPos, yPos)
```

Abbildung 1.16: iPod-Wiedergabesteuerung

Wir nutzen die `tapDetected`-Methode im Wesentlichen als Schalter, um die Wiedergabesteuerung ein- oder auszublenden. In diesem einfachen Beispiel halten wir die Musik an, wenn der Controller verborgen wird. Wir könnten die Musik auch weiterlaufen lassen, aber weil der Controller bereits freigegeben wurde, gibt es keine Möglichkeit mehr, die Musik zu steuern, die aktuell abgespielt wird. Bevor wir den Controller anzeigen können, müssen wir herausfinden, welches Album gewählt wurde. Dazu rufen wir in der Klasse `PRPTileView` die Methode `collectionFromTouch` auf, um den Touch-Punkt in ein `MPMediaItemCollection`-Element umzuwandeln. Wir können dann die Eigenschaft `mCollection` auf eine neue Wiedergabeliste mit allen Tracks in diesem Album setzen.

Weil wir unseren `musicController`-View als Subview des Haupt-Views einbinden, wird die Methode `viewWillAppear:` nicht aktiviert, nachdem er geladen wurde – wir müssen sie hier also manuell aufrufen, um die Initialisierung der Wiedergabe abzuschließen.

InfinitePlayback/MainViewController.m

```
- (void)tapDetected:(UITapGestureRecognizer *)tap {
    PRPTileView *tiles = (PRPTileView *)tap.view;
    if (showingAlbum) {
        [musicController ZoomOutView];
        [musicController.myPlayer stop];
        showingAlbum = NO;
    } else {
        CGPoint tapPoint = [tap locationInView:tiles];
        MPMediaItemCollection *mCollection = [tiles
                        collectionFromTouch:tapPoint];
        musicController.mCollection = [MPMediaItemCollection
                        collectionWithItems:[mCollection items]];
        [musicController viewWillAppear:NO];
        [self.view addSubview:musicController.view];
        [musicController ZoomInView];
        showingAlbum = YES;
    }
}
```

Die Methode collectionFromTouch erwartet den von uns erkannten touchPoint, ermittelt die Position im CATiledLayer und berechnet auf ihrer Basis den Index in das Array albumCollections. Dann können wir das MPMediaItemCollection-Objekt, das die Tracks des Albums enthält, an den aufrufenden Code zurückgeben.

InfinitePlayback/PRPTileView.m

```
- (MPMediaItemCollection *)collectionFromTouch:(CGPoint)touchPoint {
    int col = touchPoint.x / SIZE;
    int row = touchPoint.y / SIZE;
    int position = row*columns+col;
    int index = position%albums;

    MPMediaItemCollection *mCollection = [self.albumCollections
                                    objectAtIndex:index];
    return mCollection;
}
```

In der viewDidLoad-Methode der neuen PRPMusicViewController-Klasse müssen wir eine Instanz von MPMusicPlayerController erstellen, dem Objekt, das uns die Steuerung der Wiedergabe von Musik aus der iPod-Bibliothek gestattet. Wir müssen uns auch für Benachrichtigungen vom iPod-Musik-Player registrieren. Das ist von elementarer Bedeutung, damit wir auf die Änderungen reagieren können, die vom MPMusicPlayerController selbst vorgenommen werden, wie beispielsweise den nächsten Track in der Wiedergabeliste abzuspielen oder die Wiedergabe am Ende eines Albums anzuhalten. In den genannten Fällen wollen wir reagieren, indem wir die Trackinformationen in der Anzeige ändern oder das Bild des Wiedergabe-Buttons umschalten.

InfinitePlayback/PRPMusicViewController.m

```
- (void)viewDidLoad
{
  [super viewDidLoad];
  myPlayer = [MPMusicPlayerController applicationMusicPlayer];
  NSNotificationCenter *notificationCenter = [NSNotificationCenter
                                                      defaultCenter];
  [notificationCenter
    addObserver: self
    selector: @selector (playingItemChanged:)
    name: MPMusicPlayerControllerNowPlayingItemDidChangeNotification
    object: myPlayer];

  [notificationCenter
    addObserver: self
    selector: @selector (playbackStateChanged:)
    name: MPMusicPlayerControllerPlaybackStateDidChangeNotification
    object: myPlayer];

  [myPlayer beginGeneratingPlaybackNotifications];
}
```

In der viewWillAppear:-Methode müssen wir wieder die Albencover herausziehen und als Hintergrund für unseren Controller setzen. In der XIB-Datei für diesen View-Controller haben wir eine kleine View-Hierarchie, die das Albumcover unter das halbtransparente Bild einer typischen CD-Hülle schiebt, der unten die Wiedergabesteuerung hinzugefügt wurde. Wir müssen die Wiedergabe-Queue auf die vollständige Liste an Tracks für dieses Album setzen und spielen bei diesem einfachen Beispiel automatisch den ersten Track ab.

InfinitePlayback/PRPMusicViewController.m

```
- (void) viewWillAppear:(BOOL)animated {
    [super viewWillAppear:animated];
    MPMediaItem *mItem = [self.mCollection representativeItem];
    MPMediaItemArtwork *artwork =
    [mItem valueForProperty: MPMediaItemPropertyArtwork];
    UIImage *image = [artwork imageWithSize: CGSizeMake(280, 280)];
    if (!image) image = [UIImage imageNamed:@"missing.png"];
    self.albumCover.image = image;
    [myPlayer setQueueWithItemCollection: self.mCollection];
    [myPlayer play];
}
```

Dass der Play-Button als Play/Pause-Schalter arbeitet, erreichen wir, indem wir die playBackState-Eigenschaft des Musik-Controllers prüfen, um zu sehen, ob Musik abgespielt wird oder nicht, und den Wiedergabezustand entsprechend anpassen. Da wir uns für playbackStateChanged:-Benachrichtigungen registriert haben, müssen wir keine Änderungen am Bild des Wiedergabe-Buttons vornehmen – darum kümmert sich der Code, der die Benachrichtigung verarbeitet.

InfinitePlayback/PRPMusicViewController.m

```
- (IBAction)playButton:(UIButton *)sender {
    if (myPlayer.playbackState == MPMoviePlaybackStatePlaying) {
        [myPlayer pause];
    } else {
        [myPlayer play];
    }
}
```

Wird eine Benachrichtigung abgesetzt, wird die von uns ausgewählte Methode aufgerufen. Der playingItemChanged:-Aufruf ermöglicht uns, die Informationen in der Anzeige nachzuhalten. Wir können die Methode nowPlayingItem verwenden, um die Daten für den aktuell laufenden Track abzurufen, und nutzen die valueForProperty:-Methode der Klasse MPMediaItem, um den benötigten Text für alle Elemente abzurufen. Wir können auch prüfen, ob sich playBackState geändert hat, und passen den angezeigten Text gegebenenfalls entsprechend an.

InfinitePlayback/PRPMusicViewController.m

```
- (void)playingItemChanged: (id) notification {
    MPMediaItem *currentItem = [myPlayer nowPlayingItem];
    albumName.text = [currentItem valueForProperty:
                                    MPMediaItemPropertyAlbumTitle];
    trackName.text = [currentItem valueForProperty:
                                    MPMediaItemPropertyTitle];
    if (myPlayer.playbackState == MPMusicPlaybackStateStopped) {
        trackName.text = @"PlayBack Complete";
    }
}
```

Auf Zustandsänderungen reagieren wir, indem wir das Bild des Play-Buttons so ändern, dass er die erforderliche Aktion widerspiegelt – d.h. Play, wenn die Wiedergabe angehalten ist, und Pause, wenn etwas abgespielt wird.

InfinitePlayback/PRPMusicViewController.m

```
- (void)playbackStateChanged: (id) notification {
    MPMusicPlaybackState playerState = [myPlayer playbackState];

    if (playerState == MPMusicPlaybackStatePaused) {
        [playPauseButton setImage:[UIImage imageNamed:
                                    @"mediumPlayButton.png"]
                         forState:UIControlStateNormal];
    } else if (playerState == MPMusicPlaybackStatePlaying) {
        [playPauseButton setImage:[UIImage imageNamed:
                                    @"mediumPauseButton.png"]
                         forState:UIControlStateNormal];
```

```
        } else if (playerState == MPMusicPlaybackStateStopped) {
            [playPauseButton setImage:[UIImage imageNamed:
                                              @"mediumPlayButton.png"]
                                  forState:UIControlStateNormal];
            [myPlayer stop];
        }
    }
```

Die Aufmerksamkeit des Benutzers lenken wir mit einer kleinen Animation auf das neu verfügbare Control, wenn wir es dem View hinzufügen. Hier nutzen wir einen „Pop-Effekt", bei dem der View mit einer Skalierungstransformation auf dem Bildschirm aufgezogen wird, die den Eindruck erweckt, als bewege sich das Control auf den Betrachter zu. Wenn das Musik-Control entfernt wird, nutzen wir den umgekehrten Effekt und reduzieren die Größe des Views auf null – dann sieht es aus, als entferne sich das Control vom Betrachter. Wir brauchen keine Dauer für die Animation anzugeben, weil der Standardwert 0.25 für unsere Zwecke wunderbar funktioniert. Wir müssen nur unser Delegate für die ZoomOutView-Methode setzen, weil wir hier den View aus seinem SuperView entfernen müssen, wenn die Animation abgeschlossen ist.

InfinitePlayback/PRPMusicViewController.m

```
- (void)ZoomInView {

    self.view.layer.transform = CATransform3DMakeScale(1, 1, 1);
    CABasicAnimation *anim = [CABasicAnimation animation];
    anim.keyPath = @"transform.scale";
    anim.fromValue = [NSNumber numberWithFloat:0];
    anim.toValue = [NSNumber numberWithFloat:1.0];
    [self.view.layer addAnimation:anim forKey:@"scaleIn"];
}

- (void)ZoomOutView {

    CABasicAnimation *anim = [CABasicAnimation animation];
    anim.keyPath = @"transform.scale";
    anim.fromValue = [NSNumber numberWithFloat:1.0];
    anim.toValue = [NSNumber numberWithFloat:0];
    anim.removedOnCompletion = NO;
    anim.fillMode = kCAFillModeBoth;
    anim.delegate = self;
    [self.view.layer addAnimation:anim forKey:@"scaleOut"];
}

- (void)animationDidStop:(CABasicAnimation *)anim finished:(BOOL)flag {

    [self.view.layer removeAllAnimations];
    [self.view removeFromSuperview];
}
```

Jetzt haben Sie einen hinreichend funktionalen Album-Track-Player. Sie können seine Funktionen noch erweitern, indem Sie weitere Steuerelemente ergänzen, weitere Track-Metadaten anzeigen, die Möglichkeit bieten, in einem Track vor- und zurückzuspulen, oder einen Slider anbieten, um die Wiedergabeposition direkt festzulegen. All diese Funktionen folgen dem allgemeinen Muster, das wir hier eingerichtet haben, und es sollte Ihnen nicht allzu schwerfallen, diese zu implementieren.

13 | Spaß mit automatisch scrollenden Text-Views

Problem

Der Versuch, Hilfeseiten oder andere Text-Views interessant zu machen, kann eine Herausforderung sein. Sie möchten derartige Seiten ein wenig aufmöbeln, um Ihrer App etwas mehr Stil zu verleihen oder vielleicht zum Ausdruck zu bringen, dass Sie, der Entwickler, sich selbst nicht zu wichtig nehmen.

Lösung

Die Beispiel-App für dieses Rezept, `scrollingCredits`, wird Sie wohl wahlweise erheitern oder auch entsetzen (siehe Abbildung 1.17). Obwohl das Beispiel eher spielerischer Natur ist, illustriert es einige wichtige Techniken. Die drei Elemente, die eine genauere Betrachtung wert sind, sind die Verwendung einer Transformation zur Verzerrung des Texts, der Einsatz von Core Animation, um den Text-View automatisch scrollen zu lassen, und der Einsatz des AVAudio-Frameworks zur Musikwiedergabe.

Die Arbeit mit 3-D-Transformationen kann eine Herausforderung sein, aber üblicherweise nutzen wir dazu Matrizen, mit denen wir die Transformationen über die Bibliotheksmethoden erstellen, die für uns von Core Animation definiert werden, z.B. Skalierung (`CATransform3DMakeScale`), Rotation (`CATransform3DMakeRotation`) und Translation (`CATransform3DMakeTranslation`). Wir können auch direkt auf die einzelnen Elemente der Matrizen zugreifen, um einige sehr interessante Effekte zu gestalten.

Im folgenden Code können Sie sehen, dass Core Animation den Typ `CATransform3D` nutzt, um die Matrix festzuhalten. Anfänglich setzen wir diese auf `CATransform3DIdentity`, im Prinzip eine leere Matrix. Wir können dann direkt auf die einzelnen Elemente der Matrizen zugreifen, indem wir über die Elementnummer darauf verweisen. Hier verwenden wir das Element `m24`, das die Perspektivskalierung des Layers steuert. Die Zahl, die wir hier nutzen, muss recht klein sein, weil große Zahlen zu einer so große Verzerrung führen würden, dass der größte Teil des Layers außerhalb des Bildschirms läge. In diesem Beispiel bevorzugen wir aber eine Verzerrung, die nur so stark ist, dass wir den klassischen Effekt eines perspektivischen Verschwindens erzielen.

ScrollingCredits/Classes/PRPScrollingTextViewController.m
```
CATransform3D trans = CATransform3DIdentity;
trans.m24 = -0.005;
```

Abbildung 1.17: Galaktisch scrollende Credits

Jetzt haben wir die Transformationsmatrix, aber noch nichts, worauf wir sie anwenden können. Als Nächstes müssen wir also den Text-View einrichten, den wir für unsere automatisch scrollenden Credits nutzen werden. Dieser Code ist im Wesentlichen recht einfach und kümmert sich nur darum, die Eigenschaften zu setzen, die festlegen, wie der Text-View aussieht, beispielsweise die Schrift und die Farbe. Wir deaktivieren das Scrollen und Bearbeiten, weil wir keine Benutzereingaben benötigen. Außerdem wenden wir unsere Transformationsmatrix auf das Layer des Text-Views an, um den Perspektiveneffekt zu erzeugen.

Der ungewöhnlichste Teil der Einrichtung des Text-Views ist, dass wir contentOffset auf einen hohen negativen Wert für die y-Achse setzen. Das führt dazu, dass der Text so eingerichtet wird, dass er sich deutlich unterhalb des Views befindet, aber dazu bereit ist, auf den Bildschirm zu scrollen, sobald die Animation beginnt. Wir setzen die Eigenschaft animated auf NO, weil wir das Scrollen manuell in der Methode viewDidAppear: steuern werden.

ScrollingCredits/Classes/PRPScrollingTextViewController.m
```
CGFloat size = self.view.frame.size.height;
if (size > self.view.frame.size.width) size = self.view.frame.size.width;
CGRect frame = CGRectMake(self.view.frame.size.width/2  - size/4,
                                                         size/4,
                                                         size/2,
                                                         size/4*3);
textView = [[UITextView alloc] initWithFrame:frame];
self.textView.editable = NO;
self.textView.scrollEnabled = NO;
self.textView.font = [UIFont boldSystemFontOfSize:20];
self.textView.textAlignment = UITextAlignmentCenter;
self.textView.backgroundColor = [UIColor blackColor];
self.textView.textColor = [UIColor yellowColor];
self.textView.text = self.scrollText;
[self.view addSubview:self.textView];

self.textView.layer.transform = trans;
[self.textView setContentOffset:CGPointMake(0, -240) animated:NO];
```

Die Animation wird in viewDidAppear: angestoßen, um sicherzustellen, dass sie erst einsetzt, wenn der View für den Benutzer sichtbar ist. Weil wir eine View-Eigenschaft, contentOffset, animieren, können wir eine UIView-Animation nutzen, um den Text zu scrollen. Wir verwenden den in iOS 4.0 eingeführten Blockstil für Animationen, geben die Dauer direkt an und setzen den Animationskurvenstil UIViewAnimationOptionCurveLinear als unsere einzige Option. Die erwünschte endgültige contentOffset-Position setzen wir im animations-Block: Das animiert den Text an den oberen Rand des Text-Views. Da es kein einfaches Verfahren gibt, zu berechnen, wie lange die Animation laufen muss, damit der gesamte Text angezeigt wird, experimentieren wir etwas herum, bis wir eine passende Lösung gefunden haben.

ScrollingCredits/Classes/PRPScrollingTextViewController.m
```
[UIView animateWithDuration:35 delay:0
                    options:UIViewAnimationOptionCurveLinear
                 animations:^{[self.textView
                                setContentOffset:CGPointMake(0, 500)
                                animated:NO];}
                 completion:NULL];
```

Der amüsante Effekt, den der scrollende View erzeugt, ginge ohne eine passende Begleitmusik verloren. Glücklicherweise lässt sich das Abspielen eines einzigen Audiotracks recht leicht umsetzen. Wir müssen den Pfad zur komprimierten Audiodatei einrichten, damit wir eine

Instanz der Klasse AVAudioPLayer erstellen können, die diese nutzt. Wir setzen numberOfLoops auf 1, damit die Musik einmal gespielt wird, und setzen den Player auf Play. Wir könnten mit dem AV-Audioplayer noch erheblich mehr anstellen, nutzen, um dieses Beispiel einfach zu halten, aber nur das Minimum an Code, das wir benötigen, um die Musik abzuspielen.

ScrollingCredits/Classes/PRPScrollingTextViewController.m

```
NSURL *url = [NSURL fileURLWithPath:
                [NSString stringWithFormat:@"%@/HeliumWars.m4a",
                [[NSBundle mainBundle] resourcePath]]];

NSError *error;
audioPlayer = [[AVAudioPlayer alloc]
                initWithContentsOfURL:url error:&error];
audioPlayer.numberOfLoops = 1;
[audioPlayer play];
```

Damit steht Ihnen jetzt eine Möglichkeit zur Verfügung, die trockeneren Seiten Ihrer App mit ein paar kleinen Schmankerln auszustatten. Es besteht sogar eine gewisse Flexibilität in Bezug darauf, wie der Text auf der Seite anzeigt wird – Sie können den Text, die Musik und die Scrollgeschwindigkeit anpassen.

14 Ein eigenes Number-Control erstellen

Problem

Sie müssen Ihrem Benutzer eine Möglichkeit bieten, einen numerischen Wert auszuwählen – beispielsweise um die Schwierigkeit oder die Spieleranzahl in einem Spiel anzupassen. Sie könnten eine der UI-Komponenten nutzen, die Apple anbietet, aber deren Stil entspricht vielleicht nicht dem Erscheinungsbild Ihrer restlichen Anwendung.

Lösung

Wir können dieses Problem auf unterschiedliche Weise lösen, aber die beste Variante ist wahrscheinlich, ein eigenes Control zu erstellen, das sich so stark wie möglich auf die Touch-Schnittstelle stützt (siehe Abbildung 1.18). Table-Views haben uns an dynamisches Feedback zu unseren Aktionen gewöhnt. Denken Sie beispielsweise an das Inertial-Scrolling, mit dessen Hilfe Sie sich mit einem Fingerschnipsen einen Weg durch eine ganze Datenmenge bahnen können. Wir könnten einen `UIPickerView` wählen, aber der hat einen sehr spezifischen Stil und bietet nur wenige Anpassungsmöglichkeiten. Was wir suchen, muss zwar eine ähnliche Mechanik haben, sollte aber kleiner sein und sich leichter an einen spezifischen UI-Stil anpassen lassen.

SWIZZLE, das freie Puzzlespiel im App Store, nutzt genau so ein Control als Mittel zur Auswahl des Spielschwierigkeitsgrads. Nehmen wir also eine aktualisierte Version des Codes aus dieser App, die Klasse `SpinNumbers`, um uns die Technik für die Erstellung eines derartigen Controls anzusehen.

Wie die meisten `UIKit`-Control-Klassen, Buttons und Slider beispielsweise, ist `SpinNumbers` eine Unterklasse von `UIControl`, der Klasse, die die Methoden bietet, die wir benötigen, um den Target/Aktion-Mechanismus zu implementieren. Das ist der Vorgang, über den der Controller-Code einen Selektor angeben kann, der für ein bestimmtes Event aufgerufen werden soll. Über die Methode `sendActionsForControl-Events:` können wir indirekt eine Aktion aktivieren, indem wir einfach das entsprechende Control-Event angeben. Der `UIControl`-Basisklassencode ruft die Selektoren auf, die mit dem jeweiligen Event verknüpft sind, wir müssen uns also keine Gedanken darüber machen, für welche Events Aktionen definiert sind.

Wenn wir uns unsere Implementierung anschauen, erkennen wir, dass die Einrichtungsmethode die Aufgabe hat, die sichtbaren Komponenten des Controls zu erstellen. Die Elemente basieren vollständig auf transformierten Layern. Zunächst bauen wir ein auf dem Hintergrund und dem Label zusammengesetztes Bild auf und setzen dann das Ergebnis nacheinander als content der Layer. Wir wenden auf jedes Layer eine wachsende Rotationstransformation und eine Positionsverschiebung an, um es an der nächsten Position in einem Kreis von Layern zu platzieren.

Abbildung 1.18: Der selbst gebaute Zahlwähler

Wenn Sie wissen wollen, wie dieser Kreis aufgebaut ist, stellen Sie sich eine aufrecht stehende Spielkarte und ein in etwa 10 Zentimetern Abstand dahinterstehendes Cent-Stück vor. Die Karte ist unser Layer und das Cent-Stück der Mittelpunkt des Kreises, den wir erstellen werden. Fügen Sie neben der ersten Karte eine weitere Karte so ein, dass sich die Kanten berühren, und drehen Sie sie so, dass sie lotrecht zum Cent-Stück steht. Wiederholen Sie das, bis die Karten einen vollständigen Kreis um das Cent-Stück bilden.

Während wir unseren Kreis aufbauen, werden alle Layer einem Basis-Layer hinzugefügt, transformiert und mit einer bestimmten zPosition, die zum Radius des Kreises äquivalent ist, in der erforderlichen Entfernung zum Basis-Layer positioniert. Wenn wir später das Basis-Layer mit einer Sublayer-Transformation rotieren, wird der vollständige Layer-Satz als Einheit gedreht.

Angenommen, das Control soll ein dreidimensionales Erscheinungsbild bekommen. Wir ergänzen über dem Kreis einfach zwei halbtransparente Layer auf beiden Seiten des zentralen Layers. Den Eindruck von Tiefe verleihen wir den Rändern des Kreises, indem wir Layer-Bilder mit Gradienten nutzen, die von opak zu transparent verlaufen und es so scheinen lassen, als sei der Mittelpunkt ausgeleuchtet.

NumberSpinControl/NumberSpinControl/SpinNumbers.m

```objc
- (void)setup
{
    CGFloat width = self.bounds.size.width;
    self.cubeSize = self.bounds.size.height;
    self.tileRect = CGRectMake(0, 0, self.cubeSize, self.cubeSize);
    self.transformed = [CALayer layer];
    self.transformed.frame = self.bounds;
    self.transformed.backgroundColor = [UIColor blackColor].CGColor;
    [self.layer addSublayer:self.transformed];

    CATransform3D t = CATransform3DMakeTranslation((width-self.cubeSize)/2, 0, 0

    for (int i =STARTNUM; i <= NUM ; i++) {
        self.label.text = [NSString stringWithFormat:@"%d",i];
        [self.transformed addSublayer:[self makeSurface:t]];
        t = CATransform3DRotate(t, RADIANS(self.rotAngle), 0, 1, 0);
        t = CATransform3DTranslate(t, self.cubeSize, 0, 0);
    }
    self.currentAngle = 0;
    self.currentTileNum = 0;

    CALayer *leftFade = [CALayer layer];
    leftFade.frame = CGRectMake(0, 0, width/2-5, self.cubeSize);
    leftFade.contents = (id)[UIImage imageNamed:@"leftFade.png"].CGImage;
    leftFade.opacity = 0.5;
    [self.layer addSublayer:leftFade];

    CALayer *rightFade = [CALayer layer];
    rightFade.frame = CGRectMake(width/2+5, 0, width/2, self.cubeSize);
    rightFade.contents = (id)[UIImage imageNamed:@"rightFade.png"].CGImage;
    rightFade.opacity = 0.5;
    [self.layer addSublayer:rightFade];
}
```

Die Methode `makeSurface` erstellt das neue Layer, führt das Compositing durch und führt die angegebene Transformation aus. Die Methode muss die `zPosition`, den Radius des Kreises, auf Basis der Seitenanzahl und der Größe des Layers berechnen.

NumberSpinControl/NumberSpinControl/SpinNumbers.m

```
- (CALayer*)makeSurface:(CATransform3D)t
{
    self.rotAngle = CIRCLE/NUM;
    CALayer *imageLayer = [CALayer layer];
    imageLayer.anchorPoint = CGPointMake(1, 1);
    float factor = (cos(RADIANS(self.rotAngle/2))/sin(RADIANS(self.rotAngle/2)))/2;
    imageLayer.zPosition = self.cubeSize*factor;
    imageLayer.frame = self.tileRect;
    imageLayer.transform = t;

    imageLayer.contents = (id)[self.backImage PRPCompositeView].CGImage;

    return imageLayer;
}
```

Zur Einrichtung der Eigenschaften der Ziffer – wie Schriftgröße, Ausrichtung und Farbe – enthält der Getter für die `label`-Eigenschaft einen verzögerten Initialisierer. Jetzt müssen wir nur noch den Textwert aktualisieren, während der Inhalt der einzelnen Layer zusammengesetzt wird.

NumberSpinControl/NumberSpinControl/SpinNumbers.m

```
- (UILabel *)label
{
    if (!label) {
        label = [[UILabel alloc] initWithFrame:self.tileRect];
        label.textAlignment = UITextAlignmentCenter;
        label.font = [UIFont systemFontOfSize:self.cubeSize/1.4];
        label.backgroundColor = [UIColor clearColor];
        label.textColor = [UIColor whiteColor];
        label.shadowColor = [UIColor blackColor];
    }
    return label;
}
```

Die Eigenschaft `backImage` wird auf ähnliche Weise implementiert wie das Label. Beachten Sie, dass die Hintergrundfarbe opak sein und der Farbe des Hintergrund-Views entsprechen muss. Ist die Hintergrundfarbe auf `clearColor` gesetzt, werden die Layer, die jetzt im Hintergrund sind, teilweise sichtbar, was vermutlich unerwünscht ist.

NumberSpinControl/NumberSpinControl/SpinNumbers.m

```objc
- (UIImageView *)backImage
{
    if (!backImage) {
        backImage = [[UIImageView alloc] initWithImage:
                        [UIImage imageNamed:@"redBackground.png"]];
        backImage.frame = self.tileRect;
        backImage.backgroundColor = [UIColor blackColor];
        [backImage addSubview:self.label];
    }
    return backImage;
}
```

Die Methode beginTrackingWithTouch:withEvent: initialisiert den Prozess der Touch-Erkennung, indem sie die anfängliche Touch-Position speichert, die sie später nutzt, um sie mit dem nächsten Touch zu vergleichen.

NumberSpinControl/NumberSpinControl/SpinNumbers.m

```objc
- (BOOL)beginTrackingWithTouch:(UITouch*)touch withEvent:(UIEvent*)event
{
    CGPoint location = [touch locationInView:self];
    self.flick = 0;
    self.previousXPosition = location.x;
    self.beganLocation = location.x;
    newAngle = self.currentAngle;

    [self sendActionsForControlEvents:UIControlEventTouchDown];
    return YES;
}
```

Während der Benutzer das Control manipuliert, wird die Methode continueTrackingWithTouch:withEvent: kontinuierlich aufgerufen. Bei jeder horizontalen Touch-Bewegung berechnen wir die effektive Änderung am Winkel des Kreises von Layern und wenden diesen als Rotation auf das transformierte Eltern-Layer an. Es ist diese auf der Änderung des Touch-Punkts basierende Transformation, die dem Benutzer die visuelle Rückmeldung gibt. Die Eigenschaft flick wird als Maß der Geschwindigkeit zwischen dem aktuellen Touch-Punkt und dem vorangehenden berechnet.

NumberSpinControl/NumberSpinControl/SpinNumbers.m

```objc
- (BOOL)continueTrackingWithTouch:(UITouch *)touch withEvent:(UIEvent *)event
{
    CGPoint location = [touch locationInView:self];
    NSTimeInterval time = [touch timestamp];

    CGFloat locationDiff = self.beganLocation - location.x;
    self.flick = (self.previousXPosition-location.x)/(time-self.previousTimeStam
    self.previousXPosition = location.x;
```

```
        self.previousTimeStamp = time;
        self.newAngle = self.currentAngle - locationDiff/300*160;
        if (self.newAngle >= CIRCLE) self.newAngle -= CIRCLE;
        else if (self.newAngle < 0) self.newAngle += CIRCLE;

        [CATransaction setDisableActions:YES];
        self.transformed.sublayerTransform =
                    CATransform3DMakeRotation(RADIANS(newAngle), 0, 1, 0);
        return YES;
}
```

Die Methode endTrackingWithTouch:withEvent: nutzt den flick-Wert, um zu berechnen, welches der Layer in der endgültigen Position des Controls nach einem Impuls einer bestimmten Stärke vorn sein soll. Der wahre „Trick" dabei, dass es scheint, als hätte das Control einen Impuls erhalten, ist, die Rotation des Layer-Rings zur ermittelten Zahl über eine festgelegte Dauer zu animieren. Wenn der flick-Wert hoch ist, ist die Änderung der Zahl größer und infolgedessen auch der Betrag der Rotation in der vorgegebenen Zeit, was den Eindruck einer größeren Rotationsgeschwindigkeit erweckt. Die Animation nutzt die Standard-Easeout-Timing-Funktion, die die Rotation mit einem natürlichen Bremseffekt versieht, bevor sie bei der ermittelten Zahl endet.

NumberSpinControl/NumberSpinControl/SpinNumbers.m

```
- (void)endTrackingWithTouch:(UITouch *)touch withEvent:(UIEvent *)event
{
    CGPoint location = [touch locationInView:self];
    CGFloat halfWidth = self.bounds.size.width/2;
    int newNum = 0;
    if (self.flick == 0)
    {
        if (location.x > halfWidth + self.cubeSize/2) newNum = -1;
        if (location.x < halfWidth - self.cubeSize/2) newNum = 1;
    } else {
        newNum = self.flick / ACCELERATIONFACTOR;
        if (newNum > 150) newNum = 150;
        if (newNum < -150) newNum = -150;
    }
    self.newAngle = self.newAngle-newNum;
    if (self.newAngle < 0) self.newAngle = CIRCLE+self.newAngle;
    int tileNum = self.rotAngle/2;
    tileNum += self.newAngle;
    tileNum = tileNum%CIRCLE;
    tileNum = tileNum/self.rotAngle;
    tileNum = abs(tileNum-NUM)%NUM;

    [self moveToNewNumber:tileNum];
}
```

Die Methode moveToNewNumber wird nach dem letzten Touch oder vom Controller-Code aufgerufen, um das Control animiert zu einem neuen Wert zu drehen. Wir haben die Rotation des Layer-Kreises eingerichtet und rufen sendActionsForControlEvents: mit dem UIControlEvent-ValueChanged-Event auf, um alle mit dem Event verknüpften Aktionen anzustoßen.

NumberSpinControl/NumberSpinControl/SpinNumbers.m

```
-(void)moveToNewNumber:(int)newNumber
{
    self.newAngle = CIRCLE-newNumber*self.rotAngle;
    [CATransaction setValue:[NSNumber numberWithFloat:.5]
               forKey:kCATransactionAnimationDuration];
    self.transformed.sublayerTransform =
           CATransform3DMakeRotation(RADIANS(self.newAngle), 0, 1, 0);
    self.currentTileNum = newNumber;
    self.currentAngle = self.newAngle;
    [self sendActionsForControlEvents: UIControlEventValueChanged];
}
```

Ein Zugriff auf die Eigenschaft currentNumber löst die Berechnung des tatsächlichen Werts des Controls auf Basis der relativen Position des vorne liegenden Layers und des STARTNUM-Werts aus.

NumberSpinControl/NumberSpinControl/SpinNumbers.m

```
- (int)currentNumber
{
    return self.currentTileNum+STARTNUM;
}
```

Nachdem die Klasse SpinNumbers vollständig ist, wollen wir uns ansehen, wie wir sie nutzen könnten. Im Interface Builder können wir der NumberSpinControlViewController-XIB direkt eine Instanz hinzufügen, indem wir einen einfachen UIView einfügen, seine Größe und Position den Anforderungen entsprechend setzen und dann die Klasse SpinNumbers im Identity-Inspektor als benutzerdefinierte Klasse angeben. Indem wir den View mit einem IBOutlet in NumberSpinControl-ViewController.m verbinden, können wir den Target/Aktion-Mechanismus einrichten, über den die von uns vorgezogene Methode numberChanged ausgelöst wird, wenn ein UIControlEventValueChanged-Event entdeckt wird.

NumberSpinControl/NumberSpinControl/NumberSpinControlViewController.m

```objc
- (void)viewDidLoad
{
    [super viewDidLoad];
    [numbers addTarget:self action:@selector(numberChanged)
                  forControlEvents:UIControlEventValueChanged];
    [numbers moveToNewNumber:2];
}
```

Wir wissen jetzt, dass das UIControlEventValueChanged-Event nur ausgelöst wird, wenn wir das Ende der Touch-Events auf dem Control erkannt haben und das Ausmaß der Rotation ermittelt wurde. Wir können auf den abgeleiteten Wert der Eigenschaft currentNumber zugreifen und diesen nutzen, um das Label entsprechend zu aktualisieren. Bemerkenswert ist, dass sich der Wert geändert zu haben scheint, bevor die Drehbewegung des Controls beendet wurde. Das liegt daran, dass die Änderung vor der eine halbe Sekunde dauernden Animation angestoßen wird, die wir nutzen, um das reibungsbedingte Abbremsen des drehenden Rads anzudeuten. Wir könnten hier noch etwas experimentieren und den Effekt dadurch abändern, dass wir am Ende der Impulsanimation ein zusätzliches Event absetzen und dieses nutzen, um das Label zu aktualisieren.

NumberSpinControl/NumberSpinControl/NumberSpinControlViewController.m

```objc
- (void)numberChanged
{
    numLabel.text = [NSString stringWithFormat:@"%d", numbers.currentNumber];
}
```

Obwohl der Code, den wir hier durchgearbeitet haben, in sich abgeschlossen ist, behandelt er eigentlich nur die elementaren Seiten von Controls. Wir könnten noch viele Verbesserungen einfügen, um das Control konfigurierbar zu machen. Sie könnten die Anzahl externer Eigenschaften erhöhen, beispielsweise für Farbe und Bilder, gleichermaßen eine vertikale und eine horizontale Darstellung anbieten oder andere Sequenzen ermöglichen, beispielsweise Buchstaben oder Symbole. Die Möglichkeiten sind einzig durch Ihre eigene Fantasie beschränkt!

Kapitel 2
Table- und Scroll-View-Rezepte

`UIScrollView` und seine beliebte Unterklasse `UITableView` sind zwei mächtige und vielseitige Werkzeuge für iOS-Entwickler. Sie bündeln eine unvorstellbare Menge an Komplexität und ersparen Ihnen die Zeit und die Kopfschmerzen, die der Aufbau einer vergleichbaren Lösung mit sich bringen würde – sie tun also genau das, was eine gute API tun sollte.

Während die iOS-Plattform reifte, haben sich einige Muster herauskristallisiert, die dazu führten, dass in vielen (wenn nicht gar allen) Projekten der gleiche Code geschrieben wird. Die Rezepte in diesem Kapitel versuchen, die Bereiche zu identifizieren und anzugehen, in denen die Dinge etwas einfacher sein könnten. Sie sollen Ihnen Zeit und Mühen sparen, aber gleichzeitig nicht Ihren Plänen im Weg stehen. Die meisten von `UIKit` vorgebildeten traditionellen Muster bleiben bewahrt, um diese Rezepte für Sie besser verständlich zu halten.

15 Die Produktion von Tabellenzellen vereinfachen

Problem

UIKit bietet einen effizienten Wiederverwendungsmechanismus für Table-View-Zellen, der den Overhead gering hält und teure Allozierungen minimiert, die das Scrollen verlangsamen. Obgleich dieser Mechanismus gute Arbeit leistet, wenn es um die Beschränkung des Ressourcenverbrauchs geht, neigt er dazu, ausufernd, repetitiv und vor allem fehleranfällig zu sein. Das gebräuchliche Muster verlangt nach einer Lösung, die den Controller-Code minimiert und die Verwendung über mehrere Views oder gar Anwendungen maximiert.

Lösung

Ein einfaches `UITableView`-Layout, wie Sie es in den iPod- und Kontakte-Apps sehen, lässt sich hinreichend leicht und ohne große Mühen neu erstellen: Die Zellen nutzen alle die gleiche `UITableViewCellStyle`-Schablone. Aber sobald wir diesen Komfortbereich verlassen, kann unser Code schnell ziemlich chaotisch werden. Überlegen Sie beispielsweise, was bei einer benutzerdefinierten Zelle mit zwei Bildern und einem Textlabel passiert. Unsere `-tableView:cellForRowAtIndexPath:`-Methode könnte folgendermaßen beginnen:

```
static NSString *CellID = @"CustomCell";

UITableViewCell *cell = [tableView
                dequeueReusableCellWithIdentifier:CellID];
if (cell == nil) {
  cell = [[[UITableViewCell alloc]
             initWithStyle:UITableViewCellStyleDefault
             reuseIdentifier:CellID]
          autorelease];
  UIImage *rainbow = [UIImage imageNamed:@"rainbow.png"];
  UIImageView *mainImageView = [[UIImageView alloc] initWithImage:rainbow];
  UIImageView *otherImageView = [[UIImageView alloc] initWithImage:rainbow];
  CGRect iconFrame = (CGRect) { { 12.0, 4.0 }, rainbow.size };
  mainImageView.frame = iconFrame;
  iconFrame.origin.x = CGRectGetMaxX(iconFrame) + 9.0;
  altImageView.frame = iconFrame;

  [cell.contentView addSubview:mainImageView];
  [cell.contentView addSubview:otherImageView];
  UILabel *label = [[UILabel alloc] initWithFrame:labelFrame];
  [cell.contentView addSubview:label];
  [mainIcon release];
```

```
    [otherIcon release];
    [label release];
}

return cell;
```

Beachten Sie, dass wir die Zelle noch nicht einmal konfiguriert haben! Aber wie greifen wir auf die jetzt anonymen Subviews zu, die bei der Erstellung hinzugefügt wurden, wenn wir eine Zelle wiederverwenden? Wir haben zwei Möglichkeiten: Wir können auf den Subviews Tag-Literale setzen, mit deren Hilfe wir die Subviews wieder herausfischen können, wenn wir die Zelle wiederverwenden, oder wir können eine UITableViewCell-Unterklasse mit expliziten Eigenschaften schreiben. Der Unterklasse-Weg ist erheblich attraktiver, weil er Folgendes leistet:

- Er definiert einen Kontrakt (Eigenschaften) für den Zugriff auf die Subviews.
- Er vermeidet das Risiko von Tag-Kollisionen in der Zellenhierarchie (mehrere Subviews mit dem gleichen Tag).
- Er entkoppelt das Zelllayout vom View-Controller und ermöglicht die Wiederverwendung über Views und Projekte hinweg.

Wenn wir eine Unterklasse nutzen, erhalten wir eine Reihe weiterer Möglichkeiten, den Vorgang des Tabellenaufbaus zu vereinfachen. Jede Table-View-Datenquelle enthält unvermeidlich den gleichen Abruf- und Allozierungscode für Zellen. Der Code ist also nicht nur redundant, er ist auch fragil: Ein Tippfehler in einem Zellbezeichner, ein einfaches oder doppeltes Gleichheitszeichen in unserer nil-Prüfung – alles winzige Fehler, die zu Leistungseinbußen führen und mit dem Debugging vergeudete Zeit bedeuten können. Wenn wir diesen redundanten Code nicht ständig mit Copy-and-paste umherschieben oder auch nur vor Augen haben müssen, wäre unsere Routine zum Aufbau von Table-Views erheblich weniger mühselig.

All das leistet PRPSmartTableViewCell: eine elementare Unterklasse von UITableViewCell, die das Durcheinander in unseren Table-View-Controllern eliminiert und kostspielige Bugs in den verstreuten Zellschablonen verhindert. Die wichtigste Aufgabe der Klasse ist es, die Schablone so zu kapseln, dass wir, im optimalen Fall, nie wieder an sie denken. Die Klasse hat eine spezielle Initialisierungsmethode und zwei Unterstützungsmethoden, die wir uns gleich ansehen werden.

SmarterTableCells/Classes/PRPSmartTableViewCell.h

```
@interface PRPSmartTableViewCell : UITableViewCell {}

+ (id)cellForTableView:(UITableView *)tableView;
+ (NSString *)cellIdentifier;

- (id)initWithCellIdentifier:(NSString *)cellID;

@end
```

Die Klassenmethode +cellForTableView: kümmert sich um die Zellenwiederverwendung für einen Table-View, der vom Aufrufer – unserem Table-View-Controller – übergeben wurde.

SmarterTableCells/Classes/PRPSmartTableViewCell.m

```
+ (id)cellForTableView:(UITableView *)tableView {
    NSString *cellID = [self cellIdentifier];
    UITableViewCell *cell = [tableView
                    dequeueReusableCellWithIdentifier:cellID];
    if (cell == nil) {
        cell = [[[self alloc] initWithCellIdentifier:cellID];
    }
    return cell;
}
```

Das sollte Ihnen bekannt vorkommen: Der Code ist fast mit dem Wiederverwendungscode identisch, den Sie bei der iOS-Entwicklung sicher schon Dutzende (wenn nicht gar Hunderte Male) geschrieben haben. Beachten Sie jedoch, dass der String für den Zellbezeichner über eine andere Klassenmethode, +cellIdentifier, erhalten wird. Diese Methode nutzt standardmäßig den Klassennamen der Zelle als Bezeichner, auch bei von Ihnen geschriebenen PRPSmartTableViewCell-Unterklassen. Wenn wir uns entschließen, eine eigene Zellklasse zu schreiben, wird uns also kostenlos ein eindeutige Zellbezeichner garantiert. Beachten Sie, dass der Bezeichner nicht als static markiert ist, wie Sie es meist in Beispielcode sehen, in der Standardimplementierung müssen also noch ein paar Allozierungsaufgaben erledigt werden. Falls Sie das problematisch finden, können Sie jederzeit +cellIdentifier überschreiben (oder bearbeiten), um dieses Verhalten zu ändern.

SmarterTableCells/Classes/PRPSmartTableViewCell.m

```
+ (NSString *)cellIdentifier {
    return NSStringFromClass([self class]);
}
```

Schließlich nutzen wir einen neuen designierten Initialisierer, -initWithCellIdentifier:, um die Zelle und ihr Layout einzurichten. In ihm bringen wir den ausschweifenden Layer-Code unter, der andernfalls ebenfalls in unserem Controller stecken würde.

SmarterTableCells/Classes/PRPSmartTableViewCell.m
```
- (id)initWithCellIdentifier:(NSString *)cellID {
    return [self initWithStyle:UITableViewCellStyleSubtitle
              reuseIdentifier:cellID];
}
```

Mit diesem neuen Muster schreiben und nutzen wir die Table-View-Unterklasse folgendermaßen:

1. Wir erstellen eine `PRPSmartTableViewCell`-Unterklasse.

2. Wir überschreiben `-initWithCellIdentifier:`.

3. Wir rufen aus dem Table-View-Controller `+cellForTableView:` auf.

Schauen wir uns den Table-View-Controller zur Erstellung einer eigenen `PRPSmartTableViewCell` an:

SmarterTableCells/Classes/PRPRainbowTableViewController.m
```
- (UITableViewCell *)tableView:(UITableView *)tableView
        cellForRowAtIndexPath:(NSIndexPath *)indexPath {
    PRPDoubleRainbowCell *cell = [PRPDoubleRainbowCell
                              cellForTableView:tableView];
    cell.mainLabel.text = [self.quotes objectAtIndex:indexPath.row];
    return cell;
}
```

Der Controller-Code ist erheblich geschrumpft und viel lesbarer – er enthält jetzt nur noch die Anpassung der Zelle für den jeweiligen View. Der für Zellen charakteristische Logik- und Layoutcode bleibt immer in der Zellklasse verborgen, und das ermöglicht uns, die Klasse ohne Aufwand in diesem oder anderen Projekten wiederzuverwenden. Wenn Sie planen, eine `UITableViewCell`-Unterklasse zu schreiben, kann Ihnen dieser zusätzliche Code langfristig eine Menge Arbeit sparen. Schreiben Sie einen einfachen Table-View mit einem der Standardzelltypen, könnte sie übertrieben sein.

Besonders deutlich zahlt sich dieses Muster aus, wenn Sie stark konfigurierte Table-Views mit unterschiedlichen Zelltypen schreiben. Das werden wir uns in Rezept 18, *Komplexe Table-Views aufbauen*, auf Seite 107 ansehen.

Sie können das Muster leicht so erweitern, das selbst gestaltete Zellen genutzt werden, die im Interface Builder erstellt wurden, wie Sie im nächsten Rezept sehen werden.

> **16** Wiederverwendbare Tabellenzellen in einer Nib nutzen

Problem

In Rezept 15, *Die Produktion von Tabellenzellen vereinfachen*, auf Seite 94 haben wir Ihnen gezeigt, wie Sie mit Leichtigkeit eine komplexe selbst gestaltete Tabellenzelle erstellen und gleichzeitig die Menge an Controller-Code reduzieren, den Sie schreiben müssen. Was ist, wenn Sie es vorziehen, Ihre Zellen im Interface Builder zu erzeugen?

Lösung

Das „Kluge-Tabellenzellen-Muster", das wir gerade untersucht haben, lässt sich leicht für Nib-basierte Zellen anpassen. Wie bei der Arbeit mit dem Interface Builder üblich, sparen wir letztlich sogar noch mehr Code als zuvor. Wir wenden das gleiche zentrale Prinzip an, um den Wiederverwendungsaufwand aus dem Controller zu abstrahieren, aber der Controller muss etwas mehr beitragen als beim letzten Mal. Genauer gesagt: Wir fordern den Controller auf, die Nib zu verwalten.

Unser `PRPNibBasedTableViewCell` scheint sehr vertraut, wenn Sie noch einmal einen Blick in `PRPSmartTableViewCell` werfen: Die Klasse hat eine `+cellIdentifier`-Methode, die einen eigenen Wiederverwendungsbezeichner liefert, und eine Hilfsmethode für den üblichen Abrufen-oder-Instantiieren-Tanz, den wir für alle Tabellenzellen anstellen müssen, die wir erzeugen.

SmarterTableCellsNib/Shared/PRPNibBasedTableViewCell.m

```
+ (NSString *)cellIdentifier {
    return NSStringFromClass([self class]);
}
```

SmarterTableCellsNib/Shared/PRPNibBasedTableViewCell.m
```
+ (id)cellForTableView:(UITableView *)tableView fromNib:(UINib *)nib {
    NSString *cellID = [self cellIdentifier];
    UITableViewCell *cell = [tableView
                             dequeueReusableCellWithIdentifier:cellID];
    if (cell == nil) {
        NSArray *nibObjects = [nib instantiateWithOwner:nil options:nil];

        NSAssert2(([nibObjects count] > 0) &&
                  [[nibObjects objectAtIndex:0] isKindOfClass:[self class]],
                  @"Nib '%@' scheint kein gültiges %@ zu enthalten",
                  [self nibName], NSStringFromClass([self class]));

        cell = [nibObjects objectAtIndex:0];
    }
    return cell;
}
```

Beachten Sie, dass die Generierungsmethode hier etwas anders aussieht: Sie erwartet als zweiten Parameter ein UINib-Objekt. UINib ist eine neue Klasse, die den Overhead bei der schnellen Instantiierung von Views aus einer Nib-Datei minimiert. Wir rufen nicht -[NSBundle loadNibNamed:owner:options:] auf, sondern halten unser UINib-Objekt fest und rufen -instantiateWithOwner:options: auf, um eine frische Kopie der Nib-Objekte zu erhalten.

In diesem Rezept fordern wir den aufrufenden Code – vermutlich aus einer UITableViewDataSource – auf, diese Nib festzuhalten, aber wir gestalten das Abrufen einer Nib trotzdem so einfach wie möglich. Die Methoden +nib und +nibName bieten leichten Zugriff auf die Nib, die unsere selbst definierte Zelle beinhaltet.

SmarterTableCellsNib/Shared/PRPNibBasedTableViewCell.m
```
+ (UINib *)nib {
    NSBundle *classBundle = [NSBundle bundleForClass:[self class]];
    return [UINib nibWithNibName:[self nibName] bundle:classBundle];
}

+ (NSString *)nibName {
    return [self cellIdentifier];
}
```

Diese Methoden sind hinreichend einfach: +nib sucht im Bundle der Klasse unter Verwendung des Namens, den +nibName liefert. Aber standardmäßig verlässt sich +nibName auf +cellIdentifier und damit in der Regel auf den Klassennamen. Dieses Standardverhalten sollte auch bei einer beliebigen Anzahl von Unterklassen noch funktionieren, solange wir unsere Dateien entsprechend konfigurieren.

Schauen wir uns dieses Muster in Aktion an. Öffnen Sie das Projekt `SmarterTableCellsNib` und navigieren Sie zur Klasse `PRPComplexTableViewCell`. Diese Klasse erbt von `PRPNibBasedTableViewCell`. Beachten Sie, dass es dort kaum Code gibt – nur Eigenschaften, die einen der Subviews der Zelle repräsentieren, die sich in der Nib befinden. `PRPComplexTableViewCell` hat einige wichtige Eigenschaften, die dies funktionieren lassen:

- Die Klasse erweitert `PRPNibBasedTableViewCell`.
- Ihr XIB-Dateiname entspricht dem Klassennamen (`PRPComplexTableViewCell.xib`).
- Der Zellbezeichner entspricht dem Klassennamen (`PRPComplexTableViewCell`).
- Die Tabellenzelle ist das erste Objekt in der Nib.

Der letzte Punkt ist der wichtige. Wenn wir einen gründlichen Blick auf die Implementierung von `+cellForTableView:fromNib:` werfen, sehen wir, dass eine erläuternde Fehlermeldung abgesetzt wird, wenn unsere Nib etwas anderes enthält als Instanzen der Zellunterklasse oben.

> **Den Zellbezeichner Ihrer Nib setzen!**
>
> Egal ob Sie dieses Rezept nutzen oder nicht – denken Sie immer daran, das Identifier-Attribut für alle Tabellenzellen zu setzen, die Sie im Interface Builder erstellen (siehe Abbildung 2.1). Das ist etwas, das man häufig übersieht, wenn man den Interface Builder nutzt, um Tabellenzellen zu erstellen. Häufig meint man, es getan zu haben, wenn man den Standardwiederverwendungscode schreibt, obwohl man es eigentlich nicht getan hat!
>
> Dieser Flüchtigkeitsfehler hat große Auswirkungen auf die Leistung. Überprüfen Sie stets, was Sie getan haben, indem Sie einen Breakpoint setzen oder in die Logik zur Erstellung der Zellen eine Log-Anweisung einfügen. Nach dem anfänglichen Schwung bei der Anzeige des Table-Views sollten Sie keine neuen Zellobjekte mehr initialisieren. Wenn Sie permanent neue Zellen instantiieren, entspricht der in der Nib gesetzte Bezeichner wahrscheinlich nicht dem Bezeichner, den Sie nutzen, um die Zelle zu erzeugen.

Wir geben die Dateien und Attribute so an, dass sie dem Verhalten entsprechen, das von `PRPNibBasedTableViewCell` geerbt wurde. Wenn wir unsere eigene Unterklasse schreiben, deren Name nicht dem entsprechenden Xib-Dateinamen und/oder Zellbezeichner entspricht, ist das kein Problem: Wir überschreiben einfach +celldentifier und +nibName in der Unterklasse, damit die erforderlichen Strings geliefert werden.

Wie zuvor erläutert, hält der aufrufende Code die generierte Nib fest. Das SmarterTableCellsNib-Projekt enthält eine TestViewController-Klasse, die zeigt, wie das funktioniert.

1. Deklarieren Sie eine Eigenschaft für die Nib.
2. Erstellen Sie einen verzögerten Initialisierer, um die Nib auf Verlangen für andere Verwendungsfälle verfügbar zu machen.
3. Räumen Sie die Eigenschaft in -viewDidUnload und -dealloc auf.

SmarterTableCellsNib/Shared/TestViewController.h

```
@interface TestViewController : UITableViewController {}

@property (nonatomic, strong) UINib *complexCellNib;

@end
```

SmarterTableCellsNib/Shared/TestViewController.m

```
- (UINib *)complexCellNib {
    if (complexCellNib == nil) {
        self.complexCellNib = [PRPComplexTableViewCell nib];
    }
    return complexCellNib;
}
```

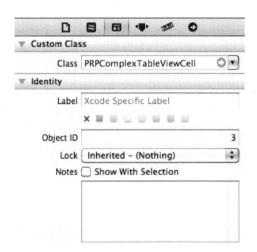

Abbildung 2.1: Wiederverwendungsbezeichner im Interface Builder

SmarterTableCellsNib/Shared/TestViewController.m

```
- (void)viewDidUnload {
    [super viewDidUnload];
    self.complexCellNib = nil;
}

- (void)dealloc {
    complexCellNib = nil;
}
```

Haben wir eine gültige Nib, übergeben wir sie aus unserer -tableView:cellForRowAtIndexPath:-Methode an +cellForTableView:fromNib:. Die Standardimplementierung nimmt sie von dort.

SmarterTableCellsNib/Shared/TestViewController.m

```
    PRPComplexTableViewCell *cell =
        [PRPComplexTableViewCell cellForTableView:tableView
                                          fromNib:self.complexCellNib];

    cell.titleLabel.text = [NSString stringWithFormat:@"Zelle %d",
                            indexPath.row];
    cell.dateLabel.text =
        [NSDateFormatter localizedStringFromDate:[NSDate date]
                       dateStyle:NSDateFormatterNoStyle
                       timeStyle:NSDateFormatterMediumStyle];
    cell.locationLabel.text = @"Unbekannte Orte";

    return cell;
}
```

Und schon sind wir fertig. Mit diesem Rezept haben Sie nun zwei hochgradig wiederverwendbare Techniken für den schnellen und sauberen Einsatz selbst definierter Tabellenzellen.

| 17 | **Table-Cell-Subviews finden** |

Problem

Es ist unvermeidlich, dass wir an Projekten arbeiten müssen, die selbst definierte Zellenlayouts für Table-Views erfordern. Wenn diese Zellen Controls oder Buttons einschließen, kann es komplizierter werden, wenn Sie herausfinden müssen, welche Zeile einen bestimmten Button enthält. Wie finden Sie die Elternzelle eines beliebigen Buttons auf eine Weise heraus, die bei jedem Layout oder Projekt funktioniert?

Lösung

Die Zeile zu finden, die einen selbst definierten View bzw. ein selbst definiertes Control enthält, ist eigentlich nicht sonderlich kompliziert. Das Problem ist, dass man die Sache leicht falsch machen kann.

Nehmen wir an, alle unsere Tabellenzellen enthielten einen Button, der die Table-View-Controller als Target nutzt. Tippt der Benutzer auf einen dieser Buttons, wird jeweils eine bestimmte Aktion aufgerufen. Was ist, wenn unsere Tabelle 100 Zeilen hat? Wir müssen die einzelnen Zeilen unterscheiden können, wenn wir wissen wollen, auf welchen Button bzw. welche Zeile der Benutzer getippt hat.

```
- (IBAction)cellButtonTapped:(id)sender {
        // In welcher Tabellenzeile befindet sich dieser Button?
}
```

Abbildung 2.2 illustriert das Problem, vor dem wir stehen. Für unseren Code gibt es keinen einfachen oder eindeutigen Weg, die einzelnen Buttons zu unterscheiden.

Es wäre verführerisch, einfach den UI-Elementbaum bis zur beherbergenden Zelle zu durchlaufen und dann den Table-View zu fragen, welcher Zeile diese entspricht. Schließlich kennen wir ja die Hierarchie der Zelle.

```
- (IBAction)cellButtonTapped:(id)sender {
        // Die beherbergende Zelle abrufen.
        UITableViewCell *parentCell = [[sender superview] superview];
        NSIndexPath *pathForButton = [self.tableView
                indexPathForCell:parentCell];
}
```

Das ist wahrscheinlich das schnellste Verfahren, aber keineswegs ideal, und zwar aus verschiedenen Gründen. Erstens: Das Verfahren ist fehleranfällig. Der vorausgehende Code setzt voraus, dass sich die Zellenhierarchie niemals ändern wird. Wenn wir diesen Button eine Stufe nach oben oder unten verschieben, bricht der Code sofort – und wir erinnern uns eventuell nicht mehr daran, warum, oder bemerken es erst im schlechtesten möglichen Moment. Das iterative Durchlaufen des Baums, bis wir eine UITableViewCell finden, ist nicht viel besser. Wir hätten gern etwas Kurzes, Süßes und so wenig Fehleranfälliges wie möglich.

Abbildung 2.2: Was ist der Indexpfad für einen bestimmtenButton?

Zweitens sind die bisher vorgeschlagenen Lösungen nicht portabel. Die Arbeit, die wir hier leisten, müssen wir wahrscheinlich bei der nächsten ausgefallenen interaktiven Tabelle erneut angehen. Es wäre wunderbar, wenn wir eine Lösung hätten, die man leicht in beliebige Projekte integrieren kann.

Beginnen wir damit, dass wir uns nach einem sauberen Weg umsehen, die beherbergende Zeile zu finden. UIView bietet eine praktische Methode, die es uns ermöglicht, Punkte auf dem Bildschirm von den Koordinaten eines Views in die Koordinaten eines anderen Views zu übersetzen. Wir können diese -convertPoint:toView:-Methode nutzen, um herauszufinden, wo sich der angetippte Button im Table-View befindet. So können wir die Zelle also vollständig umgehen. Haben wir den Punkt umgerechnet, übergeben wir ihn an -[UITableView indexPathForRowAtPoint:] und erhalten unseren Zeilenindex.

CellSubviewLocation/Classes/RootViewController.m

```
- (IBAction)cellButtonTapped:(id)sender  {
    UIButton *button = sender;
    CGPoint correctedPoint =
      [button convertPoint:button.bounds.origin toView:self.tableView];
    NSIndexPath *indexPath =
      [self.tableView indexPathForRowAtPoint:correctedPoint];
    NSLog(@"Button in Zeile %d angetippt.", indexPath.row);
}
```

Dieses Verfahren erfordert nicht mehr Code als die zuvor beschriebenen „nachlässigeren" Verfahren, und ist sicherer und portabler. Wenn wir wollen, können wir es sogar noch portabler machen. Diese beiden Codezeilen sind sicher nicht schwer zu verschieben, aber die convertPoint:-Methoden sind doch so komplex, dass sie Ihnen Kopfzerbrechen bereiten können, wenn Sie Monate später wieder zu ihnen zurückkehren. Es wäre nett, wir könnten das Problem ein für alle Mal lösen, um dann wieder zum Tagesgeschäft überzugehen.

Dazu werden wir diese Logik in eine UITableView-Kategorie packen. Wir werden ein paar Anpassungen vornehmen müssen, weil die Arbeit jetzt vom Table-View statt vom Table-View-Controller geleistet wird, aber das Konzept bleibt das gleiche.

CellSubviewLocation/Classes/UITableView+PRPSubviewAdditions.m

```
@implementation UITableView (PRPSubviewAdditions)

- (NSIndexPath *)prp_indexPathForRowContainingView:(UIView *)view {
    CGPoint correctedPoint = [view convertPoint:view.bounds.origin
                                         toView:self];
    return [self indexPathForRowAtPoint:correctedPoint];
}

@end
```

Nachdem wir die für die Umwandlung des Punkts in einen Indexpfad zu leistende Arbeit herausgezogen haben, übergibt der Table-View-Controller einfach den entsprechenden View und erhält den Indexpfad der Quelle zurück.

```
- (IBAction)cellButtonTapped:(id)sender {
    NSIndexPath *pathForButton =
        [self.tableView prp_indexPathForRowContainingView:sender];
}
```

Dieses Rezept bietet Ihnen eine saubere Lösung, den Ursprung eingebetteter Table-Cell-Controls aufzuspüren, ganz gleich wie die Tabelle oder die Zelle aufgebaut ist.

18 Komplexe Table-Views aufbauen

Credits

Bei der Erstellung dieses Rezepts hat uns Fraser Speirs exzellenter Artikel „A technique for using UITableView and retaining your sanity" auf speirs.org in großem Maße inspiriert.

Problem

Die Arbeit mit `UITableView` ist einfach, wenn Sie eine gleichförmige Datenmenge haben. Aber sobald Sie in einer bestimmten Sektion oder Zeile etwas Besonderes tun wollen, können die Dinge schnell aus dem Ruder laufen. Wie kann man auf einfache Weise einen Table-View mit unterschiedlichen Zeilen aufbauen wie denen, die man aus der Einstellungen-App kennt?

Lösung

Probleme dieser Art können Sie ziemlich hinterrücks überfallen. Nehmen wir an, wir müssten in einer App auf oberster Ebene ein paar Einstellungen oder einige Navigationsmöglichkeiten verwalten, die immer sichtbar sind. Wir beginnen mit einer einfachen Tabelle mit identischen Zeilen für jede Option. Klingt einfach: Wir erstellen ein Array mit den gewünschten Titeln und nutzen dieses, um die Tabellenzeilen aufzubauen.

```
-(void)viewDidLoad {
    self.rowTitles = [NSArray arrayWithObjects:@"Lieblings-Team",
                                                @"Lieblingsfarbe",
                                                @"Hinweise", nil];
}

- (NSInteger)numberOfSectionsinTableView:(UITableView)tableView {
      return 1;
}
- (NSInteger)tableView:(UITableView)tableView
            numberOfRowsInSection:(NSInteger)section {
      return [self.rowTitles count];
}
```

Sieht gut aus, oder? Wir nutzen das Array, um die Anzahl an Zeilen zu ermitteln, und indizieren in `-tableView:cellForRowAtIndexPath:` einfach das Array, um die Zellentitel zu erhalten.

```
cell.textlabel.text = [self.rowTitles objectAtIndex:indexPath.row];
```

Jede dieser Zellen stößt also eine andere Aktion an, wenn sie angetippt wird. Das ist nicht wie bei der Kontakte-App, bei der nur die detaillierten Daten zur entsprechenden Person angezeigt werden. Jede Zeile nutzt eine eigene Schnittstelle für die Daten. Jetzt werden die Dinge kompliziert, und zwar schon in `-tableView:didSelectCellForRowAtIndexPath:`.

```
switch (indexPath.row) {
        case 0:
                // Den View-Controller für die Teamauswahl anzeigen.
                break;
        case 1:
                // Den View-Controller für die Farbauswahl anzeigen.
                break;
        case 2:
                // Den Alert-View-Controller anzeigen.
                break;
        default:
                NSLog(@"GAME OVER, MENSCH! GAME OVER!");
                break;
}
```

Die hier eingesetzten statischen Zahlen sollten Ihnen ein rotes Tuch sein. Wir könnten Konstanten deklarieren und sie an dieser Stelle nutzen, würden das eigentliche Problem damit aber nur maskieren: Unsere Logik zur Erstellung der Zeilen (eine auf Literalen basierende Switch-Anweisung) wurde von der Logik für die Einrichtung der Zellen (das Array) entkoppelt.

Machen wir die Sache noch etwas komplizierter. Unser Designer sagt uns, dass Hinweiszeilen ein anderes Erscheinungsbild haben sollen. Jetzt müssen wir der bislang recht sauberen Methode `-tableView:cellForRowAtIndexPath:` einen ähnlichen Switch-Block hinzufügen. Es kann sein, dass wir uns sogar mit mehreren Wiederverwendungsbezeichnern herumschlagen müssen, um die neue Zellengestalt umzusetzen.

Und es wird noch schlimmer. Wir haben beschlossen, dass die „Lieblingsfarbe" in der Liste vor der „Lieblingsmannschaft" stehen soll. Jetzt müssen wir das Array umstellen und alle Codeteile tauschen, die den Zeilenindex prüfen. Bisher betrifft das nur die Zellerstellung und -auswahl. Was ist, wenn wir uns entschließen, die Zellhöhe anzupassen?

Oder die Hintergrundfarbe? Was ist, wenn wir eine Tabelle haben, bei der einige Zellen bearbeitet werden können, andere nicht? Alle diese Szenarios führen dazu, dass wir bei dieser fragilen Technik eine andere Datenquellen- oder Delegate-Methode anpassen müssen. Wenn wir vergessen, einen Bereich zu ändern, oder die falsche Zahl angeben, kommt es zu unerwünschten Verhalten oder gar Exceptions, weil ein Index außerhalb der Grenzen liegt.

Nein, streichen Sie das: Hinweise sollten in einem anderen Abschnitt stehen. Jetzt benötigen wir eine zweidimensionale Switch-Anweisung – eine für Abschnitte, eine für Zeilen – und ein zweidimensionales Array für die Zeilentitel. Wenn wir vergessen, die fest vorgegebenen Abschnittsnummern zu erhöhen, verschwinden die Daten. Wenn wir später die Anzahl an Abschnitten reduzieren, haben wir einer weiteren Index-out-of-bounds-Exception aufgrund veralteter Indizierungslogik Tür und Tor geöffnet.

Abbildung 2.3: Heterogene Table-View-Layouts

Wie konnte es dazu kommen? Zunächst schien doch alles so einfach. Den (angeblich) endgültigen Entwurf sehen Sie in Abbildung 2.3.

Ihre Schnittstelle lässt sich nicht immer mit einer elementaren Datenstruktur abbilden, bei der jede Zeile an ein Element in einem Array gebunden ist. Und es bringt auch nichts, das zu erzwingen: Wir entwickeln einen speziellen View, benötigen also auch eine spezielle Lösung.

Der eigentliche Wert des Arrays in diesem Beispiel war, uns eine abstrahierte Zeilenzählung zu bieten. Diese und zusätzlich lesbare, flexible Zeilenindizes erhalten wir auch, wenn wir Enumerationen nutzen. Zunächst erstellen wir eine Enumeration für die Abschnitte, die wir benötigen. Das erste Element wird mit null initialisiert, dem ersten gültigen Abschnitts- und Zeilenindex in einem Table-View.

OrganizedTableView/Classes/RootViewController.m

```
enum PRPTableSections {
    PRPTableSectionFavorites = 0,
    PRPTableSectionAlerts,
    PRPTableNumSections,
};
```

Beachten Sie, dass der letzte Wert, PRPTableNumSections, kein Abschnittsbezeichner ist. Es ist ein natürlicher Zähler der Abschnitte in unserem Table-View, da er auf den letzten Abschnitt folgt. Das ist sehr praktisch für -numberOfSectionsInTableView:.

OrganizedTableView/Classes/RootViewController.m

```
- (NSInteger)numberOfSectionsInTableView:(UITableView *)tableView {
    return PRPTableNumSections;
}
```

Das Gleiche tun wir für unsere Tabellenzeilen, erstellen dabei aber ein separates Enum für jeden Abschnitt, um sicherzustellen, dass die Indizes stimmen. Dieses System zahlt sich unmittelbar aus, wenn wir die Anzahl an Zeilen in jedem Abschnitt liefern müssen: Wir haben die statischen Zahlen eliminiert und unseren Code auch für die weitere Wartung besser lesbar gemacht.

OrganizedTableView/Classes/RootViewController.m

```
enum PRPFavoritesRows {
    PRPTableSecFavoritesRowTeam = 0,
    PRPTableSecFavoritesRowColor,
    PRPTableSecFavoritesRowCity,
    PRPTableSecFavoritesNumRows,
};
enum PRPAlertsRows {
    PRPTableSecAlertsRowAlerts = 0,
    PRPTableSecAlertsNumRows,
};
```

OrganizedTableView/Classes/RootViewController.m

```objc
switch (section) {
    case PRPTableSectionFavorites:
        return PRPTableSecFavoritesNumRows;
    case PRPTableSectionAlerts:
        return PRPTableSecAlertsNumRows;
    default:
        NSLog(@"Unerwarteter Abschnitt (%d)", section);
        break;
}
```

Die Methode -tableView:cellForRowAtIndexPath: kombiniert die Enums und erzeugt den erforderlichen Index. Zunächst prüfen wir den angeforderten Abschnitt anhand des Enums PRPTableSections und dann die Zeile anhand des entsprechenden Zeilen-Enums für diesen Abschnitt.

OrganizedTableView/Classes/RootViewController.m

```objc
switch (indexPath.section) {
    case PRPTableSectionFavorites:
        cell = [PRPBasicSettingsCell cellForTableView:tableView];
        switch (indexPath.row) {
            case PRPTableSecFavoritesRowTeam:
                cell.textLabel.text = @"Lieblings-Team";
                cell.detailTextLabel.text = @"Eintracht Pfützensee";
                break;
            case PRPTableSecFavoritesRowColor:
                cell.textLabel.text = @"Lieblingsfarbe";
                cell.detailTextLabel.text = @"Grün";
                break;
            case PRPTableSecFavoritesRowCity:
                cell.textLabel.text  = @"Lieblingsstadt";
                cell.detailTextLabel.text  = @"Entenhausen";
                break;
            default:
                NSAssert1(NO,@"Unerwartete Zeile im Abschnitt Favoriten: %d",
                          indexPath.row);
                break;
        }
        break;
```

OrganizedTableView/Classes/RootViewController.m

```objc
case PRPTableSectionAlerts:
    switch (indexPath.row) {
        case PRPTableSecAlertsRowAlerts: {
            PRPSwitchSettingsCell *alertCell =
                [PRPSwitchSettingsCell cellForTableView:tableView];
            alertCell.textLabel.text = @"Hinweis";
            alertCell.cellSwitch.on = NO;
            cell = alertCell;
        }
            break;
```

```
            default:
                NSAssert1(NO, @"Unerwartete Zeile in Abschnitt Alert: %d",
                    indexPath.row);
                break;
        }
        break;
default:
    NSAssert1(NO, @"Unerwarteter Abschnitt (%d)", indexPath.section);
    break;
```

Die Tabelle hat einen strukturierten, vorhersagbaren und lesbaren Verlauf. Schauen wir uns jetzt wieder diese lästigen Entwurfsänderungen an. Der Favoriten-Abschnitt hat drei Zeilen: Lieblings-Team, -farbe und -stadt. Sie beschließen, dass die Stadt vor der Farbe kommen soll, nicht dahinter. Dieses Problem lösen Sie für *die gesamte Klasse*, indem Sie einfach das Enum umstellen.

```
enum PRPFavoritesRows {
    PRPTableSecFavoritesRowTeam = 0,
    PRPTableSecFavoritesRowCity,
    PRPTableSecFavoritesRowColor,
    PRPTableSecFavoritesNumRows,
};
```

> **Statische Tabellenzellen erstellen**
>
> Das dieses Rezept begleitende Projekt OrganizedTableView nutzt Unterklassen, um den Standardmechanismus zur Wiederverwendung von Tabellenzellen zu verdecken. Wenn Ihr Table-View nur eine kleine Anzahl an Zeilen hat, kann es angemessener sein, die einzelnen Zellen einfach in Eigenschaften zu speichern und die Tabellenzellenwiederverwendung vollkommen zu vermeiden. Werfen Sie noch einmal einen Blick in „The Technique for Static Row Content" in Apples Table View Programming Guide for iOS-Dokument, bevor Sie sich entscheiden, wie Sie Ihre Tabellenzellen speichern und generieren wollen.

Alle Teile des Codes in dieser Klasse prüfen die Enum-Deklaration, die Stadt kommt jetzt in allen Zeilen vor Farbe und Verhalten, und Zellerstellung, Auswahl, Höhe, Hintergrund sowie Bearbeitungsstil passen. Und das Wunderbare ist, dass wir nichts davon anrühren, ja überhaupt ansehen müssen.

Was ist, wenn Sie die Stadt vollständig entfernen wollen? Kein Problem: Verschieben Sie sie ans Ende des Enums unter PRPTableSecFavorites-NumRows oder kommentieren Sie sie einfach aus. Damit haben Sie gleichzeitig die Stadt-Zeile aus der nutzbaren Liste entfernt und die Gesamtzahl an Zeilen vermindert, ohne dass Sie weiteren Code ändern mussten. Die gesamte Logik zur Erstellung und Verarbeitung der Stadt-Zeilen ist immer noch vor Ort, kommt aber nie zur Ausführung. Es ist schwer vorstellbar, aber probieren Sie es einfach aus. Wir haben jetzt gefahrlos eine Änderung an unserem Entwurf vorgenommen, die wir jederzeit wieder rückgängig machen können. Kein Kopieren und Einfügen, keine Undos oder Code-Repository-Zurückführungen mehr.

Und es passiert hier sogar noch mehr. Das Projekt nutzt mehrere Zellenstile, aber wo sind die Zellbezeichner? Wo die -dequeueReusableCellWithIdentifier:-Nachrichten? Sie sind in den PRPSmartTableViewCell-Unterklassen verborgen, die auf unserem früheren Rezept 15, *Die Produktion von Tabellenzellen vereinfachen*, auf Seite 94 basieren. Überlegen Sie, wie viel mehr Code wir hätten, wenn wir diese zusätzliche Technik nicht nutzen würden, insbesondere wenn die Komplexität der Tabelle größer wird.

Mit diesem Rezept haben wir Ihnen eine Technik gezeigt, mit der Sie komplexe Table-Views auf eine Weise schreiben können, die Ihnen keine Schwindelgefühle verursacht, wenn Sie sich den Code sechs Monate später wieder vornehmen. Wir hoffen, dass es auch die Arbeit reduziert, die Sie leisten müssen, wenn es Zeit wird, ein paar Dinge zu ändern.

19 | Zweifarbige Table-Views erzeugen

Problem

Ihnen gefällt die zweifarbige Erscheinung des App Store und anderer Apps, aber `UITableView` ermöglicht Ihnen lediglich das Setzen einer einzigen Hintergrundfarbe. Wie erzeugen Sie eine glatte, handliche Tabelle, die unten und oben verschiedenen Farben aufweist?

Lösung

`UITableView` bietet mit den Methoden der Datenquellen- und Delegate-Protokolle, den Header- und Footer-Views und den vielseitigen `UITableViewCell`-Objekten unglaubliche Anpassungsmöglichkeiten. Keine dieser Optionen bringt uns jedoch unterschiedliche „Hintergrundfarben" am oberen und unteren Rand. Dazu werden wir eine clevere `UITableView`-Unterklasse schreiben, die sich leicht wiederverwenden und anpassen lässt. Abbildung 2.4 illustriert den Effekt, den dieses Rezept hervorbringt.

Führen wir uns zunächst das Problem vor Augen. Wir könnten recht leicht die `backgroundColor`-Eigenschaft eines Table-Views setzen, die den freien Raum färbt, der erscheint, wenn wir über die Grenzen der Tabelle hinausscrollen. Aber da sich `backgroundColor` standardmäßig auch auf die Farbe der Tabellenzellen auswirkt, ist das keine optimale Lösung. Welche Wirkung das hat, können Sie sich ansehen, indem Sie das TwoToneTables-Projekt ausführen und die Zeile Benutzerdefinierter Hintergrund antippen.

Wie also geben wir der oberen Seite eine etwas andere Farbe als dem Rest der Tabelle? Das ist einfach: Wir setzen einfach einen Table-Header. Das können wir über eine spezielle `PRPGradientView`-Klasse tun, die die praktischen Fähigkeiten von `CAGradientLayer` veröffentlicht. Jetzt weist der Header einen glatten Übergang von der Haupthintergrundfarbe zu einer etwas dunkleren Farbe oben auf.

TwoToneTables/Classes/DemoTableViewController.m

```
- (void)installHeader {
    CGRect headerFrame = CGRectMake(0, 0, self.tableView.frame.size.width,
                        50.0);
    PRPGradientView *header = [[PRPGradientView alloc]
                        initWithFrame:headerFrame];
```

```
    [header setGradientColors:[NSArray arrayWithObjects:
                               (id)[self altBackgroundColor].CGColor,
                               (id)self.tableView.backgroundColor.CGColor,
                               nil]];

    self.tableView.tableHeaderView = header;
    header.backgroundColor = [self demoBackgroundColor];
    [header release];
}
```

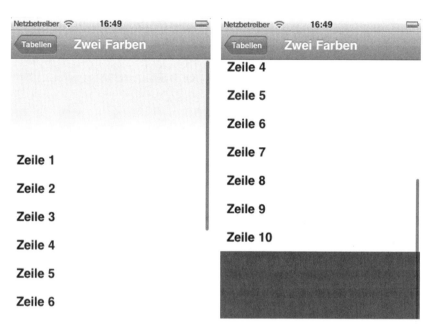

Abbildung 2.4: Table-View-Layouts mit zwei Farben. Die Lösung, die wir suchen, weist an beiden Enden der Tabelle unterschiedliche Farben auf, wie es von diesen beiden Screenshots illustriert wird. Die Tabelle hat einen weißen Gradienten oben und einen roten Hintergrund unten. Ein gewöhnlicher Table-View zeigt hinter den oberen und unteren Enden des Inhalts nur eine einzige Hintergrundfarbe.

(Bitte liefern Sie keine App mit derart unharmonischen Farben aus. Diese nutzen wir hier nur, um den Kontrast deutlicher zu machen.)

Das sieht gut aus – bis wir die Tabelle nach unten ziehen. Der glatte Gradient endet abrupt, und über ihm erscheint wieder der hellere Tabellenhintergrund. Wie erreichen wir, dass die dunklere Farbe oben erhalten bleibt, während alles andere die hellere Farbe erhält? Ein Table-Footer-View versagt aus den gleichen Gründen wie der Header. Wir müssen also etwas kreativer werden.

Eine `UITableView`-Unterklasse namens `PRPTwoToneTableView` löst das Problem. Sie deklariert die Eigenschaften `topColor` und `bottomColor`, die vom Aufrufer gesetzt werden können – unserem View-Controller beispielsweise. Mithilfe dieser Eigenschaft und der Eigenschaft `backgroundColor` können wir, wenn wir das wünschen, auch eine dreifarbige Tabelle erstellen.

TwoToneTables/Classes/PRPTwoToneTableView.h

```objc
@interface PRPTwoToneTableView : UITableView {}

@property (nonatomic, strong) UIColor *topColor;
@property (nonatomic, strong) UIColor *bottomColor;

@end
```

Diese „Farben" sind eigentlich zwei „Dehnungs"-Subviews, die unsere Tabelle automatisch ergänzt. Diese Views ermöglichen uns, die Randfarben anzupassen, während wir weiterhin die Table-Header- und -Footer-Views nutzen. Beachten Sie, dass wir für den Table-Header immer noch den Gradienten-View nutzen. Wir deklarieren diese Dehnungs-Views als Eigenschaften in einer privaten Klassenerweiterung und binden sie in benutzerdefinierten Setter-Methoden an die öffentlichen Farbeigenschaften.

TwoToneTables/Classes/PRPTwoToneTableView.m

```objc
@interface PRPTwoToneTableView ()

@property (nonatomic, strong) UIView *topStretcher;
@property (nonatomic, strong) UIView *bottomStretcher;

@end
```

TwoToneTables/Classes/PRPTwoToneTableView.m

```objc
- (void)setTopColor:(UIColor *)color {
    if (self.topStretcher == nil) {
        topStretcher = [[UIView alloc] initWithFrame:CGRectZero];
        [self addSubview:self.topStretcher];
    }

    if (self.topStretcher.backgroundColor != color) {
        self.topStretcher.backgroundColor = color;
    }
}
```

Wie aber lösen diese beiden neuen Subviews das Problem? Warum beeinträchtigen sie das gewöhnliche Table-View-Verhalten nicht? Die Antwort verbirgt sich in der `-layoutSubviews`-Methode, die jede `UIView`-

Unterklasse implementieren kann. UITableView leistet in dieser Methode bereits eine Menge Arbeit, die PRPTwoToneTableView ausnutzt.

Unsere -layoutSubviews-Methode simuliert eine jeweils andere „Hintergrundfarbe" an beiden Enden der Tabelle, indem die beiden neuen Subviews gedehnt werden, um den verbleibenden Raum zu füllen, wenn über eins der Enden gescrollt wird. Wir passen den entsprechenden Dehnungs-View in Bezug auf den aktuellen contentOffset-Wert – denken Sie „Scrollpunkt" – an und haben damit alles erledigt. Das funktioniert, weil sich jeder inkrementelle Scrollvorgang auf die Grenzen eines Scroll- oder Table-Views auswirkt und damit zu einer -layoutSubviews-Nachricht für unsere Tabelle führt.

Beginnen wir von vorn: Wenn Sie layoutSubviews auf einer Klasse wie UITableView überschreiben, dürfen Sie nicht vergessen, [super layoutSubviews] aufzurufen, bevor Sie die eigenen Arbeiten ausführen. Unterbinden Sie, dass UITableView seine eigenen Layoutoperationen ausführt, bleibt nicht mehr viel von einem Table-View übrig: Wenn Sie die Nachricht an die Oberklasse in der layoutSubviews-Methode von PRPTwoToneTableView auskommentieren, werden Sie bemerken, dass keine der Zellen erscheint.

Ziehen wir eine Tabelle nach unten, deren oberste Teile bereits angezeigt werden, wird der contentOffset.y-Wert negativ. Das prüfen wir, wenn wir entscheiden, ob der Dehnungs-View angezeigt und wie er angepasst werden soll, um die Lücke zu füllen. Das erzeugt die obere „Hintergrundfarbe".

TwoToneTables/Classes/PRPTwoToneTableView.m

```
- (void)layoutSubviews {
    [super layoutSubviews];
    if (self.topStretcher) {
        if (self.contentOffset.y > 0) {
            self.topStretcher.hidden = YES;
        } else {#
            self.topStretcher.frame = CGRectMake(0, self.contentOffset.y,
                                                 self.frame.size.width,
                                                 -self.contentOffset.y);
            self.topStretcher.hidden = NO;
        }
    }
}
```

Den Dehnungs-View für das untere Ende behandeln wir auf ähnliche Weise, trotzdem wird das etwas komplizierter. Das untere Ende des Views ist nicht auf gleiche Weise fixiert wie das obere. Wir müssen also zunächst herausfinden, ob das untere Ende auf dem Bildschirm ist.

Dann zeigen wir gegebenenfalls den unteren Dehnungs-View an und passen ihn so an, dass er die Lücke füllt.

TwoToneTables/Classes/PRPTwoToneTableView.m
```
CGFloat contentBottom = (self.contentSize.height - self.contentOffset.y);
CGFloat bottomGap = self.frame.size.height - contentBottom;
if ((bottomGap > 0) && self.bottomStretcher) {
    if (self.contentOffset.y < 0) {
        self.bottomStretcher.hidden = YES;
    } else {
        self.bottomStretcher.frame = CGRectMake(0, self.contentSize.height,
                                                self.frame.size.width,
                                                bottomGap);
        self.bottomStretcher.hidden = NO;
    }
} else {
    self.bottomStretcher.hidden = YES;
}
```

Häufig können wir ein zweifarbiges Erscheinungsbild erreichen, indem wir die Standardhintergrundfarbe setzen, die sich automatisch über den unteren Rand erstreckt, und dann eine benutzerdefinierte topColor auf unserer neuen Unterklasse setzen. bottomColor müssen wir nur ändern, wenn wir eine dreifarbige Tabelle mit unterschiedlichen Farben oben, in der Mitte und unten benötigen.

Ein Gutteil dieser Arbeit könnten wir in den UIScrollViewDelegate-Methoden auf unserem Table-View-Controller erledigen, müssen diesen Code aber in alle Controller übernehmen, die wir schreiben. Dadurch dass wir -layoutSubviews in einer Unterklasse von UITableView überschreiben, haben wir den Vorgang bei der Erstellung eines Zweifarbeneffekts erheblich vereinfacht. Wir müssen nicht daran denken, irgendetwas in unserem Controller-Code zu implementieren oder zu verbinden – wir erstellen einen PRPTwoToneTableView, setzen unsere Farben und sind zu Weiterem bereit.

In Rezept 20, *Table-Views Schlagschatten hinzufügen*, auf Seite 119 heben wir diese Technik auf die nächste Stufe, indem wir dem Rahmen eines Table-Views automatisch einen Schlagschatten verpassen.

20 | Table-Views Schlagschatten hinzufügen

Problem

Sie möchten Ihren Table-Views etwas Tiefe verleihen. Wie aber erzielt man einen Effekt wie den, den Sie in der Uhr-App sehen, auf eine gleichermaßen einfache wie wiederverwendbare Weise?

Lösung

In vielen Apple-Apps werden Table-Views mit einem Schlagschatten versehen, was ihrem Erscheinungsbild Tiefe und Charakter verleiht. Die offensichtlichsten Beispiele sind die Weltzeituhr-, Alarm- und Stoppuhr-Tabs in der Uhr-App. Wenn die Tabellen den Bildschirm füllen, sehen sie wie gewöhnliche Table-Views aus. Aber sobald wir über ihre obere oder untere Grenze scrollen, bemerken wir insgesamt vier Schatten: zwei an den äußeren Grenzen des Views und zwei weitere, die die obersten und die unterst Tabellenzelle nachzeichnen. Wir werden einen wiederverwendbaren Table-View erstellen, der eben diesen Eindruck erweckt. Abbildung 2.5 zeigt die Form, die wir anstreben.

Wie in Rezept 19, *Zweifarbige Table-Views erzeugen*, auf Seite 114 werden wir diese Aufgabe erledigen, indem wir in einer `UITableView`-Unterklasse `-layoutSubviews` überschreiben. Diesmal werden wir allerdings einen anderen Layoutalgorithmus schreiben, um die Schatten an den entsprechenden Stellen der Tabelle zu koordinieren.

Die Klasse `PRPShadowedTableView` ist etwas komplizierter als die für unsere zweifarbige Tabelle, die wir oben aufgebaut haben. In jenem Beispiel mussten wir nur zwei Views verwalten und haben diese einfach gestreckt, um eine eventuelle Lücke zu füllen, die entsteht, wenn über die obere oder untere Grenze des Inhalts gescrollt wird. Hier koordinieren wir vier Subviews, die die Schatten repräsentieren, wobei sich jeweils unterschiedliche Konditionen auf die einzelnen Schatten auswirken.

Wieder fügen wir zur Repräsentation der Schatten Subviews ein. Aber warum können wir die Schatten nicht einfach als Teil der Standard-Table-Header und -Footer setzen? Zunächst würde sich das auf die Größe des Tabelleninhalts auswirken. Würden wir den unteren Schatten als Table-Footer setzen, würde die Tabelle unten Raum für den

Inhaltsschatten einschließen, damit dieser immer sichtbar ist. Das wollen wir eigentlich nicht – der Schatten sollte sich nicht auf die eigentliche Inhaltsgröße auswirken und soll nur sichtbar sein, wenn die jeweiligen oberen oder unteren Enden des Inhalts sichtbar sind. Außerdem soll die Klasse angepasste Header und Footer unterstützen, ohne dass ihr Layout oder Verhalten beeinträchtigt wird. Der Einsatz von Subviews, die vom restlichen Inhalt unabhängig sind, bietet uns die größte Flexibilität und Sicherheit.

Abbildung 2.5: Table-View-Schlagschatten

Wir beginnen mit einem gemeinsamen Initialisierer, der in jedem Fall aufgerufen wird, unabhängig davon, ob die Tabelle in Code oder im Interface Builder erstellt wurde. Diese -commonInit-Methode installiert die vier Schatten-Views und führt einige zusätzliche Initialisierungen durch.

ShadowedTables/Classes/PRPShadowedTableView.m

```
- (void)commonInit {
    [self installShadows];
}
```

Der zuvor gezeigte Screenshot zeigt einen Table-View, der den Bildschirm nicht vollständig füllt und bei dem die beiden unteren Schatten deswegen die ganze Zeit sichtbar sind. In diesem Screenshot wurde die

Tabelle außerdem über die obere Grenze ihres Inhalts nach unten gezogen, sodass auch die beiden oberen Schatten sichtbar werden. Diese Platzierung der Schatten erzeugt ein Erscheinungsbild, das dem der Uhr-App ähnelt.

Die von -commonInit aufgerufene -installShadows-Methode richtet die Schatten-Views so ein, dass eines von zwei Schattenbildern genutzt wird. Beide Bilder sind ein Pixel breit und erstrecken sich unverändert von links nach rechts. Alle Schatten-Views werden dann von der Methode -installShadow: so eingerichtet, dass wir sie in unserem Table-View einsetzen können. Dieser Schritt sorgt dafür, dass sich die Schatten auf jeden Bildschirm anpassen lassen – iPhone, iPad oder was sonst noch in der Zukunft aufkommen mag.

ShadowedTables/Classes/PRPShadowedTableView.m

```
UIImage *upShadow = [UIImage imageNamed:@"shadowUp.png"];
UIImage *downShadow = [UIImage imageNamed:@"shadowDown.png"];
```

ShadowedTables/Classes/PRPShadowedTableView.m

```
- (void)installShadow:(UIImageView *)shadowView {
    shadowView.autoresizingMask = UIViewAutoresizingFlexibleWidth;
    CGRect contentFrame = shadowView.frame;
    contentFrame.size.width = self.frame.size.width;
    shadowView.frame = contentFrame;
    [self repositionShadow:shadowView];
}
```

Nachdem die Schatten-Subviews eingerichtet sind, können wir damit beginnen, sie zu positionieren. Am einfachsten ist die Verwaltung des Schattens über dem Inhalt der Tabelle. Der Schatten sollte sich frei mit dem Rest des Inhalts bewegen, aber immer über dem Inhalt bleiben, ohne sich auf die Größe des Inhalts auszuwirken. Das erreichen wir, indem wir für den Schatten einen negativen y-Ursprungs setzen. Da sich das nie ändert, müssen wir es nur einmal tun – und zwar deswegen ganz zu Anfang in -installShadows.

ShadowedTables/Classes/PRPShadowedTableView.m

```
if (contentTopShadow == nil) {
    contentTopShadow = [[UIImageView alloc] initWithImage:upShadow];
    [self installShadow:contentTopShadow];
    CGRect topShadowFrame = contentTopShadow.frame;
    topShadowFrame.origin.y = -topShadowFrame.size.height;
    contentTopShadow.frame = topShadowFrame;
}
```

Die festen Schatten oben und unten am Table-View verlangen etwas mehr Arbeit. Wenn der Benutzer einen Scroll-View oder einen Table-View scrollt, bewegen sich alle Subviews entsprechend, es sei denn, wir unternehmen entsprechende Schritte in -layoutSubviews. Unsere -layoutSubviews-Implementierung übergibt erst die Nachricht an super, um das Standardverhalten von UITableView zu bewahren, und sendet dann -updateShadows, um die drei anderen Schatten des Views nach Bedarf anzupassen.

ShadowedTables/Classes/PRPShadowedTableView.m

```
- (void)layoutSubviews {
    [super layoutSubviews];
    [self updateShadows];
}
```

Zunächst aktualisieren wir den festen Schatten oben an der Tabelle. Weil dieser Subview normalerweise mit dem Rest des Inhalts scrollt, müssen wir ihn aktiv auf Basis der Scrollverschiebung anpassen. Wir fügen eine Optimierung ein, um die Position des oberen Schattens nur zu ändern, wenn er sichtbar ist – d.h., wenn die Verschiebung des Tabelleninhalts negativ ist. Ein negativer contentOffset.y-Wert heißt, dass wir die Tabelle nach unten und über den oberen Rand hinausgezogen haben.

ShadowedTables/Classes/PRPShadowedTableView.m

```
BOOL topShowing = (self.contentOffset.y < 0);
if (topShowing) {
    CGRect topFrame = self.topShadow.frame;
    topFrame.origin.y = self.contentOffset.y;
    self.topShadow.frame = topFrame;
    [self repositionShadow:self.topShadow];
    self.topShadow.hidden = NO;

    [self repositionShadow:self.contentTopShadow];
    self.contentTopShadow.hidden = NO;
} else {
    self.topShadow.hidden = YES;
    self.contentTopShadow.hidden = YES;
}
```

Der nächste Schritt, die Anpassung der unteren Schatten, ist etwas verzwickter. Weil Table-Views -layoutSubviews so häufig empfangen, wollen wir uns um die Anpassung der Schatten nur kümmern, wenn sie angezeigt werden. Aber woher wissen wir, dass die unteren Schatten sichtbar sind? Dazu müssen wir herausfinden, wo sich der untere Rand des Tabelleninhalts befindet. „Ist doch leicht", mögen Sie jetzt denken. „Wir suchen uns die letzte Zelle im letzten Abschnitt und rufen ihren Frame ab. Ist dieser `nil`, wird der untere Rand offensichtlich nicht angezeigt." Aber was ist, wenn der letzte Abschnitt keine Zeilen hat? Was ist, wenn wir zwanzig Abschnitte haben, von denen die letzten drei leer sind? Wir könnten die Abschnitte rückwärts durchlaufen, bis wir die Zeile finden, die definitiv die letzte in der Tabelle ist, aber das in jedem -`layoutSubviews`-Aufruf zu tun, wäre verschwenderisch.

Gut, der Rückgriff auf die „letzte Zelle" ist offensichtlich nicht zuverlässig. Was ist mit der `contentSize` der Tabelle? Wenn die Tabelle vollständig auf dem Bildschirm ist, ist `contentSize.y` ein gültiges Maß. Aber es stellt sich heraus, dass `contentSize`, je nachdem, was die Tabelle für einen Inhalt hat, die Höhe der Tabelle selbst sein kann – selbst wenn der tatsächliche Inhalt viel kleiner ist. Wenn wir eine 460 Pixel hohe Tabelle mit einer Suchleiste und einer einzigen Zeile mit 44 Pixeln haben, kann `contentSize.y` 460 und nicht, wie vielleicht erwartet, 44 sein. Schauen Sie sich Abbildung 2.6 an, um sich ein Bild des anstehenden Problems zu machen.

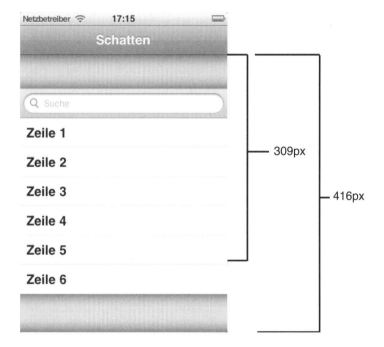

Abbildung 2.6: Die Höhe des Inhalts einer Tabelle ermitteln. Die Inhaltshöhe eines Table-Views entspricht immer mindestens der Höhe des Views selbst. Der `contentSize.height`-Wert dieser Tabelle beträgt nicht 309 Pixel, wie Sie vielleicht erwarten, sondern 416. Das erschwert es, den unteren Schatten zu positionieren.

Es stellt sich heraus, dass UIKit diese Messung bereits für uns ausführt, sobald der Table-Footer positioniert wird. Wenn wir einen Table-Footer haben, können wir einfach seinen Frame abfragen, um die y-Koordinate des unteren Rands der Tabelle herauszufinden.

Was aber ist, wenn wir keinen Table-Footer haben? Ganz einfach: Wir fügen einen ein, indem wir den `-tableFooterView`-Getter als verzögerten Initialisierer überschreiben. Wenn bereits ein Footer installiert ist, nutzen wir einfach diesen, indem wir der Oberklasse die entsprechende Nachricht senden. Ist noch kein Footer installiert, fügen wir einen verborgenen View mit Höhe null als Footer ein. Der Setter bleibt unverändert, unser View-Controller kann den Platzhalter dann jederzeit durch einen eigenen Footer ersetzen. Das gibt uns in jeder Lage eine verlässliche Referenz auf die tatsächliche Inhaltshöhe der Tabelle. Wenn wir einen Platzhalter benötigen, wird er nur einmal erstellt, und das auch erst, wenn die erste `-layoutSubviews`-Nachricht empfangen wird. Das gibt dem aufrufenden Code die Möglichkeit, einen eigenen Footer zu setzen, bevor unnötigerweise ein Platzhalter erstellt wird. Das Setzen eines Footers verhindert auch, dass am Ende des Views Platzhaltertrennlinien gezeichnet werden. Die Auswirkungen können Sie in Abbildung 2.7 sehen.

ShadowedTables/Classes/PRPShadowedTableView.m

```
- (UIView *)tableFooterView {
    UIView *footer = [super tableFooterView];
    if (footer == nil) {
        if (self.placeholderFooter == nil) {
            CGRect footerFrame = self.frame;
            footerFrame.size.height = 0;
            placeholderFooter = [[UIView alloc] initWithFrame:footerFrame];
        }
        self.placeholderFooter.hidden = YES;
        footer = self.tableFooterView = self.placeholderFooter;
    }

    return footer;
}
```

Wenn wir wissen, wo der untere Rand der Tabelle ist, entscheiden wir, ob der untere Schatten angezeigt wird, und positionieren ihn gemäß der Lücke zwischen dem statischen unteren Rand der Tabelle selbst und dem unteren Rand des Inhalts der Tabelle.

Abbildung 2.7: Table-Footer als Ausweg. Das Vorhandensein eines Table-Footers gibt uns zuverlässige Informationen über das Ende des Tabelleninhalts und sagt uns, wo wir den Schatten platzieren müssen. Außerdem eliminiert er die „Fülltrennzeichen", die von gewöhnlichen Table-Views gezeichnet werden.

ShadowedTables/Classes/PRPShadowedTableView.m

```
CGFloat footerMaxY = CGRectGetMaxY(self.tableFooterView.frame);
CGFloat bottomY = footerMaxY - self.contentOffset.y;
BOOL bottomShowing = (bottomY < self.frame.size.height);
if (bottomShowing) {
    CGFloat tableBottom = CGRectGetMaxY(self.frame);
    CGRect bottomFrame = self.bottomShadow.frame;
    CGFloat yOffset = (bottomFrame.size.height - self.contentOffset.y);
    CGFloat bottomY = tableBottom - yOffset;
    bottomFrame.origin.y = bottomY;
    self.bottomShadow.frame = bottomFrame;
    [self repositionShadow:self.bottomShadow];
    self.bottomShadow.hidden = NO;

    CGRect cbFrame = self.contentBottomShadow.frame;
    cbFrame.origin.y = footerMaxY;
    self.contentBottomShadow.frame = cbFrame;
    [self repositionShadow:self.contentBottomShadow];
    self.contentBottomShadow.hidden = NO;
} else {
    self.bottomShadow.hidden = YES;
    self.contentBottomShadow.hidden = YES;
}
```

> **Bearbeitbare Tabellen**
>
> Die Tabelle in diesem Rezept ist nur für schreibgeschützte Table-Views gedacht. Mit dem Hinzufügen oder Löschen von Zeilen, ob über Code oder in Reaktion auf Bearbeitungsaktionen des Benutzers, befasst sich das Rezept nicht. Eine korrekte Verarbeitung von Bearbeitungsaktionen verlangt, dass Sie den "neuen unteren Rand" der Tabelle vorwegnehmen, was, wie dieses Kapitel vermuten lässt, eine erhebliche Menge an Komplexität in das Beispiel bringt. Wir haben in diesem Buch bewusst die Entscheidung getroffen, den Code einfach und sauber zu halten, indem wir nur den Fall nicht bearbeitbarer Tabellen lösen, der schließlich auch recht häufig vorkommt.

Schließlich senden wir jeden Schatten mit der Methode -repositionShadow: in den Hintergrund. Das tun wir, weil die Z-Ordnung bei der Wiederverwendung von Tabellenzellen nicht erhalten bleibt. Dass wir die Schatten nach hinten verschieben, hilt, den seltsamen Fall zu vermeiden, dass der Schatten über dem normalen Tabelleninhalt angezeigt wird. Außerdem schützen wir uns davor, dass die Schatten den Tabelleninhalt beeinträchtigen, indem sie ihn je nach Scrollposition vollständig verdecken. Beachten Sie, dass sich der Code auch um die in iOS 4.0 eingeführte optionale Eigenschaft backgroundView kümmert.

ShadowedTables/Classes/PRPShad owedTableVi ew.m

```
- (void)repositionShadow:(UIImageView *)shadowView {
    if (self.backgroundView) {
        [self insertSubview:shadowView aboveSubview:self.backgroundView];
    } else {
        [self insertSubview:shadowView atIndex:0];
    }
}
```

Diese in sich abgeschlossene Klasse kann aus jedem View-Controller oder Code wiederverwendet werden. Sie können Hintergrundfarben, Header und Footer setzen und erhalten stets alle vier Schatten. Wie Sie mittlerweile in zwei Beispielen gesehen haben, kann die Methode -layoutSubviews Ihnen dabei helfen, verschiedene Probleme mit einer kleinen Codemenge zu bewältigen.

21 Statischen Inhalt in einem zoombaren Scroll-View platzieren

Problem

Sie möchten einen zoombaren Scroll-View mit Punkten erstellen, die nicht mit dem eigentlichen Inhalt zoomen, wie beispielsweise die Nadeln in der Maps-App. Das ist nicht so einfach, wie es klingt: Je nachdem, wo Sie Ihre „Nadeln" setzen, zoomen diese entweder mit dem Inhalt oder bewegen sich über den Bildschirm, wenn sich die Zoomstufe ändert.

Lösung

`UIScrollView` macht es recht leicht, in Ihren Apps freies Scrollen und Zoomen zu unterstützen. Dazu müssen Sie nur Folgendes tun:

1. Sie müssen die minimale und die maximale Zoomstufe auf unterschiedliche Werte setzen.

2. Sie müssen ein Delegate setzen, das den Inhalts-View für das Zoomen angibt.

Obgleich diese Schritte einfach sind, lohnt es sich doch, sie aufzuzählen, weil sie oft vergessen werden. Wenn das passiert, kommt es häufig dazu, dass das Zoomen für diesen Scroll-View deaktiviert wird. Aber das ist hier nicht unser Anliegen. Hier wollen wir auf dem Scroll-View statische „Nadeln" erstellen, wie es Maps und `MKMapView` tun. Abbildung 2.8 zeigt ein Beispiel für diesen Effekt.

Klingt einfach, nicht wahr? Eigentlich nicht. Schauen wir uns die Möglichkeiten an, die wir haben und die im Projekt ScrollViewPins illustriert werden. Der `ScrollViewPinsViewController` schließt einen Scroll-View ein, für den er als Delegate dient. Er liefert eine Instanz von `PRPGridView` – eine einfache Klasse, die mit `UIBezierPath` ein Raster zeichnet – als View für das Zoomen. Mehr brauchen wir nicht, um in unserem Scroll-View das Zoomen zu aktivieren.

ScrollViewPins/Classes/Demo ViewControllers/ScrollViewPinsViewController.m

```
- (UIView *)viewForZoomingInScrollView: (UIScrollView *)scrollView {
    return self.gridView;
}
```

Alle relevanten Verbindungen zwischen den Views und den View-Controllern sowie die `minimumZoomScale`- und `maximumZoomScale`-Werte werden in `ScrollViewPinsViewController.xib` konfiguriert.

Fügen wir jetzt einige Subviews ein. Das Projekt präsentiert drei Tabs, die jeweils eine andere `ScrollViewPinsViewController`-Klasse mit einem etwas anderen Verhalten beinhalten. Alle View-Controller fügen dem Bildschirm den gleichen generierten „Nadel-View" hinzu, tun das jeweils aber auf gänzlich unterschiedliche Weise. Führen Sie das Projekt aus und schauen Sie sich an, wie sich die einzelnen Tabs unterscheiden, indem Sie zwei Finger nutzen (oder im Simulator bei gedrückter Wahltaste ziehen), um raus- oder reinzuzoomen.

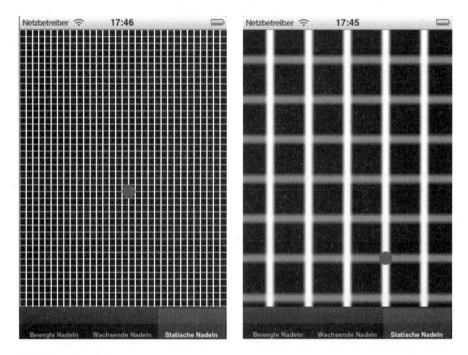

Abbildung 2.8: Nicht zoomender Scroll-View-Inhalt. Dieses Rezept hält die gewählten Subviews an der gleichen Stelle und in der gleichen Größe, wenn der umschließende Scroll-View gezoomt wird.

Der erste Tab fügt die Nadeln, unabhängig von dem Raster, das wir zoomen, als Subview des Scroll-Views ein. Das klingt intuitiv, weil die Nadel, wie zuvor gesagt, ihre Maße bewahren soll, während sich die Größe des Inhalts-Views ändert. Wählen Sie den Tab Bewegte Nadeln, um sich das selbst anzusehen. Unglücklicherweise gibt es einen Haken, die Größe der Nadel ändert sich beim Zoomen zwar nicht (gut), aber sie rutscht vom Bildschirm (schlecht). Diese „Bewegung" tritt ein, weil die Nadel im Koordinatenraum des Scroll-Views sitzt, der sich beim Zoomen ändert.

Schauen wir uns den zweiten Tab an, bei dem die Nadel als Subview des Grid-Views eingefügt wird – dem View, den wir im Scroll-View zoomen. Was dann geschieht, können Sie sich ansehen, wenn Sie den Tab Wachsende Nadeln wählen. Jetzt haben wir das genau entgegengesetzte Problem: Die Nadel bewegt sich zwar nicht mehr, wenn sich das Raster vergrößert, ändert dabei jetzt aber selbst die Größe. Auch das war so nicht gewünscht. Die Größenänderung erfolgte, weil die Nadel als Subview des Rasters eingefügt wurde, dessen Größe sich änderte.

Was wir wollten, war eine Nadel, die gleichzeitig an ihrem Ort bleibt und immer die gleiche Größe bewahrt. Was könnten wir nun sonst noch unternehmen?

Überlegen wir zunächst, was passiert, wenn in einem Scroll-View gezoomt wird. Während der Benutzer in einem Scroll-View zoomt, ändert sich die `zoomScale`-Eigenschaft des Scroll-Views. Die Folge ist, dass der Zoom-View, der von `-viewForZoomingInScrollView:` geliefert wird, die entsprechende Änderung für seine `transform`-Eigenschaft erhält. Der Trick bei Transformationen ist, dass Subviews ihre Auswirkungen ganz natürlich erben. Deswegen änderte sich auch die Größe der Nadel auf dem Wachsende Nadeln-Tab: Als View für das Zoomen erhielt unser Grid-View eine neue Transformation, die sich auch auf die Transformation der Nadel auswirkte.

Eine weitere Sache, die sich ändert, ist, dass die Inhaltsgröße des Scroll-Views beim Hineinzoomen größer und beim Herauszoomen kleiner wird. Als die Nadel in einem Subview des Scroll-Views steckte und z.B. bei (10,10) positioniert war, wurde dieser Punkt zu einem erheblich unbedeutenderen Fleck im Inhaltsbereich, als das Zoomen erfolgte und sich die Größe des Inhaltsbereichs vergrößerte. Das erweckte den Eindruck, als würde sich der Scroll-View aus dem Bildschirm bewegen, obwohl wir eigentlich bloß einen engeren, weiter entfernten Bereich des Inhalts des Scroll-Views in den Blick nahmen.

Wie also lösen wir dieses Problem? Wie verschaffen wir uns die Vorteile beider Verfahren ohne die korrespondierenden Nachteile? Der Trick basiert auf der zuvor erwähnten Transformation. Wenn wir einfach die Tranformation des Rasters umkehren und diese Umkehrung auf die Nadel anwenden, können wir die Nadeln zwingen, ihre ursprüngliche Größe zu bewahren. Glücklicherweise ermöglicht uns die `CGAffine-`

Transform-API genau das. Wir werden die Nadeln zu Subviews des Grid-Views machen und einfach im Vorübergehen die Transformation anpassen, während das Zoomen erfolgt.

Moment. Und was ist, wenn wir in unserem Zoom-View eine komplexe Hierarchie haben und sich nur einige der Views auf diese Weise verhalten sollen, während andere ihre Größe mit allem anderen ändern sollen? Dazu benötigen wir eine Möglichkeit, die Subviews zu identifizieren, die nicht zoomen sollen. An diesem Punkt springt die Oberklasse von `PRPGridView`, `PRPScrollContentView`, ein. Das ist ein sehr elementarer View, der einen Satz von Subviews definiert, die wir statisch halten wollen. Diese speziellen „nicht zoomenden" Views werden ebenfalls als Subviews eingefügt, werden aber auch einer Gruppe hinzugefügt, damit wir festhalten können, welche Views wir anpassen müssen.

`ScrollViewPins/Classes/PRPScrollContentView.h`

```
@interface PRPScrollContentView : UIView {}
@property (nonatomic, readonly, retain) NSMutableSet *nonScalingSubviews;
- (void)addNonScalingSubview:(UIView *)view;
@end
```

Eine praktische Setter-Methode, `-addNonScalingSubview:`, fügt den übergebenen View in die Hierarchie ein und markiert ihn, damit er aus dem Zoomen ausgeschlossen wird. Sie sorgt dafür, dass der aufrufende Code nicht daran denken muss, beide Schritte vorzunehmen.

`ScrollViewPins/Classes/PRPScrollContentView.m`

```
- (void)addNonScalingSubview:(UIView *)view {
    [self.nonScalingSubviews addObject:view];
    [self addSubview:view];
}
```

Nachdem die Gruppe der speziellen Views eindeutig definiert ist, machen wir uns daran, `-setTransform:` zu überschreiben, um für alle nicht zoomenden Views eine Anpassungsroutine aufzurufen.

`ScrollViewPins/Classes/PRPScrollContentView.m`

```
- (void)setTransform:(CGAffineTransform)transform {
    [super setTransform:transform];
    [self adjustSubviewsForTransform:transform];
}
```

Dieser Anpassungsvorgang ist sehr einfach: Wir kehren einfach die Transformation des Containers um, die infolge des Zoomens gesetzt wurde, und wenden diese umgekehrte Transformation auf alle Subviews an, die nicht gezoomt werden sollen.

ScrollViewPins/Classes/PRPScrollContentView.m

```
- (void)adjustSubviewsForTransform:(CGAffineTransform)transform {
    CGAffineTransform inversion = CGAffineTransformInvert(transform);
    for (UIView *subview in self.nonScalingSubviews) {
        subview.transform = inversion;
    }
}
```

Wir binden diese neue Funktionalität ein, indem wir die Nadel an -addNonScalingSubview: statt an -addSubview: übergeben. Sie können das in der Klasse `StaticPinsViewController` sehen und sich das Ergebnis ansehen, indem Sie den Statische Nadeln-Tab in der Demo-App anwählen.

ScrollViewPins/Classes/Demo View Controllers/StaticPinsViewController.m

```
@implementation StaticPinsViewController

- (void)viewDidLoad {
    [super viewDidLoad];
    [self.gridView addNonScalingSubview:[self pinView]];
}

@end
```

Geben Sie genau acht, was passiert, wenn wir den View in diesem dritten Tab zoomen: Die Größe der Nadel ändert sich nicht, und sie bleibt an ihrem ursprünglichen Punkt im Raster. Warum und wie das funktioniert? Nehmen wir mal an, der Scroll-View wurde auf 2x gezoomt. Das würde eine 2x-Skalierungstransformation auf dem Grid-View und infolgedessen auch auf allen seinen Subviews bewirken. Eine Umkehrung dieser Transformation gibt uns eine 0.5x-Skalierungstransformation. Wenden wir diese 0.5x-Skalierungstransformation auf unsere Nadeln an, haben wir effektiv eine 1x-Skalierung (2.0 vom Superview multipliziert mit 0.5 aus unserem Anpassungscode).

Diese Lösung hat einige weitere coole Vorteile, die Ihnen vielleicht nicht bewusst sind. Erstens bleiben die Nadeln auf der ursprünglichen Position zentriert. Das liegt daran, dass auf Views (und die ihnen zugrunde liegenden Layer) angewendete Tranformationen um das Zentrum erfolgen nicht um den Ursprung. Zweitens funktioniert die Tranformationsumkehrung in beide Richtungen, sowohl beim Heraus- als auch beim Hineinzoomen. Es funktioniert sogar während der „Bounce-Animation", wenn wir die minimale oder maximale Zoomstufe des Scroll-Views übersteigen.

Es gibt allerdings einige Beschränkungen. Wenn Sie eine der animierten UIScrollView-Zoom-APIs nutzen, d.h. -setZoomScale:animated: und -zoomToRect:animated:, halten die Nadeln nicht mit der Animation Schritt – sie ändern vorübergehend mit dem Scroll-View die Größe und korrigieren diese dann schnell, wenn die Animation vorüber ist. Das liegt daran, dass wir keinen direkten Zugriff auf die Animationsmaschinerie im UIScrollView haben und unsere Aktionen nicht so leicht mit ihr synchronisieren können. Aber das ist ein sehr unbedeutender Kompromiss, der bei Ihrer Anwendung vielleicht überhaupt nicht relevant wird.

22 Einen Scroll-View in Gestalt eines Seitenkarussells aufbauen

Problem

Sie möchten das Karussell- oder Kreislaufverhalten von Apples Stocks-App nachbauen. Sie haben einen Scroll-View mit einer endlichen Zahl horizontaler Seiten und müssen wieder zum Anfang springen, wenn Sie über das Ende hinausscrollen.

Lösung

Zurück an den Anfang oder das Ende einer Liste zu springen, ist recht einfach: Nutzen Sie einfach eine kleine Modulooperation, während Sie Ihren Index anpassen, um wieder zurückzukehren, wenn Sie sich über die Grenzen hinausbewegen. Es wird etwas komplizierter, wenn Sie dieses Verhalten auf UIScrollView anwenden und endlos fortsetzen lassen wollen.

Wir lösen dieses Problem, indem wir Apples PhotoScroller-Beispielcode von der WWDC 2010 als Ausgangspunkt nehmen. PhotoScroller demonstriert einige interessante Techniken, unter anderem das selbst gestaltete, im Vorübergehen aufgebaute Scroll-View-Layout, gekachelte Bilder und wiederverwendbare Inhalts-Views, die ähnlich funktionieren wie Table-Cell-Views. Der Code ist eine ausgezeichnete Ausgangsbasis für die Arbeit, die wir vor uns haben.

PhotoScroller bringt drei Bilder mit, jedes mit seiner eigenen dedizierten "Seite" in der Scroll-View-Galerie. Es zeigt diese Fotos allerdings in linearer Diashowform an. Sie können nicht vor das erste Bild zurück- oder über das letzte Bild hinaus vorwärtsscrollen. In diesem Beispiel werden wir eine zusätzliche Logik einbauen, die sich um Scrollvorgänge über ein Ende der Sammlung hinaus kümmert. So bauen wir den „Endlos-Scroll-Effekt" auf, der dem der eingebauten Stocks-App des iPhones ähnelt. Abbildung 2.9 illustriert dieses Verhalten.

Bevor wir uns der Logik für die Kreisbewegung zuwenden, müssen wir herausfinden, wie wir die Illusion eines endlosen horizontalen Scrollens erwecken. Das Schlüsselwort hier ist Illusion. Da das Scrollen von der contentSize-Eigenschaft des Scroll-Views bestimmt wird, muss diese Eigenschaft einen endlichen Wert haben. Wir werden also einen so großen Wert wählen, dass es unwahrscheinlich wird, dass der Benutzer beim gewöhnlichen Gebrauch über eins der Enden hinausscrollt. Wir haben den Wert 500.000 gewählt, für dieses Rezept in einem Makro gespeichert und in der modifizierten -contentSizeForPagingScrollView-Methode genutzt. Das gibt uns rund 1.000 Seiten an horizontalem Scrollraum.

Abbildung 2.9: Karussellverhalten in einem Scroll-View. Wenn wir über die letzte Seite hinausgehen, springt der Scroll-View einfach zur anderen Seite und hält an keinem der Enden je an.

PhotoCarousel/Classes/PhotoViewController.m

```
- (CGSize)contentSizeForPagingScrollView  {
    CGRect bounds = pagingScrollView.bounds;
    return CGSizeMake(kContentWidth, bounds.size.height);
}
```

Als Nächstes müssen wir unseren Scroll-View so initialisieren, dass er in der Mitte beginnt, um zu verhindern, dass der Benutzer zu schnell auf eine der Scrollgrenzen stößt. Das tun wir in -viewDidLoad, indem wir einfach die Inhaltsbreite halbieren und diesen Wert als neuen Wert von contentOffset setzen.

PhotoCarousel/Classes/PhotoViewController.m

```
recycledPages = [[NSMutableSet alloc] init];
visiblePages  = [[NSMutableSet alloc] init];

pagingScrollView.contentSize = [self contentSizeForPagingScrollView];
CGFloat pageOffset = floorf(kContentWidth / 2);
pagingScrollView.contentOffset = CGPointMake(pageOffset, 0);
```

Nachdem wir diese Änderungen vorgenommen haben, hat unser Scroll-View ein unendliches Paging-Verhalten. Wenn Sie wollen, können Sie die horizontale Scrollanzeige des Scroll-Views anpassen, um sich ein

Gefühl dafür zu verschaffen, wie viel Raum Sie jetzt haben: Der Anzeiger bewegt sich kaum, während Sie von Seite zu Seite springen.

Jetzt haben wir den Scrollbereich hinreichend ausgepolstert und können uns an die Hauptaufgabe machen: den Scroll-View zum anderen Ende springen zu lassen, wenn wir über eins der Enden unserer Bildsammlung hinausscrollen. Wir beginnen mit einer kleinen Änderung an der -tilePages-Methode.

> **PhotoScroller-Beispielcode**
>
> Das PhotoCarousel-Projekt, das wir für dieses Buch bereitstellen, ist eine modifizierte Version von Apples PhotoScroller-Beispiel. Das ursprüngliche PhotoScroller-Projekt können Sie sich ansehen, indem Sie in Ihrer Xcode-Dokumentation danach suchen und auf Open Project klicken.

Im ursprünglichen Beispiel wurde die Variable lastNeededPageIndex mit dem letzten Index in unserem Bild-Array verglichen, um zu verhindern, dass wir die Grenzen überschreiten. Das ist jetzt kein Problem mehr, da wir unendlich scrollen und immer wieder zum Anfang des Arrays zurückspringen können. Aber wir wollen unbedingt vermeiden, dass wir das Ende des Scroll-Views überschreiten, und führen deswegen einige kurze Berechnungen durch, um zu verhindern, dass das passiert.

PhotoCarousel/Classes/PhotoViewController.m
```
NSUInteger maxPage = (pagingScrollView.contentSize.width / visibleWidth);
lastNeededPageIndex  = MIN(lastNeededPageIndex, maxPage);
```

Der nächste Schritt ist, herauszufinden, welches der drei Bilder wir anzeigen, wenn wir z.B. auf Seite 652 unseres riesigen Scroll-Views sind. Das erreichen wir mit einer sehr einfachen Änderung an der Methode configurePage:forIndex:. Die ursprüngliche Version dieser Methode nutzte die übergebene Indexseite direkt, wir hingegen führen eine kleine Modulooperation auf dem (jetzt riesigen) Index durch, bevor wir eins unserer drei Bilder abrufen. So übersetzen wir unseren beliebig großen Seitenindex in etwas, das innerhalb der Grenzen unseres Bild-Arrays liegt.

PhotoCarousel/Classes/PhotoViewController.m

```
NSUInteger imageIndex = index % [self imageCount];
[page displayTiledImageNamed:[self imageNameAtIndex:imageIndex]
                        size:[self imageSizeAtIndex:imageIndex]];
```

Erstellen Sie PhotoCarousel und führen Sie die App aus, um sich die Änderungen in Aktion anzusehen. Wenn wir über das dritte Bild hinausgehen, gelangen wir wieder zum ersten zurück. Scrollen wir rückwärts über das erste hinaus, gelangen wir zum dritten. Das setzt sich scheinbar endlos fort. (Obwohl es nicht wirklich endlos ist. Aber wir müssen rund 500 Mal in die gleiche Richtung umblättern, bevor wir das erkennen.)

Wenn Sie mit diesem Projekt herumspielen, könnte Ihnen die funktionierende Seitennavigation unten im Fenster auffallen. Sie wird korrekt aktualisiert, während wir zwischen den Seiten wechseln. Und sobald wir auf eine der Seiten tippen, wird erwartungsgemäß ein Bild vor- oder zurückgesprungen. Schauen wir uns an, wie das eingerichtet wurde.

Das Page-Control ist Teil der XIB-Datei und wird in unserem `PhotoViewController` als `IBOutlet` eingerichtet. Das Control wird zunächst in `-viewDidLoad` eingerichtet, unmittelbar nachdem der Scroll-View initialisiert wurde. Wir setzen die Seitenanzahl des Controls auf die Größe unseres Arrays und beginnen bei Seite 0.

PhotoCarousel/Classes/PhotoViewController.m

```
pageControl.numberOfPages = [self imageCount];
pageControl.currentPage = 0;
[self scrollToPageIndex:0 animated:NO];
```

Beachten Sie die `-scrollToPageIndex:animated:`-Nachricht hier. Diese Methode führt einige einfache Berechnungen durch, um die aktuelle Scrollposition des Scroll-Views zu ermitteln und diesen Wert so umzurechnen, dass er dem angeforderten Bildindex entspricht. Wir senden diese Nachricht aus `-viewDidLoad` und später erneut aus `-pageControlTapped:`, der Aktionsnachricht, die wir erhalten, damit wir Tippvorgänge auf dem Page-Control verarbeiten können. Wir können diese Nachricht jederzeit mit Code auslösen, um nach Belieben eins unserer Bilder anzuzeigen.

PhotoCarousel/Classes/PhotoViewController.m

```objc
- (void)scrollToPageIndex:(NSInteger)pageIndex animated:(BOOL)animated
{
    CGPoint scrollOffset = pagingScrollView.contentOffset;
    CGFloat pageWidth = pagingScrollView.bounds.size.width;
    NSInteger currentPage = floorf(scrollOffset.x / pageWidth);
    NSInteger adjustedPage = currentPage % [self imageCount];
    NSInteger destinationPage = currentPage + (pageIndex - adjustedPage);
    scrollOffset.x = destinationPage * pageWidth;
    [pagingScrollView setContentOffset:scrollOffset animated:animated];
}
- (IBAction)pageControlTapped:(id)sender
{
    [self scrollToPageIndex:pageControl.currentPage animated:YES];
}
```

Schließlich müssen wir mit Code den Index des Page-Controls aktualisieren, wenn manuell gescrollt wird. Das tun wir in -tilePages, aber erst wenn die jeweilige Seite den Bildschirm füllt. Wir wissen, dass das eintritt, wenn die Variablen firstNeededPageIndex und lastNeededPageIndex gleich sind, d.h., wenn nur eine Seite sichtbar ist.

PhotoCarousel/Classes/PhotoViewController.m

```objc
if (firstNeededPageIndex == lastNeededPageIndex) {
    pageControl.currentPage = firstNeededPageIndex % [self imageCount];
}
```

Jetzt haben wir, was wir wollten: einen seitenbasierten Scroll-View, der endlos weiterscrollt wie der in der Stocks-App. Das PhotoCarousel-Projekt enthält, wie sein PhotoScroller-Vorläufer, nur drei Bilder, aber Sie können ganz leicht mehr hinzufügen, um die Anzahl anzeigbarer Seiten zu erhöhen. Sie können auch selbst definierte Views nutzen, um auf allen Seiten ganz unterschiedliche Operationen vorzunehmen.

Kapitel 3

Grafikrezepte

Der Rezepte in diesem Grafikkapitel befassen sich in erster Linie mit einer einzigen Anwendung: Graphics Garden. Obwohl das ein simples Beispiel ist, werden wir darin Techniken untersuchen, die Sie in allen Anwendungen gebrauchen können, die dynamische visuelle Komponenten benötigen. Unterwegs werden wir einen Blick auf die Klasse CALayer und die Core Animation-Bibliotheken werfen, die Sie bei der Erstellung dynamischer und effizienter visueller Effekte unterstützen.

Die ersten sechs Rezepte in diesem Kapitel teilen den Beispielcode der Graphics Garden-App. Diese Rezepte lenken Sie stufenweise durch die Schritte bei der Erstellung eines einfachen, selbst gestalteten UIView-Objekts, die zu komplexeren zusammengesetzten UIImageViews überleiten und schließlich in einer Szene mit mehreren animierten Elementen münden (siehe Abbildung 3.1). Wenn möglich, nutzen wir Objective-C-Methoden, müssen aber gelegentlich auf C-Funktionen zurückgreifen, um auf die elementaren Core Graphics-Bibliotheken zuzugreifen.

Die beiden letzten Rezepte tauchen tiefer in Core Animation ein und nutzen das Replicator-Layer, um einen einfachen Emitter zu erstellen und unter Rückgriff auf die Macht von Sublayer-Transformationen einen komplexeren Übergang zu gestalten.

140 ▶ Kapitel 3: Grafikrezepte

Abbildung 3.1: Die vollständige Graphics Garden-App

23 Mit Gradienten gefüllte Bézierkurven zeichnen

Problem

Sie möchten Core Graphics zum Zeichnen Ihrer Objekte nutzen, um Bilder zu erstellen, die in jeder Größe die optimale Qualität haben. Aber die C-basierten APIs von Core Graphics können kryptisch und schwer zu verwenden sein. Gibt es keinen anderen Weg?

Lösung

Bevor wir damit beginnen, mit Code unsere Objekte zu zeichnen, sollten wir uns einen Augenblick Zeit nehmen, um uns kurz einen Überblick über das Zeichnen unter iOS zu verschaffen. Selbst definierter Zeichnungscode wird in der Regel der drawRect:-Methode einer UIView-Unterklasse hinzugefügt. Die drawRect:-Methode ist insofern ungewöhnlich, da sie nie direkt von Ihrem Code aufgerufen wird. Sie wird vom System angestoßen, um den Inhalt des aktuellen Views neu zu zeichnen, wenn es das für erforderlich hält, was unter iOS nicht so oft geschieht, weil im Hintergrund aller Views ein hardwarebasiertes Layer wirkt. Ein Neuzeichnen können wir erzwingen, indem wir die Methode setNeedsDisplay aufrufen. Aber diese Operation erfolgt erst zum Ende der Run-Loop. Den Zeichnungscode in drawRect: zu stecken, bringt den angenehmen Vorteil mit sich, dass wir uns keine Gedanken über den anfänglichen Grafikkontext (oder die Zeichenfläche) machen müssen, obgleich wir uns bei Bedarf mit links eine Referenz darauf beschaffen können, indem wir die C-Funktion UIGraphicsGetCurrentContext aufrufen.

Die Core Graphics-Bibliothek bietet einen Satz von C-Funktionen, die es ermöglichen, die Eigenschaften des Grafikkontexts wie die Farbe oder die Strichstärke zu verändern oder Punkte, Linien und Kurven zu erstellen, die dann auf den Grafikkontext gezeichnet oder gezogen werden können. Außerdem können wir die Fläche innerhalb beliebiger gezeichneter Figuren mit der aktuellen Farbe füllen.

Die in iOS 3.2 eingeführte Klasse UIBezierPath kapselt viele der Core Graphics-Zeichenfunktionen mit Cocoa-Methoden und entledigt uns damit in großem Maße dem Zwang, den Grafikkontext zu referenzieren und zu manipulieren. Unglücklicherweise vegetieren Gradienten unter iOS immer noch großteils in der Welt der C-Funktionen und Kontexte. Trotzdem ist es möglich, die beiden Techniken zur Kooperation zu bewegen (siehe Abbildung 3.2).

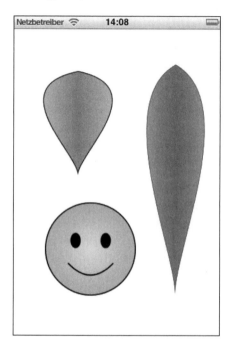

Abbildung 3.2: Figuren, die mit Bézierkurven geformt wurden

Wir können die Klasse UIBezierPath nutzen, um einen Pfad aus einer Folge von Geraden und Kurven zu erstellen. Zunächst wird ein Startpunkt gesetzt, dann werden die einzelnen Linien ans Ende der jeweils vorangehenden angehängt. Wenn wir vorhaben, den Pfad zu füllen, müssen wir dafür sorgen, dass er geschlossen ist, indem wir entweder eine Linie ergänzen, die wieder zum Startpunkt zurückführt, oder indem wir die Methode closePath einsetzen. Die mächtigste Einrichtung der Klasse UIBezierPath stellen, wie der Name impliziert, Bézierkurven dar. Es gibt zwei Methoden, die wir nutzen können: addCurveToPoint:controlPoint1:controlPoint2: und addQuadCurveToPoint:controlPoint:. Wie Sie sehen können, ist die QuadCurve-Form (die eine quadratische Bézierkurve erstellt) die einfachere der beiden Methoden und verlangt nur einen Kontrollpunkt, während die Standard-Curve-Form (die eine kubische Bézierkurve erstellt) zwei Kontrollpunkte erfordert, aber auch erheblich komplexere Kurven zeichnen kann.[1]

---

[1] Mehr Informationen dazu, wie Bézierkurven funktionieren, finden Sie im UIBezierPath-Abschnitt des iPad Programming Guide auf *http://developer.apple.com*.

Ein Clipping- oder Ausschnittpfad definiert den Bereich, in dem der Inhalt des Grafikkontexts sichtbar ist. Alles was sich außerhalb dieses Pfads befindet, wird auf dem Bildschirm nicht dargestellt. Ein UIBezierPath kann dazu gebracht werden, dass er als Clipping-Pfad fungiert, indem man die Methode addClip aufruft. Nutzt man diese Technik, wird ein Gradient, der andernfalls den vollständigen View bedecken würde, nur innerhalb des Clipping-Bereichs dargestellt, der von den Grenzen unserer Figur definiert wird.

GraphicsGarden/PRPShapedView.m

```objc
-(CGGradientRef) gradientWithColor:(UIColor *)color
                          toColor:(UIColor *)color2
                            count:(CGFloat)colorCount
{
    const CGFloat *colorParts = CGColorGetComponents(color.CGColor);
    CGFloat red = colorParts[0];
    CGFloat green = colorParts[1];
    CGFloat blue = colorParts[2];

    const CGFloat *color2Parts = CGColorGetComponents(color2.CGColor);
    CGFloat red2 = color2Parts[0];
    CGFloat green2 = color2Parts[1];
    CGFloat blue2 = color2Parts[2];
    CGFloat graduations[] =
    {
        red, green, blue, 1.0,
        red2, green2, blue2, 1.0,
        red, green, blue, 1.0
    };

    CGColorSpaceRef rgb = CGColorSpaceCreateDeviceRGB();
    CGGradientRef gradient =
            CGGradientCreateWithColorComponents(rgb,
                                                graduations,
                                                NULL,
                                                colorCount);
    CGColorSpaceRelease(rgb);
    CFBridgingRelease(gradient);
    return gradient;
}
```

Alle Figuren teilen einen gemeinsamen Satz von Attributen und Methoden – deswegen ist es sinnvoll, diese Elemente in eine Basisklasse, PRPShapedView, auszulagern. Diese Klasse deklariert mehrere Stricheigenschaften – lineThickness und strokeColor – sowie die Eigenschaften innerColor und outerColor, die wir benötigen, wenn wir den Gradienten erstellen. Außerdem definiert sie die Methode gradientWithColor, die einen CGGradient erstellt, der auf den Eigenschaften innerColor und outerColor basiert.

Die Methode `gradientWithColor` zerlegt die UIColor-Objekte in ihre RGB-Komponenten und erstellt ein C-Array, das drei Komponenten enthält. (Das vierte Element jedes Satzes ist die Opazität, die wir auf 1, opak, setzen.) Das erste und das dritte Element nutzen den Parameter `color`, das mittlere wird auf `color2` gesetzt. So erhalten wir die Flexibilität, die übergebene Anzahl nutzen zu können, um einen Gradienten mit zwei Farben oder einen Gradienten mit drei Farben zu erstellen, wobei wir dann die Primärfarbe als Start- und Endfarbe nutzen. Die Unterklassen können nun entscheiden, ob sie auf Basis des zurückgelieferten CGGradient im View einen linearen oder einen radialen Gradienten zeichnen wollen.

GraphicsGarden/PRPetal.m

```
- (void)drawRect:(CGRect)rect {
    CGFloat halfHeight = self.bounds.size.height/2;
    CGFloat halfWidth = self.bounds.size.width/2;
    CGFloat fullHeight = self.bounds.size.height;
    CGFloat fullWidth = self.bounds.size.width;

    CGPoint startPoint = CGPointMake(halfWidth, 3);
    CGPoint midPoint = CGPointMake(halfWidth, halfHeight*1.6);
    CGPoint endPoint = CGPointMake(halfWidth, fullHeight);
    CGPoint corner = CGPointMake(fullwidth, 0);
    CGPoint leftCtrl = CGPointMake(-halfWidth, halfHeight/3);
    CGPoint rightCtrl = CGPointMake(fullwidth*1.5, halfHeight/3);

    UIBezierPath *pPath = [UIBezierPath bezierPath];
    [pPath moveToPoint:startPoint];

    [pPath addCurveToPoint:endPoint
              controlPoint1:leftCtrl
              controlPoint2:midPoint];

    [pPath addCurveToPoint:startPoint
              controlPoint1:midPoint
              controlPoint2:rightCtrl];
    [pPath addClip];

    CGGradientRef gradient = [self gradientWithColor:self.innerColor
                                             toColor:self.outerColor
                                               count:3];
    CGContextRef context = UIGraphicsGetCurrentContext();
    CGContextDrawLinearGradient(context,
                    gradient,
                    CGPointZero,
                    corner,
                    0);
    pPath.lineWidth = self.lineThickness;
    [self.strokeColor setStroke];
    [pPath stroke];
}
```

Weil die Klasse PRPetal von der Basisklasse PRPShapedView erbt, müssen wir nur die Methode drawRect: überschreiben. Wir bauen den UIBezierPath aus zwei kubischen Bézierkurven auf, die die geschlossene Figur bilden, die wir benötigen, um ein Clipping-Rect aufzubauen. Die Funktion CGContextDrawLinearGradient zeichnet den Gradienten, den wir mit der Basisklassenmethode gradientWithColor erstellt haben. Erst dann zeichnen wir die Bézierkurve und beschneiden den Gradienten darunter so, dass er der Gestalt des Pfads entspricht.

GraphicsGarden/PRPSmile.m

```
- (void)drawRect:(CGRect)rect {

    CGFloat halfHeight = self.bounds.size.height/2;
    CGFloat halfWidth = self.bounds.size.width/2;
    CGFloat fullHeight = self.bounds.size.height;
    CGFloat fullWidth = self.bounds.size.width;
    CGFloat radius = (halfWidth > halfHeight) ? halfHeight : halfWidth;
    CGPoint midPoint = CGPointMake(halfWidth, halfHeight);

    UIBezierPath *pPath = [UIBezierPath
            bezierPathWithArcCenter: midPoint
                             radius: radius
                         startAngle: 0
                           endAngle: M_PI*2
                          clockwise: YES];
    [pPath addClip];

    CGGradientRef gradient = [self gradientWithColor:self.innerColor
                                             toColor:self.outerColor
                                               count:2];

    CGContextRef context = UIGraphicsGetCurrentContext();

    CGContextDrawRadialGradient(context, gradient,
                            midPoint, 0,
                            midPoint, radius, 0);

    pPath.lineWidth = self.lineThickness*1.7;
    [self.strokeColor setStroke];
    [pPath stroke];

    // Augen und Lächeln

    [pPath removeAllPoints];
    pPath.lineWidth = self.lineThickness;
    [pPath moveToPoint:CGPointMake(halfWidth/2, halfHeight*1.3)];
    [pPath addQuadCurveToPoint:CGPointMake(halfWidth*1.5, halfHeight*1.3)
                 controlPoint:CGPointMake(halfWidth, fullHeight*.91)];
    [pPath stroke];
```

```
            pPath = [UIBezierPath
                      bezierPathWithOvalInRect:CGRectMake(
                                              fullwidth/3-halfWidth*.1,
                                              fullHeight/3,
                                              halfWidth*.2,
                                              halfHeight*.3)];
            pPath.lineWidth = self.lineThickness;
            [pPath fill];
            [pPath stroke];
            pPath = [UIBezierPath
                      bezierPathWithOvalInRect:CGRectMake(
                                              fullwidth/3*2-halfWidth*.1,
                                              fullHeight/3,
                                              halfWidth*.2,
                                              halfHeight*.3)];
            pPath.lineWidth = self.lineThickness;
            [pPath fill];
            [pPath stroke];
}
```

Die Klasse PRPSmile folgt dem gleichen Muster wie PRPetal, aber wir nutzen einen Kreisbogen, um einen Clipping-Kreis zu zeichnen, und die Funktion CGContextDrawRadialGradient, um einen radialen Gradienten zu zeichnen (Farben strahlen aus dem Mittelpunkt heraus). Der zusätzliche Zeichnungscode fügt dem mit dem Gradienten versehenen Kreis nur noch die Augen und das Lächeln hinzu.

Jetzt haben Sie mehrere Views, die Sie als Bausteine für größere, komplexere Objekte nutzen können. In Rezept 24, *Dynamische Bilder mit mehreren Animationen erstellen*, auf Seite 147 werden wir genau das tun.

24 Dynamische Bilder mit mehreren Animationen erstellen

Problem

Core Animation vereinfacht das Animieren von Objekten und hilft uns, Objekte zu bewegen, zu drehen und die Größe von Objekten zu verändern. Aber was ist, wenn Sie diese Techniken kombinieren wollen, um komplexere Wirkungen zu erzielen? Womit beginnen Sie?

Lösung

Sie werden wohl nicht täglich ein Objekt pulsieren und rotieren lassen müssen, aber die hier vorgestellte Technik zeigt Ihnen, wie leicht Sie komplexe Effekte erzeugen können, indem Sie mehrere Animationen auf ein einziges Objekt anwenden (siehe Abbildung 3.3).

GraphicsGarden/PRPSunshine.m

```
UIView *shineView = [[UIView alloc] initWithFrame:self.bounds];
self.shineLayer = shineView.layer;
[self addSubview:shineView];
[shineView release];

for (CGFloat i = M_PI/10; i < M_PI*2; i += M_PI/7.5) {
    PRPetal *petal = [[PRPetal alloc] initWithFrame:petalRect];
    petal.outerColor = [UIColor yellowColor];
    petal.innerColor = [UIColor colorWithRed:1 green:.8 blue:.2 alpha:1];
    petal.lineThickness = 40;
    petal.strokeColor = [UIColor whiteColor];

    [shineView addSubview:petal];
    petal.layer.anchorPoint = CGPointMake(.5, 2);
    petal.transform = CGAffineTransformMakeRotation(i);
}
[self addRotationAnimation];

PRPSmile *sunCenter = [[PRPSmile alloc] initWithFrame:sunRect];
sunCenter.innerColor = [UIColor yellowColor];
sunCenter.outerColor = [UIColor colorWithRed:1 green:.8 blue:.2 alpha:1];
[self addSubview:sunCenter];
[sunCenter release];
```

Die Klasse `PRPSunshine` erstellt die Sonne aus den Komponenten `PRPetal` und `PRPSmile`, die wir auch im letzten Rezept genutzt haben. Aber wir ändern die Farben leicht, um ein „sonnigeres" Aussehen zu erzeugen, und nutzen ein viel schmaleres Rect für die Blätter.

Abbildung 3.3: Um die Sonne rotierende und pulsierende Blätter

Außerdem fügen wir die Blätter hier einem sekundären `UIView` namens `shineView` hinzu. `shineView` bedeckt den gleichen Bereich wie der Haupt-`UIView`, enthält aber nur die Blätter. So können wir das zugrunde liegende Layer animieren, ohne dass sich das auf `PRPSmile` auswirkt.

Den Kreis mit Blütenblättern erstellen wir, indem wir (in Radiant) alle erforderlichen Winkel einer Drehung durchlaufen. Ein View rotiert grundsätzlich um seinen `anchorPoint`, der normalerweise auf den Mittelpunkt des Rechtecks gesetzt ist (0.5, 0.5). Da sich das Blütenblatt um den Mittelpunkt der Blume drehen soll, müssen wir den `anchorPoint` auf eine Position unterhalb der Unterkante des Rechtecks (0.5, 2) setzen. Nachdem wir diese Vorarbeiten erledigt haben, sorgt ein Aufruf von `CGAffineTransformMakeRotation` mit dem aktuellen Radiantwert dafür, dass das Blütenblatt im richtigen Teil der Blüte und unter dem erforderlichen Winkel positioniert wird.

GraphicsGarden/PRPSunshine.m

```
CABasicAnimation *animation=[CABasicAnimation
                   animationWithKeyPath:@"transform.rotation"];
animation.duration=10;
animation.speed = self.animationSpeed;
animation.repeatCount = MAXFLOAT;
animation.fromValue=[NSNumber numberWithFloat:0];
animation.toValue= [NSNumber numberWithFloat:M_PI*2];
[self.shineLayer addAnimation:animation forKey:@"rotate"];

animation.keyPath = @"opacity";
animation.duration=.5;
animation.autoreverses = YES;
animation.fromValue=[NSNumber numberWithFloat:0.7];
```

```
animation.toValue= [NSNumber numberWithFloat:1.0];
[self.shineLayer addAnimation:animation forKey:@"fade"];

animation.keyPath = @"transform.scale";
animation.fromValue=[NSNumber numberWithFloat:.9];
animation.toValue= [NSNumber numberWithFloat:1.1];
[self.shineLayer addAnimation:animation forKey:@"scale"];
```

Die drei Animationen, die wir in der Methode addRotationAnimation aufbauen, teilen viele Attribute. Wir können also das gleiche Animationsobjekt wiederverwenden und müssen einfach nur die abweichenden Eigenschaften anpassen. Zwei der Animationen sind eigentlich Transformationen, die eine CATransform3D verwenden. Aber weil wir die Key-Path-Erweiterung nutzen, müssen wir die Transformationen nicht selbst aufbauen. Wir können einfach die „from"- und „to"-Werte als NSNumber-Werte setzen, damit die Animation die Transformation für uns aufbaut. Der Einsatz der Key-Path-Erweiterung hat zusätzlich den Vorteil, dass er uns die Drehung um einen vollständigen Kreisumfang erst ermöglicht. Hätten wir CATransform3D-Werte für die Rotation um die gleichen Winkel genutzt, wäre keine Animation erfolgt, weil der Startwinkel und der Endwinkel, 0 bzw. 2*pi, de facto identisch sind.

Wird die Animation dem CALayer hinzugefügt, legt dieses eine eigene Kopie des Objekts an, spätere Änderungen am Animationsobjekt haben also keinerlei Auswirkungen auf das CALayer. Sie können alle Animationseigenschaften ändern, indem Sie ihnen einfach den gewünschten neuen Wert zuweisen. Solange Sie den gleichen key-Namen für die neue Animation nutzen, müssen Sie die alte Kopie der Animation nicht aus dem CALayer entfernen.

25 | Zusammengesetzte und transformierte Views erstellen

Problem

Sie möchten ein Bild aus Komponenten aufbauen, die Sie bereits erstellt haben, und wollen dazu einige dieser Komponenten transformieren, um das gewünschte Aussehen zu erhalten. Wie können Sie das erreichen, ohne damit die Animationsfähigkeit des resultierenden Bilds einzuschränken?

Lösung

Die Hierarchie von UIView-Objekten ermöglicht es, mehrere Komponenten zu schichten, um ein Bild aufzubauen. Wir können komplexe Gebilde konstruieren, indem wir die Eigenschaften der unabhängigen Subviews anpassen. Nachdem alle UIViews an Ort und Stelle sind, können wir ein paar Zeilen Core Graphics-Code einsetzen, um diese UIViews zu einem einzigen Bild zusammenzusetzen.

In unserer Graphics Garden-App nutzen wir diese Technik, um das Blumenbild aufzubauen. Wir gestalten die Blume, indem wir die Grundbausteine nutzen, die wir in Rezept 23, *Mit Gradienten gefüllte Bézierkurven zeichnen*, auf Seite 141 konstruiert haben. Sie besteht aus einem Ring mit Blütenblättern, einem Smiley und einem kurzen Stamm mit zwei zusätzlichen Blütenblättern in Grün, die Blätter andeuten, die aus dem Stamm wachsen.

Dieser Code konstruiert einen zusammengesetzten UIView stückweise aus den Komponentenklassen, die wir bereits erstellt haben.

GraphicsGarden/PRPFlower.m

```
CGFloat halfHeight = self.bounds.size.height/2;
CGFloat halfWidth = self.bounds.size.width/2;
CGFloat fullHeight = self.bounds.size.height;
CGFloat fullWidth = self.bounds.size.width;
CGRect smileRect = CGRectMake(halfWidth/2, halfHeight/4*.9,
                              halfWidth, halfHeight);
CGRect petalRect = CGRectMake(halfWidth-fullwidth/10, fullHeight/5,
                              fullwidth/5, fullwidth/2);
CGRect leafRect = CGRectMake(halfWidth-fullwidth/12, fullHeight*.84,
                             fullwidth/5, fullwidth/2);
CGRect stemRect = CGRectMake(halfWidth-fullwidth/8, halfHeight*1.3,
                             fullwidth/4, halfHeight*.8);
```

```
PRPStem *stem = [[PRPStem alloc] initWithFrame:stemRect];
stem.outerColor = [UIColor colorWithRed:0 green:.5 blue:0 alpha:1];
stem.innerColor = [UIColor colorWithRed:0.3 green:1 blue:.2 alpha:1];
[self addSubview:stem];

for (CGFloat i = M_PI/10; i < M_PI*2; i += M_PI/7.5) {
    PRPetal *petal = [[PRPetal alloc] initWithFrame:petalRect];
    petal.outerColor = [UIColor purpleColor];
    petal.innerColor = [UIColor colorWithRed:1 green:0 blue:1 alpha:1];
    [self addSubview:petal];
    petal.layer.anchorPoint = CGPointMake(.5, 1);
    petal.transform = CGAffineTransformMakeRotation(i);
}

for (CGFloat i = -M_PI/5; i < M_PI/5; i += M_PI/5*2) {
    PRPetal *leaf = [[PRPetal alloc] initWithFrame:leafRect];
    leaf.outerColor = [UIColor colorWithRed:0 green:.5 blue:0 alpha:1];
    leaf.innerColor = [UIColor colorWithRed:0.3
                                      green:1
                                       blue:.2
                                      alpha:1];
    [self addSubview:leaf];
    leaf.layer.anchorPoint = CGPointMake(.5, 1);
    leaf.transform = CGAffineTransformMakeRotation(i);
}

PRPSmile *smile = [[PRPSmile alloc] initWithFrame:smileRect];
smile.innerColor = [UIColor yellowColor];
smile.outerColor = [UIColor colorWithRed:1 green:.4 blue:0 alpha:1];
[self addSubview:smile];
```

Um den Vorgang einfach zu halten, ergänzen wir die Subviews vom hintersten UIView ausgehend und bauen die Blume auf, während die Teile hinzugefügt werden. Hier fügen wir zunächst unter Verwendung der Klasse PRPStem den Stamm hinzu. Der äußere Ring der Blume wird gebildet, indem die Blütenblätter dem UIView nacheinander so hinzugefügt werden, dass sie vom Mittelpunkt nach oben weisen und mit einer CGAffineTransformMakeRotation mit wachsendem Rotationswinkel (der hier als Bruchteil von Pi angegeben wird) transformiert werden. Die Eigenschaft anchorPoint ist von besonderer Bedeutung, da sie das Zentrum der Rotation für unsere Transformation definiert. Dann werden die beiden Blätter mit der gleichen Technik hinzugefügt, aber mit viel kleinerer Rotation und einem verschobenen Startpunkt. Zuletzt wird dem UIView das PRPSmile-Objekt hinzugefügt, wobei sein Mittelpunkt so gesetzt wird, dass er dem Zentrum der Rotation der Blütenblätter entspricht.

Jetzt haben wir den Code zur Erstellung der Blume und könnten diesen nutzen, um alle Blumen zu erstellen, die wir in unserer Szene benötigen, würden damit aber eine Vielzahl von `UIView`s erhalten. Das verlangt nicht nur eine große Menge Speicherplatz, die Instantiierung so vieler `UIView`s würde auch recht viel Zeit in Anspruch nehmen.

Hier wird nur ein `PRPFlower`-Objekt erstellt, obwohl wir 60 Blumen auf unserer Szene platzieren, weil auf Basis dieses Objekts mithilfe der neuen Kategoriemethode `PRPCompositeView` ein Bild erstellt wird.

GraphicsGarden/MainViewController.m

```
PRPFlower *flower = [[PRPFlower alloc] initWithFrame:flowerRect];
UIImage *compositeFlower = [flower PRPCompositeView];

for (int i = 0; i < 60; i++) {
    int size = height/12;
    CGFloat flowerSize = arc4random()%size+size;
    CGRect flowerRect = CGRectMake(arc4random()%(int)width*0.9,
                                   arc4random()%pos+2*pos,
                                   flowerSize*0.7,
                                   flowerSize);
    UIImageView *compView = [[UIImageView alloc]
                                initWithFrame:flowerRect];

    compView.image = compositeFlower;
    compView.layer.zPosition = flowerRect.origin.y+flowerSize;
    [self.view addSubview:compView];
    [self growUp:compView forDuration:arc4random()%100/25.0+4];
}
```

Dann können wir unsere Szene aufbauen, indem wir `UIImageView`s erstellen, die auf unserem neuen Bild basieren. Werden die einzelnen Blumen als eigenständige Einheiten hinzugefügt, können sie einzeln animiert werden. Das wäre nicht möglich gewesen, wenn wir immer noch mit einer Hierarchie von `UIView`s arbeiteten.

Hier ist der Code für die Kategoriemethode, die wir benötigen, um unser Bild aus mehreren `UIView`s zu erstellen:

GraphicsGarden/UIView+PRPCompositedView.m

```
UIGraphicsBeginImageContextWithOptions(self.layer.bounds.size, NO, 0);
[self.layer renderInContext:UIGraphicsGetCurrentContext()];
UIImage *compoundImage = UIGraphicsGetImageFromCurrentImageContext();
UIGraphicsEndImageContext();

return compoundImage;
```

Die `CALayer`-Methode `renderInContext` ist der Schlüssel, weil sie sämtliche Sublayer in den Grafikkontext zeichnet und damit praktisch die Hierarchie zu einem einzigen Element abflacht. Die C-Methode `UIGraphicsGetImageFromCurrentImageContext()` nutzt die Bitmap-Daten aus dem Grafikkontext und baut das neue `UIImage` auf.

Dank des Einsatzes der Rotationstransformation können wir vermeiden, dass wir komplexere Komponenten für unser Bild nutzen müssen. Weil wir unsere `UIViews` so zu einem einzigen `UIImage` zusammensetzen, gelingt es uns, den Speicherbedarf zu reduzieren, die Leistung zu erhöhen und die Blume zu animieren.

26 | Ein Gradienten-Layer animieren

Problem

Die Einführung von Hintergrundgradienten kann einen positiven Einfluss auf das Erscheinungsbild von Views haben, die andernfalls gleichförmig in einer Farbe gezeichnet würden. Aber das reicht Ihnen noch nicht. Sie wollen Ihre Gradienten zusätzlich mit einem dynamischen Moment versehen, um Zustandsänderungen anzuzeigen oder sichtbar zu machen, dass die App auf Benutzereingaben reagiert.

Lösung

Die Familie der `CALayer`-Klassen ist in den letzten Versionen von iOS gewachsen und umfasst mittlerweile viele Klassen, die es zuvor nur unter Mac OS X gab. Mit der von Apple in iOS 3.0 eingeführten Klasse `CAGradientLayer` können Sie sehr leicht mit Gradienten versehene Hintergründe für `UIViews` erstellen. Der größte Vorteil, den diese Klasse bietet, sind die animierbaren Eigenschaften, die äußerst schnell, hardwarebasierte Effekte erstellen können. Sie können zur Animation sogar ein Array mit Farben einsetzen, die zur Erstellung von Gradienten genutzt werden, und so ein glattes, interpoliertes Überblenden von Gradienten erzeugen (siehe Abbildung 3.4). Der einzige Nachteil von `CAGradientLayer` ist, dass die Klasse aktuell nur axiale oder lineare Gradienten unterstützt.[2]

Der Einsatz dieser Techniken liefert ein hübsch animiertes, einleitendes Einblenden eines mehrfarbigen Gradientenhintergrunds, das hier im Kontext des Graphics Garden-Beispiels demonstriert wird. Sie könnten diesen Effekt z.B. auch nutzen, um einen animierten Sonnenaufgangseffekt zu gestalten.

Obwohl wir `CAGradientLayer` nutzen, schreiben wir unseren Code in einer `UIView`-Unterklasse. Das erscheint vielleicht nicht gerade intuitiv, aber denken Sie daran, dass hinter jedem `UIView` ein `CALayer` steht, und wir, indem wir die Methode `layerClass` überschreiben, dafür sorgen können, dass hinter diesem View ein `CAGradientLayer` steht.

---

[2] Die Core Graphics-Bibliotheken können radiale oder kreisförmige Gradienten erstellen – es gibt also Hoffnung für die Zukunft.

GraphicsGarden/GradientView.m

```
+ (Class)layerClass {
    return [CAGradientLayer class];
}
```

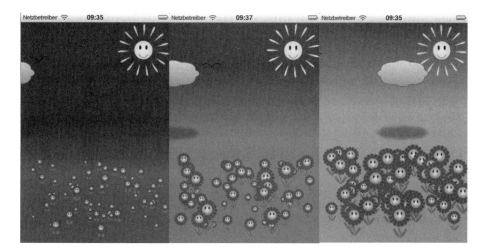

Abbildung 3.4: Ein animiertes Gradient-Layer

Das Überschreiben der layerClass-Methode ist eine Technik, die häufiger bei OpenGL-basierten UIViews zum Einsatz kommt, aber sie funktioniert ebenso gut für den Gradienten-basierten UIView, den wir hier benötigen.

Zunächst richten wir das anfängliche Farb-Array so ein, dass es das Aussehen des Gradienten am Ende der Animation widerspiegelt. Dieser Code initialisiert die Werte, die die drei Hauptfarben an die relativen Positionen im UIView binden, um den gewünschten Effekt zu erzielen. Ohne diese Kontrollwerte würde der generierte Gradient die Farben in gleichmäßigem Abstand über das Layer verteilen.

GraphicsGarden/GradientView.m

```
- (void)didMoveToSuperview {
    self.backgroundColor = [UIColor blackColor];
    CGColorRef color = [UIColor blackColor].CGColor;
    UIColor *color1 = [UIColor colorWithRed:0.01 green:0.20 blue:0.80
                                      alpha:1.0];
    UIColor *color2 = [UIColor colorWithRed:1.00 green:0.50 blue:0.00
                                      alpha:1.0];
    UIColor *color3 = [UIColor colorWithRed:0.35 green:0.74 blue:0.11
                                      alpha:1.0];
    
    NSArray *colors = [NSArray arrayWithObjects:(id)[color1 CGColor],
                       [color2 CGColor],
                       [color3 CGColor],
                       nil];
```

```
CAGradientLayer *gLayer = (CAGradientLayer *)self.layer;
gLayer.colors = colors;
gLayer.locations = [NSArray arrayWithObjects:
                    [NSNumber numberWithFloat:0.0],
                    [NSNumber numberWithFloat:0.4],
                    [NSNumber numberWithFloat:0.9],
                    nil];
gLayer.startPoint = CGPointMake(0.5, 0);
gLayer.endPoint = CGPointMake(0.5, 1);
```

Langsam sollte Ihnen dieser Animationscode vertraut sein. Er folgt dem Standardmuster einer CABasicAnimation-Einrichtung. Wir hätten eine CAAnimationGroup einsetzen können, um sicherzustellen, dass die beiden Animationen gleichzeitig ablaufen, aber das Ergebnis wäre das gleiche, da die Animationen die gleiche Dauer und die gleiche Timing-Funktion nutzen.

GraphicsGarden/GradientView.m

```
CABasicAnimation *anim = [CABasicAnimation animationWithKeyPath:
                                              @"startPoint"];
anim.fromValue = [NSValue valueWithCGPoint:CGPointMake(0.5, 1)];
anim.duration = Duration
anim.timingFunction = [CAMediaTimingFunction
                functionWithName:kCAMediaTimingFunctionEaseOut];
[gLayer addAnimation:anim forKey:@"start"];

anim = [CABasicAnimation animationWithKeyPath:@"colors"];
anim.fromValue = [NSArray arrayWithObjects:(id)color, color, color, nil];
anim.duration = Duration;
anim.timingFunction = [CAMediaTimingFunction
                functionWithName:kCAMediaTimingFunctionEaseOut];
[gLayer addAnimation:anim forKey:@"colors"];
```

Das erste Animationsobjekt gilt für die Eigenschaft Startpoint, die die in Unit-Koordinaten angegebene Startposition des Gradienten setzt, die von 1.0 (unterer Rand des Views) bis 0 (oberer Rand des Views) verläuft. Das erweckt den Eindruck eines graduellen Aufstiegs auf dem Bildschirm. Das Hinzufügen einer kCAMediaTimingFunctionEaseOut-Timing-Funktion sorgt dafür, dass die Animation zunächst schnell beginnt und dann langsamer endet.

Der zweite Animationsblock steuert die Farbänderung. Wenn das Animationsobjekt aufgebaut ist, muss fromValue nur noch auf das Array mit den Farben gesetzt werden, mit denen der Übergang beginnen soll – hier völliges Schwarz. Das Animationsobjekt interpoliert die Farben, die aktuell im Layer gespeichert sind. Diese Technik würde nicht funktionieren, wenn wir das Animationsobjekt hinzufügten, nachdem der View bereits gezeichnet wurde, weil der Gradient vollständig erscheinen, dann verschwinden und dann wieder auf den View animiert werden würde.

GraphicsGarden/MainViewController.m
```
GradientView *gradView = [[GradientView alloc] initWithFrame:
                                                  self.view.bounds];
[self.view addSubview:gradView];
[gradView release];
```

Dass wir den `GradientView` dem Haupt-View, wie hier gezeigt, hinzufügen, bewirkt zwei Dinge. Erstens wird der `GradientView` zu einem Subview des Haupt-Hintergrund-Views, und zweitens wird die Initialisierung und Animation des zugrunde liegenden Gradienten-Layers angestoßen. Dieses Ergebnis erhalten wir, weil wir den Code für diese Funktionen in die Delegate-Methode `didMoveToSuperview` stecken. Diese Methode wird nur aufgerufen, wenn die Methode `addSubview` aufgerufen wird – der Vorteil ist, dass die Instantiierung des `gradientView` von seiner Aktivierung getrennt ist und wir damit alle Probleme mit dem Timing der Animation umgehen. Hätten wir den Gradientencode der Methode `initWithFrame` hinzugefügt, hätte es passieren können, dass die Animation beginnt, bevor der View gezeichnet wird.

Sie können diese Technik nutzen, um recht komplexe Gradienten zu erstellen, weil Sie so viele Farben und Kontrollpunkte angeben können, wie Sie wollen. Mit Veränderungen des Timings der Animation und der Farb-Arrays für Anfang und Ende der Animation können Sie eine Vielzahl auffälliger Effekte gestalten.

Hätte man das auch auf andere Weise tun können? Wie Sie in Rezept 23, *Mit Gradienten gefüllte Bézierkurven zeichnen*, auf Seite 141 sahen, ist es recht leicht, einen View mit einem Gradienten zu füllen. Aber ohne diese Technik würden Sie erheblich mehr Code, der zusätzlich auch noch wesentlich mehr Berechnungskapazitäten beanspruchen würde, benötigen, um diesen Gradienten zu animieren, insbesondere für das Überblenden.

27 | Schatten umgestalten

Problem

Sie können jedem View den Anschein von Tiefe verleihen, indem Sie einen Schatten hinzufügen. In den meisten Fällen reicht das aus, um den gewünschten Effekt zu erzeugen. Aber was ist, wenn Sie einen Schatten zeichnen wollen, der nicht dem Bild im View folgt, vielleicht um den Winkel anzudeuten, mit dem das Licht einer Lichtquelle einstrahlt, oder um die Gestalt des Untergrunds nachzubilden, auf dem der Schatten liegt. Wie können Sie die Form des Schattens modifizieren, um derartige Effekte zu gestalten?

Lösung

Sie können ein CALayer definieren, um einen Schatten anzuzeigen, der der Gestalt des nicht transparenten Inhalts des Layers folgt und im Verhältnis zum Bildinhalt versetzt ist, um so den Eindruck zu erwecken, der View werde im Relief angezeigt oder sei von seinem Hintergrund abgehoben. Apple hat in iOS 3.2 die neue Eigenschaft shadowPath eingeführt, die einen Schattenpfad definiert. Dieser Pfad muss der Gestalt des CALayer-Inhalts nicht folgen, wir können also etwas kreativer sein und über den Standard-Relief-Schatten hinausgehen. Für dieses Beispiel werden wir ein Bild einer Wolke aufbauen, die ihren abgeflachten Schatten auf den Boden wirft, während sie über den Bildschirm gleitet.

`GraphicsGarden/PRPCloud.m`

```
- (void)drawRect:(CGRect)rect {
    CGFloat fullHeight = self.bounds.size.height;
    CGPoint top = CGPointMake(0, 0);
    CGPoint bottom = CGPointMake(0, fullHeight);
    UIBezierPath *pPath = [self CreatePathWithHeight:
                                            self.bounds.size.height];
    [pPath addClip];
    CGGradientRef gradient = [self gradientWithColor:self.innerColor
                                             toColor:self.outerColor
                                               count:2];
    CGContextRef context = UIGraphicsGetCurrentContext();
    CGContextDrawLinearGradient(context,
                        gradient,
                        top,
                        bottom,
                        0);
    pPath.lineWidth = self.lineThickness;
```

```
    [self.strokeColor setStroke];
    [pPath stroke];
    pPath = [self CreatePathWithHeight:self.bounds.size.height/2.0];
    self.layer.shadowPath = pPath.CGPath;
    if (!self.shadowDistance) shadowDistance = self.bounds.size.height*1.8;
    self.alpha = 0.9;
    self.layer.shadowOffset = CGSizeMake(0, self.shadowDistance);
    self.layer.shadowOpacity = 0.4;
}
```

PRPCloud ist eine Unterklasse von PRPShapedView und folgt mithin dem gleichen Muster wie alle einfachen View-Objekte in der Graphics Garden-App. Wir bauen unser Bild in der Methode drawRect mithilfe eines UIBezierPath-Objekts auf, das in der Methode CreatePathWithHeight (die Sie unten sehen) auf Basis eines C-Arrays mit relativen Punkten erstellt wird. CreatePathWithHeight nutzt den Parameter height, um die Position der Punkte anzupassen, während der Pfad aufgebaut wird.

GraphicsGarden/PRPCloud.m

```
- (UIBezierPath *) CreatePathWithHeight:(CGFloat)h {
    CGFloat w = self.bounds.size.width;
    CGFloat points[] =
    {
                  0.4, 0.2,
        0.5, 0.1, 0.6, 0.2,
        0.8, 0.2, 0.8, 0.4,
        0.9, 0.5, 0.8, 0.6,
        0.8, 0.8, 0.6, 0.8,
        0.5, 0.9, 0.4, 0.8,
        0.2, 0.8, 0.2, 0.6,
        0.1, 0.5, 0.2, 0.4,
        0.2, 0.2, 0.4, 0.2,
    };
    CGPoint point;
    CGPoint cPoint;
    UIBezierPath *pPath = [UIBezierPath bezierPath];

    point = CGPointMake(points[0]*w, points[1]*h);
    [pPath moveToPoint:point];

    for (int i = 2; i < sizeof(points)/sizeof(float); i+=4) {
        cPoint = CGPointMake(points[i]*w, points[i+1]*h);
        point = CGPointMake(points[i+2]*w, points[i+3]*h);

        [pPath addQuadCurveToPoint:point controlPoint:cPoint];
    }
    [pPath closePath];

    return pPath;
}
```

Folglich müssen wir `CreatePathWithHeight` an zwei Stellen aufrufen – erst, um den Pfad für die Wolke zu erstellen, und dann für die Eigenschaft `shadowPath`, dort aber nur mit der Hälfte der ursprünglichen Größe. Der `shadowOffset`-Wert des Layers wird auf den Wert der `shadowDistance`-Eigenschaft des Wolken-Views gesetzt und platziert sie so weit unter der Wolke, dass der Eindruck entsteht, der Schatten falle auf den Boden.

Sie könnten einen Schatten auch mit einem zusätzlichen `CALayer` erstellen, aber das würde eine zusätzliche Synchronisation der beiden Layer erfordern, wenn sie animiert oder bewegt werden müssen.

28 Animierte Views anzeigen

Problem

Sie können Core Graphics einsetzen, um eine Folge von `UIImageViews` zu erstellen, die die verschiedenen Phasen eines sich bewegenden Objekts darstellen. Wie zeigen Sie diese in einer Sequenz an, um eine Schleifenanimation zu erstellen?

Lösung

Wir haben uns in den Rezepten in diesem Kapitel recht ausführlich mit Animationen befasst, haben uns dabei aber hauptsächlich Manipulationen der Position oder der Rotation von Layern bedient. Klassische Zellanimationen wie die, die man aus Cartoons kennt, nutzen eine andere Technik, bei der eine Folge von Bildern angezeigt wird, um dem Gehirn vorzutäuschen, es sähe eine kontinuierliche Bewegung. Wir können einen ähnlichen visuellen Eindruck erwecken, indem wir eine Instanz der Klasse `UIImageView` mit einem Array von Bildern erstellen. Üblicherweise erzeugen wir diese Bilder offline und laden sie dann aus einer Datei, aber hier werden wir den vorangegangenen Beispielen folgen und die uns mittlerweile vertrauten Core Graphics-Techniken nutzen.

Wir wollen die Zeichenarbeiten einfach halten und werden daher die klassische Animation eines strichförmigen Vogels zeichnen, dessen zwei Flügel auf und ab zu flattern scheinen, während der Rumpf zwischen ihnen schaukelt (siehe Abbildung 3.5). Zum Zeichnen der Flügel unseres Vogels benötigen wir lediglich ein Paar quadratischer Bézierkurven.

Die Klasse `PRPBird` erweitert die Klasse `UIImageView`, um unser Array mit Bildern aufzubauen und zuzuweisen.

GraphicsGarden/PRPBird.m

```
- (void)didMoveToSuperview {
    if (!self.animationImages) {
        self.animationImages = [self arrayOfFrames];
    }
}
```

Dass der `UIImageView` dem Haupt-View hinzugefügt wurde, bevor wir die Bilder konstruieren, sichern wir, indem wir die Methode `didMoveTo-Superview` überschreiben, um das Array der Eigenschaft `animationImages` zuzuweisen.

Abbildung 3.5: Die Frames der Möwenanimation

GraphicsGarden/PRPBird.m

```objc
- (NSArray *)arrayOfFrames {
    NSMutableArray *imageArray = [NSMutableArray arrayWithCapacity:COUNT];
    for (CGFloat i = LOWWING; i < HIGHWING; i+=STEPS) {
        [imageArray addObject:[self animationFrame:i]];
    }
    for (CGFloat i = HIGHWING; i > LOWWING; i-=STEPS) {
        [imageArray addObject:[self animationFrame:i]];
    }
    
    return [NSArray arrayWithArray:imageArray];
}
```

Die Methode `arrayOfFrames` baut das `NSMutableArray` mit Bildern auf, indem zwei Schleifen über zwei Aufrufen der Methode `animationFrame` durchlaufen werden, in der die Flügel gezeichnet werden. Der Parameter i bezieht sich auf die Höhe der Spitze des jeweiligen Flügels. Wir nutzen hier zwei separate Schleifen, weil wir alle Frames für unsere Animation erstellen müssen – beide Flügel flattern nach unten und dann wieder nach oben. Weil die Animation automatisch wiederholt wird, erweckt das den Eindruck einer kontinuierlichen Bewegung.

GraphicsGarden/PRPBird.m

```objc
- (UIImage *)animationFrame:(CGFloat)frameNum {
    
    CGFloat width = self.bounds.size.width;
    CGFloat height = self.bounds.size.height;
    UIGraphicsBeginImageContextWithOptions(CGSizeMake(width, height),
                                                                  NO, 0);
    UIBezierPath *path = [UIBezierPath bezierPath];
    
    [path moveToPoint:CGPointMake(0, frameNum)];
    [path addQuadCurveToPoint:CGPointMake(0.5, 0.6-frameNum/3)
                 controlPoint:CGPointMake(0.25, 0.25)];
```

```
        [path addQuadCurveToPoint:CGPointMake(1, frameNum)
                    controlPoint:CGPointMake(0.75, 0.25)];
        [path applyTransform:CGAffineTransformMakeScale(width, height)];

        path.lineWidth = height/30;
        [path stroke];

        UIImage *frameImage = UIGraphicsGetImageFromCurrentImageContext();
        UIGraphicsEndImageContext();

        return frameImage;
}
```

In unseren bisherigen Rezepten haben wir den Zeichnungscode immer in die drawRect:-Methode eingefügt, aber hier bauen wir eine Folge fester Bilder auf und müssen deswegen eine andere Technik verwenden. Wir werden unseren eigenen Grafikkontext erstellen, indem wir die Core Graphics-Funktion UIGraphicsBeginImageContextWithOptions() aufrufen. UIBezierPath nutzt den Standardkontext, in diesem Fall den, den wir gerade erstellt haben. Die beiden Kurven werden dem Pfad hinzugefügt, wobei Start- und Endpunkt bei jedem Frame etwas abgeändert werden. Mit UIGraphicsGetImageFromCurrentImageContext() wird ein UIImage auf Basis unseres Kontexts aufgebaut und zurückgegeben, damit es dem Array hinzugefügt werden kann.

GraphicsGarden/MainViewController.m

```
CGRect rect = CGRectMake(-width/5, width/8, width/8, height/8);
PRPBird *bird = [[PRPBird alloc] initWithFrame:rect];
[self.view addSubview:bird];
bird.animationDuration = 1.0;
[bird startAnimating];

CABasicAnimation *birdAnim = [CABasicAnimation animation];
birdAnim.keyPath = @"position";
CGPoint birdPos = CGPointMake(width, bird.center.y*2);
birdAnim.toValue = [NSValue valueWithCGPoint:birdPos];
birdAnim.duration = DURATION/2;
birdAnim.repeatCount = MAXFLOAT;
[bird.layer addAnimation:birdAnim forKey:@"pos"];
```

Die Klasse PRPBird wird auf gleiche Weise verwendet wie ein UIImageView, sieht man davon ab, dass das Array vorab gefüllt ist. Die Eigenschaft animationDuration steuert die Geschwindigkeit unserer Animation, und es gibt Methoden, mit denen sie nach Bedarf gestartet und angehalten werden kann. Der Eindruck, dass unsere Möwe fliegt, wird erweckt, indem wir ein Animationsobjekt erstellen, das seine Position von der einen zur anderen Seite des Haupt-Views wechseln kann.

Mithilfe eines eigenen Grafikkontexts können Sie die Objekte zeichnen, die Sie benötigen, und eine Folge von Bildern erstellen, die in einer Sequenz animiert werden können.

Diskussion

Könnten Sie das gleiche Ergebnis auch auf eine andere Weise erzielen? Klar – man könnte einen NSTimer nutzen und den Inhalt des Views jedes Mal ändern, wenn der Timer ausgelöst wird. Aber da der Timer von der Run-Loop angestoßen wird, ist die Gefahr einer Verzögerung größer als bei unserer UIView-Animation, die in einem eigenen Thread läuft.

29 Einen einfachen Emitter konstruieren

Problem

Ein Teilchenemitter kann in grafischen Anwendungen zu unterschiedlichen Zwecken eingesetzt werden, beispielsweise im Hintergrund oder als eine dynamische Komponente in einem größeren View. Es wäre nett, wenn ein solcher unter iOS zur Verfügung stände, aber leider gibt es diese Einrichtung nur unter Mac OS X. Will man selbst einen Emitter aufbauen, muss man sich normalerweise mit OpenGL herumschlagen. Aber wäre es nicht möglich, einen einfachen Emitter nur mit Core Animation zu erstellen?

Lösung

Wir können mit Core Animation einen einfachen Emitter bauen, müssen uns aber genau überlegen, wie wir das anstellen, wenn wir eine hinreichende Leistung haben wollen. Ein Emitter muss üblicherweise mit einer großen Anzahl von Teilchen umgehen können, die jeweils eigene grafische Elemente sind. Wir könnten Core Animation zwar nutzen, um ein Layer für jedes Teilchen zu erstellen, aber das wäre sowohl in Bezug auf den Speicherbedarf als auch in Bezug auf die GPU-Zeit sehr teuer. Die Zeit, die der Prozessor benötigt, um eine große Anzahl von Zeichen zu erstellen, könnte ebenfalls ein beschränkender Faktor sein.

Eine alternative Lösung wäre der Rückgriff auf eine Kombination der Klassen `CAReplicatorLayer` und `CABasicAnimation`. Die Klasse `CAReplicatorLayer` ist eine selten verwendete Unterklasse von CALayer, die die GPU nutzt, um identische Duplikate des Inhalts des ursprünglichen Layers zu erstellen, während einige seiner Eigenschaften um geringe Beträge variiert werden, wenn die jeweilige Kopie gezeichnet wird. Es werden nur die Sublayer des Replikator-Layers dupliziert, wir müssen also immer ein oder mehrere Quell-Layer einschließen, die die visuellen Elemente enthalten.

Beispielsweise könnten wir mit einem `CAReplicatorLayer` eine Linie aus Bildern erstellen, die jeweils identische Kopien des Originals sind, indem wir den Inhalt des Haupt-Sublayers auf das Bild setzen, `instanceTransform` auf eine horizontale Translation von 10 Punkten setzen und `instanceCount` auf 10. Auf diese Weise würden wir eine Linie mit 10 duplizierten Bildern erzeugen, die 10 Punkte voneinander entfernt angezeigt werden – interessant, aber noch nicht ganz das, was wir brauchen (siehe Abbildung 3.6).

Wenn wir einen Emitter-Effekt erstellen wollen, müssen wir die Position des Bild-Sublayers animieren. Bewegt sich das Sublayer, bewegen sich auch seine Duplikate. Wir haben jetzt also eine bewegte Linie von Bildern. Wir können diesen Effekt verbessern, indem wir eine weitere Komponente, `instanceDelay`, einführen, weil die duplizierten Elemente erst nach der so angegebenen Verzögerung eingefügt werden. Ein Sekundenbruchteil reicht aus, um den Effekt zu gestalten, den wir erzielen wollen.

Abbildung 3.6: Vier separate Instanzen unseres einfachen Emitters

Wir erstellen eine neue Klasse, `PRPSimpleEmitterLayer`, die eine Unterklasse von `CAReplicatorLayer` ist, um die koordinierte Animation der Basisklasse hinzuzufügen. In der `init`-Methode fügen wir unser eigenes Sublayer ein und setzen seinen Inhalt auf das Standardbild, hier einen kleinen hellen, Funken.

SimpleEmitter/SimpleEmitter/PRPSimpleEmitterLayer.m

```objc
- (id)init {
    self = [super init];
    if (self) {
        self.count = 1;
        self.instanceColor = [UIColor whiteColor].CGColor;
        imageLayer = [CALayer layer];
        self.imageLayer.contents =
                (id)[UIImage imageNamed:@"tspark.png"].CGImage;
        [self addSublayer:self.imageLayer];
    }
    return self;
}
```

Die Methode `start` konfiguriert die Eigenschaften für das `imageLayer` und das Replikator-Layer auf Basis der eventuell geänderten Eigenschaften des View-Controllers. Wir berechnen `instanceDelay` basierend auf `cycleTime` und `count` und verteilen die duplizierten Elemente gleichförmig über die Dauer der Animation.

Die Inkrementierungseigenschaft `rotator` ist der Rotationswinkel, der jedem nachfolgend replizierten `imageLayer` hinzugefügt wird und zu einer hübsch aussehenden Spirale der emittierten Teilchen führt. Wir rotieren das `imageLayer` selbst um den Winkel in Radiant, damit wir die Teilchen in jede gewünschte Richtung emittieren können.

SimpleEmitter/SimpleEmitter/PRPSimpleEmitterLayer.m

```objc
- (void)start {
    self.imageLayer.frame = self.bounds;
    self.imageLayer.opacity = 1.0;
    self.instanceCount = count;
    self.instanceDelay = cycleTime/count;
    CATransform3D t = CATransform3DMakeRotation(self.rotator, 0, 0, 1);
    self.instanceTransform = CATransform3DTranslate(t,
                                      xAdjust,
                                      yAdjust, 0);
    self.transform = CATransform3DMakeRotation(angle, 0, 0, 1);

    [self animate];
}
```

Nun nutzen wir eins der Ihnen mittlerweile vertrauten `CABasicAnimation`-Objekte, um die Position des `imageLayer` zu animieren. An diesem Punkt müssen wir uns lediglich über die Strecke der Bewegung Gedanken machen, weil wir das Bild-Layer später so rotieren, dass die emittierten Teilchen in die von uns gewünschte Richtung weisen. Der Wert `newPoint` muss also nur auf der Eigenschaft `length` basieren.

SimpleEmitter/SimpleEmitter/PRPSimpleEmitterLayer.m

```objc
-(void)animate {
    
    CGPoint newPoint = CGPointMake(0, length);
    CABasicAnimation *basic = [CABasicAnimation animation];
    basic.keyPath = @"position";
    basic.toValue = [NSValue valueWithCGPoint:newPoint];
    basic.duration = self.cycleTime;
    basic.repeatCount = MAXFLOAT;
    [imageLayer addAnimation:basic forKey:@"position"];
}
```

Soll der Emitter angehalten werden, muss die Animation entfernt und die Opazität von `imageLayer` auf null gesetzt werden.

SimpleEmitter/SimpleEmitter/PRPSimpleEmitterLayer.m

```objc
- (void)stop {
    
    self.imageLayer.opacity = 0;
    self.instanceCount = 0;
    [self.imageLayer removeAllAnimations];
}
```

Die Einrichtung eines Emitters aus dem View-Controller sieht komplizierter aus, als sie ist. Wir instantiieren wie gewöhnlich das Layer und setzen seinen Ursprung als Zentrum des Emitters und seine Frame-Größe auf die Größe des Teilchens. Die Kombination der Eigenschaften des Replikator-Layers und der neuen Eigenschaften auf dem Layer des einfachen Emitters bietet uns viele Werte, mit denen wir spielen können, um unterschiedliche Effekte zu gestalten. In der Klasse `SimpleEmitterViewController` haben wir verschiedene Emitter-Methoden, die jeweils zu recht unterschiedlichen Ergebnissen führen. `emitter1` erzeugt einen Spiraleffekt, weil er einen wachsenden Rotationswinkel definiert, der recht klein ist, weil wir 100 Teilchen haben wollen. Außerdem ändern wir bei jedem Teilchen leicht die Farbe, indem wir die Eigenschaft `instanceGreenOffset` auf einen kleinen negativen Wert setzen und so langsam die Grünkomponente der Farbe reduzieren. Das Gleiche tun wir für die Rot- und Blaukomponenten.

SimpleEmitter/SimpleEmitter/SimpleEmitterViewController.m

```objc
-(PRPSimpleEmitterLayer *)emitter1 {
    
    CGFloat w = self.view.frame.size.width;
    CGFloat h = self.view.frame.size.height;
    PRPSimpleEmitterLayer *emitter =
                    [PRPSimpleEmitterLayer layer];
    emitter.frame = CGRectMake(w/4, h/2, 16,16);
```

```
    emitter.rotator = -M_PI*4/50;
    emitter.length = w/4;
    emitter.count = 100;
    emitter.angle = 2.5;
    emitter.cycleTime = 1.0;
    emitter.instanceGreenOffset = -0.1/emitter.count;
    emitter.instanceRedOffset = -0.5/emitter.count;
    emitter.instanceBlueOffset = -0.1/emitter.count;
    [self.view.layer addSublayer:emitter];
    return emitter;
}
```

In der Methode `emitter4` überschreiben wir ebenfalls den `instance-Color`-Wert, um die Farbe des Teilchens auf Rot und das Bild des Sublayers auf einen leuchtenden Punkt statt des üblichen Funkens zu setzen.

SimpleEmitter/SimpleEmitter/SimpleEmitterViewController.m

```
-(PRPSimpleEmitterLayer *)emitter4 {

    CGFloat w = self.view.frame.size.width;
    CGFloat h = self.view.frame.size.height;
    PRPSimpleEmitterLayer *emitter =
                    [PRPSimpleEmitterLayer layer];
    emitter.frame = CGRectMake(0, h, 16,16);
    emitter.rotator = 0.02;
    emitter.length = w;
    emitter.count = 6;
    emitter.angle = 4.0;
    emitter.cycleTime = 1.6;
    emitter.instanceColor = [UIColor redColor].CGColor;
    emitter.imageLayer.contents =
              (id)[UIImage imageNamed:@"brightBlob.png"].CGImage;

    [self.view.layer addSublayer:emitter];
    return emitter;
}
```

Die vier Beispiele im View-Controller zeigen, wie man mit kleinen Änderungen an den diversen Eigenschaften des Emitters dramatisch unterschiedliche Effekte hervorbringen kann: Spiralen, Pulsieren und simuliertes Gewehrfeuer. Sie könnten weitere Effekte erzeugen, indem Sie dem Emitter weitere Rotationsanimationen hinzufügen oder indem Sie weitere Replikator-Layer als Sublayer des Haupt-Layers einführen und diese unabhängig voneinander animieren. Während Sie darauf warten, dass `CAEmitterLayer` von OS X zu iOS befördert wird, kann dieser einfache Emitter Ihnen einen Teil der Funktionalität bereits zur Verfügung stellen.

30 | Die Seite zu einem neuen View umblättern

Problem

Die Simulierung des Umblätterns ist eine beliebte visuelle Technik, die häufig in Apps zum Lesen von Büchern oder Zeitschriften eingesetzt wird. Die Gestaltung eines realistischen Effekts wie dem in iBooks erfordert gründliche Kenntnisse von OpenGL. Kann man einen ähnlichen Effekt erzielen, indem man nur die hochstufigeren Core Animation-APIs einsetzt?

Lösung

Die Core Animation-APIs umfassen eine Menge Funktionalität, die Layer-Manipulation und die verschiedenen Animationsarten eingeschlossen, aber in ihren Tiefen verborgen gibt es eine relativ unbekannte Einrichtung, die als *Sublayer-Transformation* bezeichnet wird. Wir haben in einer Reihe von Rezepten gezeigt, wie Sie Layer auf unterschiedlichste Weise transformieren können – mit Skalierungen, mit Rotationen und mit Translationen. Sublayer-Transformationen bieten uns die gleichen Steuerungsmöglichkeiten, aber über die vollständige Layer-Hierarchie hinweg. Kombinieren Sie diese Technik mit Rotationen, die die Tiefe in der z-Achse berücksichtigen, können Sie im Prinzip Objekte in einem 3-D-Raum steuern. Das ist die Technik, die wir nutzen werden, um unseren Übergang zu implementieren (siehe Abbildung 3.7).

Zunächst müssen wir den umblätternden View in einen Satz von Layer-Streifen aufspalten. Wir nutzen dazu die Kategorie `PRPCompositedView`, mit deren Hilfe wir sicherstellen können, dass der View und alle Subviews, die er eventuell hat, zu einem einzigen Bild zusammengefasst werden, bevor wir ihn in Streifen zerlegen.

Außerdem müssen wir einen zweiten Satz von Layern erstellen, die die gleiche Größe wie die Bildstreifen haben, zu Anfang aber keinen Inhalt aufweisen und deswegen vollständig durchsichtig sind. Wir binden diesen Streifensatz als Sublayer an das Layer, das wir transformieren werden. Diese Streifen werden mit wachsender Drehung und Verschiebung eingesetzt und bilden im Prinzip einen mehrseitigen Tubus. Würden wir uns diesen Tubus im Querschnitt ansehen, würde der Mittelpunkt der vielseitigen Figur dem Mittelpunkt des Eltern-Layers entsprechen. Die eingesetzte Sublayer-Transformation bewirkt, dass eine Rotation des Eltern-Layers dazu führt, dass der Tubus selbst um seinen Mittelpunkt rotiert. Animieren wir den Tubus parallel von der einen Seite des Bildschirms zur anderen, während wir nach und nach die Inhalte der Streifen mit den Bildstreifen aus dem ursprünglichen View ersetzen, wird der Eindruck erweckt, als löse sich der View vom Hintergrund ab.

Abbildung 3.7: Ein partieller Umblättern-Übergang

Vielleicht sollten Sie jetzt zunächst einen Blick auf die Beispiel-App werfen, um sich ein Bild davon zu machen, wie der Übergang abläuft. Aber wenn wir die Mechanik des Vorgangs richtig verstehen wollen, müssen wir uns mit dem Code auseinandersetzen.

Die Klassenmethode viewWithView erstellt eine Instanz der Klasse PRP-ViewTransition und nutzt die Kategorie PRPCompositedView, um den angegebenen View und seine Subviews zu einem einzigen Bild zusammenzusetzen, das dann in die angeforderte Anzahl an Streifen zerlegt werden kann.

ViewTransition/PRPViewTransition.m

```
+ (PRPViewTransition *) viewWithView:(UIView *)view splitInto:(int)parts {
    PRPViewTransition *tempView = [[PRPViewTransition alloc]
                                   initWithFrame:view.frame];
```

```
    tempView.numLayers = parts;
    [tempView cutLayersFromImage:[view PRPCompositeView]];

    return tempView;
}
```

Der Übergangs-View dient zu Anfang als eine statische Kopie des ursprünglichen Views, den er ersetzt, und muss sich am Anfang der Haupt-View-Hierarchie befinden. Wenn der `MainViewController` ihn dem View hinzufügt, wird die Delegate-Methode `didMoveToSuperview` aufgerufen. An diesem Punkt können wir den Übergangsvorgang anstoßen, indem wir den rotierenden Layer-Tubus erstellen und dann den Animationsvorgang für den Seitenwechsel starten.

ViewTransition/PRPViewTransition.m

```
- (void)didMoveToSuperview {
    [self createRotatingLayers];
    [self SwitchLayers];
}
```

Die Eigenschaft `numLayers` wirkt sich direkt auf die Größe der Streifen aus, die wir erstellen, und die Erscheinung des Übergangseffekts kann mit verschiedenen Werten ganz unterschiedlich gestaltet werden. Eine hohe Zahl erstellt schmale Streifen und führt zu einem langsameren, enger rotierenden Tubus, während eine kleinere Zahl breitere Streifen erstellt, was dazu führen kann, dass das Wickeln zu offen und visuell weniger ansprechend ist.

Die Eigenschaft `contentsRect` ist der Schlüssel zur Aufteilung des Bilds. Setzen wir den Inhalt der einzelnen Layer auf das vollständige Bild, variieren dabei aber das `contentsRect`, können wir die aufeinanderfolgenden Streifen nur den gewünschten Teil des Bilds anzeigen lassen. Ordnen wir die Streifen nebeneinander an, scheinen sie mit dem ursprünglichen View identisch zu sein. Wir nutzen das Eltern-Layer `stripLayer` hier nur für die Reihe der Streifen. Es hat keinen eigenen sichtbaren Inhalt.

ViewTransition/PRPViewTransition.m

```
- (void)cutLayersFromImage:(UIImage *)image {

    width = self.bounds.size.width/numLayers;
    height = self.bounds.size.height;
    unitSize = 1.0/numLayers;
    stripLayer = [CALayer layer];
    [self.layer addSublayer:stripLayer];
    for (int i = 0; i < numLayers; i++) {
        CALayer *layer = [CALayer layer];
        layer.contents = (id)image.CGImage;
```

```
            CGRect posRect = CGRectMake(width*i, 0, width, height);
            layer.contentsRect = CGRectMake(unitSize*i, 0, unitSize, 1);
            layer.frame = posRect;
            [stripLayer addSublayer:layer];
        }
    }
```

Wahrscheinlich ist es nicht ganz einfach, sich den Vorgang vorzustellen, der in der Methode createRotatingLayers abläuft, aber im Prinzip erstellt er einen Tubus mit vielen Seiten aus transparenten Layern, die die gleiche Größe wie die Bildstreifen haben, die wir zuvor erstellt haben. Der Trick beim Aufbau des Tubus ist, dass beim Hinzufügen der Seiten-Layer graduell die Rotation und die Translation in Bezug auf die zPosition erhöht werden – den Punkt, um den das Layer rotiert und der dem Radius des Tubusquerschnitts entspricht. Versuchen Sie, sich diesen Vorgang in Aktion vorzustellen: Nehmen Sie an, Sie bauen eine Röhre aus identischen Papierstreifen auf und fügen jeden Streifen als neue Seite ein, die jeweils etwas weiter eingedreht wird als die letzte, bis ein vollständiger Kreis aufgebaut ist.

Alle Tubus-Layer werden dem transform-Layer hinzugefügt, das es dann ermöglicht, die Sub-Layer-Transformation einzusetzen, um den Layer-Tubus als eine Einheit zu rotieren.

ViewTransition/PRPViewTransition.m

```
- (void) createRotatingLayers {
    transform = [CALayer layer];
    transform.frame = CGRectMake(self.bounds.size.width-width/2, 0, 1, 1);
    transform.backgroundColor = [UIColor whiteColor].CGColor;
    [self.layer addSublayer:transform];
    CATransform3D t = CATransform3DMakeTranslation(-width/2, 0, 0);
    for (int i=0; i < SIDES ; i++) {
        CALayer *rotLayer = [CALayer layer];
        rotLayer.anchorPoint = CGPointMake(1, 1);
        rotLayer.frame = CGRectMake(0, 0, width, height);
        rotLayer.zPosition = -width*0.866;
        rotLayer.transform = t;
        [transform addSublayer:rotLayer];

        t = CATransform3DRotate(t, -M_PI*2/SIDES, 0, 1, 0);
        t = CATransform3DTranslate(t, width, 0, 0);
    }
    count = 0;
    layerNum = 0;
}
```

Die Animation des Übergangs hat zwei Komponenten, die beide eine Sublayer-Transformation nutzen, um den Tubus als Ganzes zu animieren. Die Rotations- und die Translationsanimation werden so koordiniert, dass der Tubus praktisch wie ein Bleistift über den Bildschirm rollt, aber nur bis zu dem Punkt, an dem die nächste Seite des Tubus sich so weit gedreht hat, dass sie parallel zum View ist.

ViewTransition/PRPViewTransition.m

```objc
- (void) animateLayers {
    CABasicAnimation *anim = [CABasicAnimation
              animationWithKeyPath:@"sublayerTransform.rotation.y"];
    anim.fromValue = [NSNumber numberWithFloat:-M_PI*2/SIDES*count];
    anim.toValue = [NSNumber numberWithFloat:-M_PI*2/SIDES*(count+1)];
    anim.duration = duration/numLayers;
    anim.removedOnCompletion = NO;
    anim.fillMode = kCAFillModeBoth;
    anim.delegate = self;
    [transform addAnimation:anim forKey:@"subRot"];
    anim = [CABasicAnimation
         animationWithKeyPath:@"sublayerTransform.translation.x"];
    anim.fromValue = [NSNumber numberWithFloat:-width*count];
    anim.toValue = [NSNumber numberWithFloat:-width*(count+1)];
    anim.duration = duration/numLayers*0.98;
    anim.removedOnCompletion = NO;
    anim.fillMode = kCAFillModeBoth;
    [transform addAnimation:anim forKey:@"subTrans"];
    count++;
}
```

Die Methode SwitchLayers und das Delegate animationDidStop bilden das Herz des Blättern- oder Rolleffekts. Bei jeder Drehung des Tubus wechseln wir den Inhalt (den Streifen des ursprünglichen Bildes) des stripLayer gegen das Layer aus, über dem der Tubus jetzt liegt, so als wäre er jetzt daran angeklebt. Dann entfernen wir diesen Streifen aus dem stripLayer und sorgen dafür, dass sich das Layer bei der nächsten Rotation nach oben auf uns zuzubewegen scheint, als würde es sich von dem dahinterliegenden View ablösen.

ViewTransition/PRPViewTransition.m

```objc
- (void) SwitchLayers {
    CALayer *oldLayer = [stripLayer.sublayers objectAtIndex:
                                  numLayers-count-1];
    CALayer * tLayer = [transform.sublayers objectAtIndex:layerNum];
    [CATransaction setValue:(id)kCFBooleanTrue
                     forKey:kCATransactionDisableActions];
    tLayer.contents = oldLayer.contents;
    [oldLayer removeFromSuperlayer];
    tLayer.contentsRect = CGRectMake(unitSize*(numLayers-count-1),
                                  0, unitSize, 1);
    [self animateLayers];
    layerNum--;
    if (layerNum < 0) layerNum = SIDES-1;
}
```

Das Delegate `animationDidStop` steuert den Ablauf der Drehungen des Tubus, indem es nach und nach die Layer des Hintergrundbilds greift. Wird das Ende der Schleife erreicht, schieben wir eine weitere Drehung des Tubus ein, um sicherzustellen, dass er nicht mehr auf dem Bildschirm ist, und entfernen den Tubus dann aus dem View – Aufgabe gelöst.

ViewTransition/PRPViewTransition.m

```
- (void)animationDidStop:(CAAnimation *)theAnimation finished:(BOOL)flag {
    if (count < numLayers) {
        [self SwitchLayers];
    } else if (count == numLayers) {
        [self animateLayers];
    } else {  // Ende erreicht!
        [self removeFromSuperview];
    }
}
```

Weil wir der Beispiel-App den Anstrich einer App zum Lesen von Büchern geben wollen, nutzen wir einen `UISwipeGestureRecognizer`, um das Umblättern anzustoßen, und wechseln zwischen drei Beispielbildern. Die Schwerarbeit wird in der Klasse `PRPViewTransition` abgewickelt, die zu implementierende Einrichtung ist also recht einfach. Wir erstellen eine Instanz der Klasse unter Angabe des Views, der umgeblättert werden soll, und der Anzahl an Bildstreifen. Dann setzen wir die `duration` des Umblätterns und fügen die Instanz als Subview des `ViewController` ein. Da der Initialisierer des `transView` bereits eine Kopie des ursprünglichen Bilds erstellt und dieses in Layer zerlegt hat, können wir den ursprünglichen View aus dem View-Controller entfernen. Das Hinzufügen des Views stößt den Aufruf des Delegates `didMoveToSuperview` an und setzt die Umblättern-Animation in Gang.

ViewTransition/MainViewController.m

```
- (void)swiped:(UISwipeGestureRecognizer *)sender {
    NSString *splashImage;
    loop++;
    switch (loop) {
        case 1:
            splashImage = @"settings.png";
            break;
        case 2:
            splashImage = @"BackImage.jpg";
            break;
        default:
            splashImage = @"Default.png";
            loop = 0;
            break;
    }
```

```
        UIImageView *newView = [[UIImageView alloc] initWithImage:
                                    [UIImage imageNamed:splashImage]];
        newView.userInteractionEnabled = YES;
        newView.frame = self.view.bounds;
        [self.view addSubview:newView];
        PRPViewTransition *transView = [PRPViewTransition
                                    viewWithView:self.currentView
                                    splitInto:4];
        transView.duration = 0.8;
        [self.view addSubview:transView];
        [self.currentView removeFromSuperview];
        self.currentView = newView;
}
```

Der endgültige Übergang ist eine hinreichende Simulation des Umblätterns. Wenn wir die Anzahl an Streifen anpassen, können wir aber auch einen Effekt erstellen, der eher einem Aus-dem-View-Rollen der Seite ähnelt. Aktuell funktioniert die Beispiel-App nur in eine Richtung, aber es sollte nicht zu schwer sein, den umgekehrten Vorgang zu implementieren – d.h. eine Seite wieder auf den aktuellen View zu blättern.

Kapitel 4

Netzwerkrezepte

Eine Vielzahl von Mobil-Apps stützt sich für wesentliche Teile ihrer Funktionalität auf Webservices. Das iOS-SDK bietet Ihnen Werkzeuge, mit deren Hilfe Sie sich mit beinahe jeder Art von Webservice verbinden können, auf den Sie zugreifen müssen. Dies tun Sie allerdings auf recht elementarer Ebene. Es gibt viele Standardinteraktionen und -operationen, die jede App vornehmen muss, die das Netzwerk nutzt, und viele davon verlangen mehr Code, als man erwarten würde.

Die Rezepte in diesem Kapitel illustrieren eine Handvoll wiederverwendbarer Lösungen für einige der häufiger auftretenden Situationen. Sie können, so wie sie sind, eingesetzt werden und lassen sich leicht erweitern, um sie entweder noch weiter auszubauen oder detaillierter an Ihre eigenen Anforderungen anzupassen.

31 | Den Netzwerkaktivitätsindikator zähmen

Problem

Ihre Anwendung führt an unterschiedlichen Stellen Downloads oder Uploads aus und sendet sie an eine Queue oder parallelisiert sie, während gleichzeitig viele Benutzerinteraktionen stattfinden. Sie müssen den Netzwerkstatus zuverlässig anzeigen, ohne dabei jede Netzwerkoperation aktiv nachzuhalten.

Lösung

Wir können die `UIApplication`-Eigenschaft `networkActivityIndicatorVisible` nutzen, um das Netzwerkrad in der Statusleiste nach Bedarf anzuzeigen. Dieser binäre Schalter hat jedoch keinen Kontext. Wenn wir eine Anwendung schreiben, die parallele Uploads und Downloads durchführt, wird es schnell schwer, die ablaufenden Aktivitäten korrekt zu melden. Den Indikator anzuzeigen, wenn die einzelnen Aktionen starten, ist recht einfach, aber wie bringen wir in Erfahrung, wann er verborgen werden muss? Unser Netzwerkcode sollte unabhängig davon, ob wir `NSURLConnection` oder `NSStream` nutzen, nicht notwendigerweise dafür verantwortlich sein, den Kontext zu verwalten, der zur Steuerung des Netzwerkaktivitätsindikators erforderlich ist. Dieses Problem lösen wir mit einer Kategorie auf `UIApplication`, die Netzwerkverbindungen nachhält, den Indikator automatisch anzeigt, wenn eine Aktivität beginnt, und wieder verbirgt, wenn sie abgeschlossen ist. Wenn wir eine Kategorie einsetzen, können wir die vorhandene `UIApplication`-Instanz nutzen und müssen kein eigenes Objekt verwalten. Das ist vor allem deswegen sinnvoll, weil der Aktivitätsindikator selbst von `UIApplication` gesteuert wird.

Die `PRPNetworkActivity`-Kategorie pflegt einen schreibgeschützten Zähler für die aktiven Verbindungen. Zwei Methoden, `-prp_pushNetworkActivity` und `-prp_popNetworkActivity`, ermöglichen Ihrem Code, die App über Netzwerkaktivitäten zu benachrichtigen. Die Methode `-prp_resetNetworkActivity` löscht den aktuellen Zustand und beginnt wieder bei null.

NetworkActivityCenter/Classes/UIApplication+PRPNetworkActivity.h

```objc
@interface UIApplication (PRPNetworkActivity)

@property (nonatomic, assign, readonly) NSInteger prp_networkActivityCount;

- (void)prp_pushNetworkActivity;
- (void)prp_popNetworkActivity;
- (void)prp_resetNetworkActivity;

@end
```

Denken Sie daran, dass das eine Kategorie ist und allen Methoden deswegen ein Präfix vorangestellt werden sollte, um sicherzustellen, dass sie nicht mit Methoden in Konflikt treten, die Apple in zukünftigen SDK-Versionen UIApplication hinzufügen könnte.

Die Implementierung ist sehr einfach: Wir deklarieren die statische Variable prp_networkActivityCount, die von den Methoden -prp_pushNetworkActivity und -prp_popNetworkActivity inkrementiert bzw. dekrementiert wird. Eine einfache Getter-Methode veröffentlicht den Zähler auf schreibgeschützte Weise.

NetworkActivityCenter/Classes/UIApplication+PRPNetworkActivity.m

```objc
- (NSInteger)prp_networkActivityCount {
    @synchronized(self) {
        return prp_networkActivityCount;
    }
}

- (void)prp_pushNetworkActivity {
    @synchronized(self) {
        prp_networkActivityCount++;
    }
    [self prp_refreshNetworkActivityIndicator];
}

- (void)prp_popNetworkActivity {
    @synchronized(self) {
        if (prp_networkActivityCount > 0) {
            prp_networkActivityCount--;
        } else {
            prp_networkActivityCount = 0;
            NSLog(@"%s Netzwerkaktivität nicht ausgeglichen: 
                count ist bereits 0.",
                __PRETTY_FUNCTION__);
        }
    }
    [self prp_refreshNetworkActivityIndicator];
}
```

Ein paar Bemerkungen zu diesem Verfahren:

- Wir nutzen eine globale Variable, um die Aktivitätszahl festzuhalten, aber die Methoden unserer Kategorie operieren auf einer `UIApplication`-Instanz. Sie sollten immer sehr vorsichtig sein, wenn Sie statische Daten aus mehreren Objektinstanzen verwenden. Eine optimale Lösung könnte das Verfahren mit einem assoziierten Objekt nutzen, das in Rezept 40, *Daten in einer Kategorie speichern*, auf Seite 231 beschrieben wird. Aber da es in jeder App nur eine einzige `UIApplication`-Instanz gibt, haben wir uns der Einfachheit halber auf diese globale Variable beschränkt.

- Beim Zugriff auf die Aktivitätszahl sind die oben vorgestellten Methoden auf `self` synchronisiert. `self` ist die geteilte App-Instanz, da wir eine Kategorie auf `UIApplication` geschrieben haben. Wir haben diese Synchronisation eingeführt, weil Netzwerkcode, der diese Kategoriemethoden nutzt, unter Umständen in mehreren Threads läuft. Es gibt unterschiedliche Möglichkeiten, Objective-C-Code zu synchronisieren, und wir haben die gewählt, die uns am verständlichsten erschien.

Die Methode `-prp_refreshNetworkActivityIndicator` setzt die Standardeigenschaft `networkActivityIndicatorVisible` auf der `UIApplication` entsprechend der aktuellen Aktivitätszahl: Der Netzwerkindikator wird angezeigt, wenn die Zahl positiv ist, und verborgen, wenn sie wieder auf 0 fällt. Weil große Teile von `UIKit` nicht als Thread-sicher betrachtet werden und die Eigenschaft `networkActivityIndicatorVisible` nicht explizit als solche dokumentiert wird, prüfen wir, ob der Netzwerkaktivitätsindikator nur aus dem Haupt-Thread angerührt wird.

NetworkActivityCenter/Classes/UIApplication+PRPNetworkActivity.m

```
- (void)prp_refreshNetworkActivityIndicator {
    if (![NSThread isMainThread]) {
        SEL sel_refresh = @selector(prp_refreshNetworkActivityIndicator);
        [self performSelectorOnMainThread:sel_refresh
                               withObject:nil
                            waitUntilDone:NO];
        return;
    }

    BOOL active = (self.prp_networkActivityCount > 0);
    self.networkActivityIndicatorVisible = active;
}
```

Jetzt haben wir eine verlässliche Verwaltung des Netzwerkstatus, auf den von beliebiger Stelle in unserer App zugegriffen werden kann und der vollständig unabhängig vom restlichen Code ist. Rufen Sie einfach -prp_pushNetworkActivity auf, wenn Sie eine neue Verbindung starten, und -prp_popNetworkActivity, wenn die Verbindung beendet wird.

Das Beispielprojekt NetworkActivityCenter zeigt, wie dieser Code genutzt wird. Wir haben die PRPDownload-Klasse aus einem früheren Rezept abgewandelt, um die Aktivität in Abhängigkeit vom Status der einzelnen Downloads anzumelden bzw. abzumelden. Die Download-Objekte kennen einander nicht, und auch der View-Controller der Test-App weiß nichts von ihnen geschweige denn davon, was sie mit dem Netzwerk anstellen. Die Objekte melden ihren Status über die UIApplication-Katgoriemethoden, die dann entscheiden, ob der Netzwerkindikator angezeigt werden soll oder nicht.

Dieses Projekt illustriert eine Anwendung des asynchronen PRPConnection-Mechanismus aus Rezept 32, *Webservice-Verbindungen vereinfachen*, auf Seite 182. Wir haben einen Download an jede Zeile der Tabelle gebunden und die Klasse PRPConnection so abgeändert, dass sie die Kategoriemethoden aus diesem Rezept nutzt. Der Netzwerkaktivitätsindikator erscheint, sobald ein Download beginnt, und wird automatisch verborgen, wenn der letzte Download abgeschlossen ist oder abgebrochen wird. Der Code in dieser Klasse bleibt gleich, egal ob ein Download läuft oder ob 100 Downloads laufen.

32 | Webservice-Verbindungen vereinfachen

Problem

Sie möchten Daten mit so wenig Code und Aufwand wie möglich von einem Webservice herunterladen. Womit beginnen Sie?

Lösung

Die im iOS-SDK enthaltene Klasse `NSURLConnection` bietet eine saubere, flexible Schnittstelle für das Herunterladen webbasierter Daten beliebigen Typs und beliebiger Größe. Sie erfordert allerdings bei jeder Verwendung eine Menge sich wiederholenden Einrichtungscode. Meist wollen wir einfach einen Download im Hintergrund anstoßen und die Daten erhalten, wenn der Download abgeschlossen ist.

Wir können den bei jedem Download erforderlichen Arbeitsaufwand reduzieren und uns selbst eine Menge Wiederholungen sparen, indem wir `NSURLConnection` in eine einfache Schnittstelle hüllen. Diese Klasse, `PRPConnection`, verwaltet die temporäre Datenstruktur und hält den Fortschritt fest, für den normalerweise unser eigenes Controller-Objekt verantwortlich wäre, damit der aufrufende Code nur reagieren muss, wenn der Download abgeschlossen ist und die Daten bereit sind. Außerdem erstellen wir einen optionalen Anknüpfungspunkt zur Überwachung des Download-Fortschritts.

Die Klasse erhält (natürlich) eine `NSURLConnection` sowie verschiedene andere Informationshappen, die von `NSURLConnection` nicht angeboten werden:

- den Ziel-URL,
- den ursprünglichen `NSURLRequest`,
- die erwartete Download-Größe und
- die aktuelle Download-Vollständigkeit (in Prozent).

SimpleDownload/Classes/PRPConnection.h

```objc
@property (nonatomic, copy, readonly) NSURL *url;
@property (nonatomic, copy, readonly) NSURLRequest *urlRequest;
@property (nonatomic, assign, readonly) NSinteger contentLength;
@property (nonatomic, strong, readonly) NSMutableData *downloadData;
@property (nonatomic, assign, readonly) float percentComplete;
@property (nonatomic, assign) NSUinteger progressThreshold;
```

Wir erstellen die Verbindung, indem wir einfach die Ziel-URL und optionale Objective-C-Blocks zur Verarbeitung des Verbindungsfortschritts, des Download-Abschlusses oder -fehlschlags übergeben. Es gibt auch eine Hilfsmethode, über die Sie Ihren eigenen NSURLRequest übergeben können. Ihr Nutzen wird klarer werden, wenn wir uns in den nächsten beiden Rezepten HTTP POST-Uploads zuwenden.

SimpleDownload/Classes/PRPConnection.h
```
+ (id)connectionWithURL:(NSURL *)requestURL
        progressBlock:(PRPConnectionProgressBlock)progress
      completionBlock:(PRPConnectionCompletionBlock)completion;
+ (id)connectionWithRequest:(NSURLRequest *)request
          progressBlock:(PRPConnectionProgressBlock)progress
        completionBlock:(PRPConnectionCompletionBlock)completion;
```

Im Unterschied zu NSURLConnection starten wir die Verbindungen nicht sofort, damit wir, wie Sie gleich sehen werden, die Verbindung noch weiter konfigurieren können, bevor wir fortfahren. Es werden explizite -start- und -stop-Methoden bereitgestellt, mit denen die Verbindung explizit gestartet oder abgebrochen werden kann.

Schauen wir uns jetzt die Blocks genauer an. Wir haben zwei definiert: einen, der den wachsenden Fortschritt meldet, und einen, der den Abschluss oder einen Fehlschlag meldet. Der error-Parameter des Abschluss- und Fehlerblocks wird von der NSURLConnection-Delegate-Methode -connection:didFailWithError: weitergeleitet. Wurde die Verbindung erfolgreich beendet, ist error nil.

SimpleDownload/Classes/PRPConnection.h
```
typedef void (^PRPConnectionProgressBlock)(PRPConnection *connection);
typedef void (^PRPConnectionCompletionBlock)(PRPConnection *connection,
                                             NSError *error);
```

Da PRPConnection ein Wrapper um NSURLConnection ist, dient die Klasse als das Delegate für NSURLConnection und speichert nach und nach die Daten, während der Download fortschreitet. Gleichzeitig wird der Fortschrittsblock für jede einprozentige Änderung des Fortschritts aufgerufen. Diese Frequenz können Sie anpassen, indem Sie die Eigenschaft progressThreshold setzen. Der Wert 5 würde beispielsweise bedeuten, dass der Block für jede fünfprozentige Änderung des Fortschritts aufgerufen wird. Das ermöglicht Ihnen, den PRPConnection-Fortschritt ganz leicht auf unterschiedliche Weise anzuzeigen. Sollte Sie der Fortschritt nicht interessieren, übergeben Sie für den Fortschrittsblock einfach nil, wenn Sie die Verbindung erstellen.

Die Eigenschaft `contentLength` repräsentiert den Content-Length-Wert im Response-Header der Verbindung. Dieser Wert wird gesetzt, wenn die Standard-NSURLConnection-Delegate-Methode `-connection:did-ReceiveResponse:` angestoßen wird.

SimpleDownload/Classes/PRPConnection.m

```
- (void)connection:(NSURLConnection *)connection
didReceiveResponse:(NSURLResponse *)response {
    if ([response isKindOfClass:[NSHTTPURLResponse class]]) {
        NSHTTPURLResponse *httpResponse = (NSHTTPURLResponse *)response;
        if ([httpResponse statusCode] == 200) {
            NSDictionary *header = [httpResponse allHeaderFields];
            NSString *contentLen = [header valueForKey:@"Content-Length"];
            NSInteger length = self.contentLength =
                                    [contentLen integerValue];
            self.downloadData = [NSMutableData dataWithCapacity:length];

        }
    }
}
```

> **Mit NSError arbeiten**
>
> Unser Abschluss- und Fehlerblock kontrolliert den Erfolg, indem er prüft, ob der übergebene `NSError`-Parameter `nil` ist. Das ist sicher, weil der Fehler eine bekannte Größe ist. Er ist nur dann ungleich `nil`, wenn er in `connection:didFailWithError:` empfangen wird, einer expliziten Fehlerbedingung.
>
> Das unterscheidet sich in erheblichem Maße von der Übergabe eines `NSError`-Objekts per Referenz an eine Apple-API wie `[NSManagedObjectContext executeFetchRequest:error:]`. In solchen Fällen müssen Sie den Rückgabewert prüfen, bevor Sie das NSError-Objekt untersuchen, wie es in der Referenzdokumentation für die entsprechende API erläutert wird.

Wir nutzen diesen Wert im Verein mit der letzten Größe der heruntergeladenen Daten, um die Eigenschaft `percentComplete` zu berechnen.

SimpleDownload/Classes/PRPConnection.m

```
- (float)percentComplete {
    if (self.contentLength <= 0) return 0;
    return ((([self.downloadData length] * 1.0f) / self.contentLength) * 100;
}
```

Den Fortschrittsblock rufen wir jedes Mal auf, wenn `percentComplete` ein Vielfaches des angegebenen Schwellenwerts erreicht.

SimpleDownload/Classes/PRPConnection.m
```objc
- (void)connection:(NSURLConnection *)connection
    didReceiveData:(NSData *)data {
    [self.downloadData appendData:data];
    float pctComplete = floor([self percentComplete]);
    if ((pctComplete - self.previousMilestone) >= self.progressThreshold) {
        self.previousMilestone = pctComplete;
        if (self.progressBlock)self.progressBlock(self);
    }
}
```

Die Verwendung von `PRPConnection` ist einfach: Sie erstellen ein Objekt, indem Sie `+downloadWithURL:progressBlock:completionBlock:` aufrufen und diesem dann die `-start`-Nachricht senden. PRPConnection kümmert sich um die gesamte Schwerarbeit, und wir müssen uns nur noch um die Events kümmern, die uns interessieren. Wenn der Download abgeschlossen ist, fragen wir einfach die Eigenschaft `downloadData` ab. Sie können auch die Länge des `downloadData`-Byte-Arrays abfragen, wenn Sie dem Benutzer diese Information anzeigen wollen, während der Download läuft.

Schauen Sie sich die Implementierung der Klasse `SimpleDownloadViewController`, die im Beispielprojekt `SimpleDownloads` enthalten ist, einmal genauer an und beachten Sie, wie wenig Code erforderlich ist, um den eigentlichen Download abzuwickeln: Die Arbeit beschränkt sich fast vollständig auf die Manipulation der Benutzerschnittstelle. Diese `NSURLConnection`-Abstraktion ermöglicht es, den Controller-Code klar zu halten und uns darin auf die wichtigen, hochrangigeren Aufgaben zu konzentrieren. Wir können sie nutzen, um RSS-Feeds abzurufen, JSON-Antworten von Webservices entgegenzunehmen oder Mediendaten herunterzuladen.

Beachten Sie, dass Sie das für größere Downloads mit einem `NSInputStream` verbinden und die Daten, während sie ankommen, auf die Festplatte schreiben sollten, um einen Speicherengpass zu vermeiden. Wenn Sie beispielsweise versuchen, ein 500-MB-Video in ein `NSData`-Objekt im Speicher herunterzuladen, führt das unweigerlich dazu, dass Ihre App abstürzt.

33 | Einen einfachen HTTP POST-Request formatieren

Problem

Täglich kommen neue Webservice-APIs auf, und irgendwann werden Sie es sicher mit einer zu tun haben, die einen HTTP POST statt eines guten alten GET verlangt. Wie formatieren Sie einen derartigen Request? Was können Sie machen, damit Sie es leicht in jedes Projekt integrieren können, in dem Sie es benötigen?

Lösung

Haben Sie das Web je genutzt (oder für es programmiert), ist Ihnen die HTTP POST-Methode vertraut. Wenn Sie auf einer Webseite ein Formular mit den üblichen Drop-downs und Textfeldern ausfüllen und dann irgendeine „Absenden"-Aktion anstoßen, erzeugt das Formular wahrscheinlich einen „Formular-Post" – oder einen „URL-kodierten Post". Im Web erledigt der Browser die schmutzige Arbeit. Was aber muss ein Cocoa-Programmierer tun?

Die gute Nachricht ist, dass wir einen POST ebenso über die NSURLConnection-API ausführen können wie einfache Web-Requests (üblicherweise GETs). Beim Absenden eines POST sind einige weitere Schritte erforderlich:

- Sie müssen die Request-Methode auf POST setzen.
- Sie müssen die Art des POST angeben, den wir senden.
- Sie müssen dem Request-Inhalt die Formulardaten hinzufügen.

Die Verbindung selbst ändert sich nicht, aber der zugrunde liegende NSURLRequest muss angepasst werden. Dazu werden wir eine Unterklasse von NSMutableURLRequest, PRPFormEncodedPOSTRequest, schreiben, die ein Dictionary mit den Parametern unterstützt, die für die POST-Methode genutzt werden. Wir erweitern NSMutableURLRequest, damit wir die Formulardaten dem HTTP-Body hinzufügen können.

BasicHTTPPost/PRPFormEncodedPOSTRequest.h

```
@interface PRPFormEncodedPOSTRequest : NSMutableURLRequest {}

+ (id)requestWithURL: (NSURL *)url formParameters: (NSDictionary *)params;
- (id)initWithURL: (NSURL *)url formParameters: (NSDictionary *)params;
```

```
- (void)setFormParameters: (NSDictionary *)params;
```

@end

Die ersten beiden der skizzierten Schritte sind einfach: Setzen Sie die HTTP-Methode auf POST und den Content-Type auf application/x-www-form-urlencoded. Das können wir bereits bei der Initialisierung erledigen.

BasicHTTPPost/PRPFormEncodedPOSTRequest.m

```
- (id)initWithURL:(NSURL *)url formParameters:(NSDictionary *)params {
    if ((self = [super initWithURL:url])) {
        [self setHTTPMethod:@"POST"];
        [self setValue:@"application/x-www-form-urlencoded"
    forHTTPHeaderField:@"Content-Type"];
        [self setFormParameters:params];
    }
    return self;
}
```

Die Methode -setFormParameters: ist das letzte Puzzlestück. Bei unserer -initWithURL:formParameters:-Methode werden die Parameter bei der Erstellung übergeben, aber wir könnten sie auch setzen, nachdem wir das Objekt erstellt haben, und lagern sie deswegen in eine separate Methode aus.

Formularparameter haben große Ähnlichkeit mit URL-Abfragestrings, werden aber nicht an die URL angehängt, sondern ersetzen den HTTP-Body. Wenn wir ein Formular absenden, das einen Namen und ein Alter enthält, könnte der aufgebaute Body-String folgendermaßen aussehen:

```
name=Lucas+Drance&age=1.5
```

Die Namen und Werte der Parameter werden mit einem Gleichheitszeichen (=) getrennt, die Parameterpaare selbst mit dem Und-Zeichen (&). In diesem Rezept nutzen wir statt des von RFC 2616 festgelegten Pluszeichens (+) %20, um Leerzeichen zu maskieren. Viele Webservices akzeptieren beides, aber unglücklicherweise unterstützen einige beliebte Webservices das Pluszeichen nicht. Testen Sie Ihre Projekte immer mit Inhalten, die Whitespace-Zeichen enthalten, um zu prüfen, ob sich der Server, mit dem Sie reden, wie erwartet verhält.

Unser Cocoa-Code muss die Name/Wert-Paare, die er erhält, folglich wie oben erläutert zusammenbauen. Das ist, was -setFormParameters: für uns tut. Eine NSString-Kategorie kümmert sich um alle erforderlichen Maskierungen.

```
BasicHTTPPost/PRPFormEncodedPOSTRequest.m
```

```objc
- (void)setFormParameters:(NSDictionary *)params {
    NSStringEncoding enc = NSUTF8StringEncoding;
    NSMutableString *postBody = [NSMutableString string];
    for (NSString *paramKey in params) {
        if ([paramKey length] > 0) {
            NSString *value = [params objectForKey:paramKey];
            NSString *encodedValue =
                [value prp_URLEncodedFormStringUsingEncoding:enc];
            NSUInteger length = [postBody length];
            NSString *paramFormat = (length == 0 ? @"%@=%@" : @"&%@=%@");
            [postBody appendFormat:paramFormat, paramKey, encodedValue];
        }
    }
    NSLog(@"postBody ist jetzt %@", postBody);
    [self setHTTPBody:[postBody dataUsingEncoding:enc]];
}
```

Simpel, nicht wahr? Eigentlich müssen wir aber noch etwas mehr tun, um reservierte Zeichen zu berücksichtigen.

Die Standardmethode -[NSString stringByAddingPercentEscapesUsingEncoding:] behauptet, sie „wandle den Empfänger in einen legalen URL-String um". Das klingt vielversprechend, reicht aber noch nicht ganz aus. Was ist, wenn die tatsächlichen Nutzereingaben eins der reservierten Zeichen (+, &, =) enthalten? Nichts. Technisch betrachtet, sind diese Zeichen „legal" und werden von NSString deswegen nicht angerührt. Aber ein Server könnte ein von einem Benutzer eingegebenes Pluszeichen als Leerzeichen interpretieren. Schlimmer noch, vom Benutzer eingegebene Und-Zeichen könnten vorzeitig einen neuen Parameter signalisieren. Wir müssen sie manuell maskieren, und das ist die Aufgabe der Kategoriemethoden.

Unsere erste Kategoriemethode, -prp_URLEncodedFormStringUsingEncoding:, wird von der Request-Klasse genutzt, um den HTTP-Body aufzubauen. Sie maskiert die zuvor erwähnten reservierten Zeichen und ersetzt dann alle Leerzeichen durch Pluszeichen. Die Abfolge der Schritte ist hier wichtig: Würden Sie zuerst die Leerzeichen ersetzen, würde die Maskierungsprozedur anschließend alle Pluszeichen maskieren. Da nur die vom Benutzer eingegebenen Pluszeichen maskiert werden sollen, ersetzen wir die Leerzeichen zuletzt.

BasicHTTPPost/NSString+PRPURLAdditions.m

```
- (NSString *)prp_URLEncodedFormStringUsingEncoding:(NSStringEncoding)enc {
    NSString *escapedStringWithSpaces =
    [self prp_percentEscapedStringWithEncoding:enc
                        additionalCharacters:@"&=+"
                             ignoredCharacters:nil];
    return escapedStringWithSpaces;
}
```

Die String-Umwandlung wird durch unsere zweite Kategoriemethode, prp_URLEncodedFormStringUsingEncoding:additionalCharacters:ignored Characters:, durchgeführt. Sie nimmt zwei Gruppen von Zeichen: die, die maskiert werden sollen (die reservierten Zeichen), und die, die nicht maskiert werden sollen (die Leerzeichen – zumindest nicht sofort). Wir haben bereits festgestellt, dass NSString unser Problem nicht lösen kann, und müssen uns daher unter die Cocoa-Ebene zum C-Gegenstück Core Foundation begeben. Ein Aufruf von CFURLCreateStringBy-AddingPercentEscapes führt die spezielle Substitution durch, die wir benötigen, und nutzt dabei die Parameter additionalCharacters und ignoredCharacters, um das Verhalten anzupassen.

BasicHTTPPost/NSString+PRPURLAdditions.m

```
- (NSString *)prp_percentEscapedStringWithEncoding:(NSStringEncoding)enc {
                        additionalCharacters:(NSString *)add
                             ignoredCharacters:(NSString *)ignore {
    CFStringEncoding convertedEncoding =
        CFStringConvertNSStringEncodingToEncoding(enc);
    return (__bridge_transfer NSString *)
                        CFURLCreateStringByAddingPercentEscapes(
                            kCFAllocatorDefault,
                            (__bridge CFStringRef)self,
                            (__bridge CFStringRef)ignore,
                            (__bridge CFStringRef)add,
                            convertedEncoding);
}
```

Schauen wir uns an, was hier passiert. Das eingebaute Verhalten von Core Foundation (und damit auch Cocoa) ist es, nur Zeichen zu maskieren, die in URLs grundsätzlich nicht zugelassen sind. Unser POST-Anwendungsfall erfordert jedoch, dass einige eigentlich zulässige Zeichen trotzdem maskiert werden. Das erreichen wir, indem wir &=+ als zusätzliche Zeichen übergeben.

Endlich: ein wohlgeformter POST-Body-String! Jetzt rufen wir einfach die Daten als UTF-8 (oder in einer anderen Kodierung, die Ihr Server verlangt) ab und setzen sie als Request-Body. Nachdem der Request eingerichtet ist, müssen wir nur noch eine `NSURLConnection` mit unserem speziellen Request erstellen und den Request dann absenden.

BasicHTTPPost/PRPURLEncodedPostViewController.m
```
NSURL *postURL = [NSURL URLWithString:URLString];
NSURLRequest *postRequest;
postRequest = [PRPFormEncodedPOSTRequest requestWithURL:postURL
                                        formParameters:params];

NSURLResponse *response = nil;
NSError *error = nil;
NSData *responseData = [NSURLConnection sendSynchronousRequest:postRequest
                                        returningResponse:&response
                                        error:&error];
```

Bleibt nur noch zu prüfen, ob die Sache auch wirklich funktioniert. Das `BasicHTTPPost`-Projekt schließt ein einfaches WEBrick-Servlet[1] ein, das POST-Requests entgegennimmt und die Ausgabe wieder zurückgibt. Sie starten den Server, indem Sie zu dem Verzeichnis navigieren, das `webserver.rb` enthält, und `ruby webserver.rb` eingeben. Sie sollten ein paar Ausgaben sehen, die anzeigen, dass der Server gestartet wurde. Dass er läuft, prüfen Sie, indem Sie die lokale Datei form.html auf einen Browser ziehen, das Formular ausfüllen und die Antwort des Servers prüfen. Haben Sie sichergestellt, dass das statische HTML-Formular funktioniert, können Sie einen `BasicHTTPPost` ausführen und schauen, was passiert, wenn Sie die gleichen Daten in die iPhone-App eingeben.

Asynchron arbeiten!

Das Projekt `BasicHTTPPost`, das dieses Projekt begleitet, nutzt eine synchrone Verbindung, um POST-Requests zu demonstrieren. Das haben wir nur getan, um die Lösung mit so wenig Code wie möglich aufzubauen, da es uns hier im Wesentlichen um den Aufbau des Requests selbst ging. Apple legt Ihnen wärmstens nahe, `NSURLConnection` im asynchronen Modus zu nutzen.

---

[1] Vielen Dank an Mike Clark, der den Testservercode für dieses Rezept beigetragen hat.

34 Dateien über HTTP hochladen

Problem

Im letzten Rezept haben wir betrachtet, wie man Formulardaten mit NSURLConnection und einer eigenen NSMutableURLRequest-Unterklasse, die den HTTP-Body enthält, in einem HTTP POST-Request absendet. Das zunehmende Datei-/Foto-/Video-Sharing ist ein Grund dafür, dass simple Formulare häufig nicht genug sind. Wie also laden Sie eine Datei mit Cocoa auf eine Website hoch?

Lösung

Wenn wir mit einer Web-API kooperieren, die Dateien akzeptiert, werden wir mit ziemlicher Sicherheit dazu aufgefordert, einen Multipart-POST vorzunehmen. Dabei müssen wir immer noch die Daten (die zu einem Großteil aus Text bestehen) als HTTP-Body setzen, aber es ist erheblich komplizierter als das Versenden eines einfachen URL-kodierten Body-Strings.

Gemäß RFC 1867[2] und RFC 1341[3] besteht ein Multipart-Body aus einer Kombination gewöhnlicher Formularfelder und binärer Dateidaten, die von einem willkürlichen „Begrenzungsstring" getrennt werden. So könnte ein Multipart-Body für einen Benutzernamen, ein Passwort und einen JPEG-Upload aussehen:

```
--d0ntcr055t3h57r33m2
Content-Disposition: form-data; name="username"

tyler
--d0ntcr055t3h57r33m2
Content-Disposition: form-data; name="password"

durden
--d0ntcr055t3h57r33m2
Content-Disposition: form-data; name="media"; filename="foo.jpg"
Content-Type: image/jpeg

<data from foo.jpg>
--d0ntcr055t3h57r33m2
```

---

[2] http://tools.letf.org/html/rfc1867
[3] http://www.w3.org/Protocols/rfc1341/7_2_Multtpart.html

Die eigentlichen JPEG-Daten haben wir uns gespart, aber Sie können sich sicher vorstellen, dass die ziemlich chaotisch aussehen. Dieser gigantische String ist unser HTTP-Body. Der Begrenzungsstring, d0ntcr055t3h57r33m2, wird im Request-Header definiert. Wir müssen uns darum kümmern, dass dieser Body mit dem Begrenzungsstring, den content-disposition-Headern, den Zeilenumbrüchen und den Daten selbst korrekt formatiert wird. Das kann ziemlich schnell ziemlich unübersichtlich werden, und wenn nur ein Teil die falsche Form hat, kann das den gesamten Upload ruinieren.

Wir haben vor, diesem Vorgang etwas von seinem Schrecken zu nehmen, damit wir nicht jedes Mal von vorn beginnen müssen, wenn wir eine Datei hochladen müssen.

Wieder einmal deklarieren wir eine Unterklasse von NSMutableURL-Request – diesmal mit dem Namen PRPMultipartPOSTRequest. Diese Klasse deklariert ein Dictionary für traditionelle Schlüssel/Wert-Formularparameter, das Sie nach Bedarf konfigurieren können. Außerdem gibt es eine Eigenschaft für den Begrenzungsstring, der im Post-Body verwendet wird. Wenn Sie einen Multipart-Upload ausführen, sollten Sie immer schauen, dass Sie einen recht eindeutigen String als Begrenzer wählen.

MultipartHTTPPost/PRPMultipartPOSTRequest.h

```
@property (nonatomic, copy) NSString *HTTPBoundary;
@property (nonatomic, strong) NSDictionary *formParameters;
```

Außerdem gibt es eine Methode, mit der die hochzuladende Datei angegeben werden kann. Sie verlangt einen Inhaltstyp, einen Formularvariablennamen und einen Zieldateinamen auf dem Server.

MultipartHTTPPost/PRPMultipartPOSTRequest.h

```
- (void)setUploadFile:(NSString *)path
          contentType:(NSString *)type
            nameParam:(NSString *)nameParam
             filename:(NSString *)fileName;
```

Schließlich gibt es eine Methode, mit der der HTTP-Body für den Upload vorbereitet wird. Sie erwartet zwei Blocks: einen für den erfolgreichen Upload und einen für den Fall, dass beim Aufbau des Bodys ein Fehler auftritt. Wir werden gleich erklären, warum diese Blocks erforderlich sind (und nicht nur ein einfacher Rückgabewert).

MultipartHTTPPost/PRPMultipartPOSTRequest.h

```
-(void)prepareForUploadWithCompletionBlock:(PRPBodyCompletionBlock)completion
                          errorBlock:(PRPBodyErrorBlock)error;
```

Der Ablauf beim Einsatz von `PRPMultipartPOSTRequest` sieht folgendermaßen aus:

1. Sie erstellen ein Request-Objekt.
2. Sie setzen einen eigenen Begrenzungsstring.
3. Sie setzen (bei Bedarf) die elementaren Formularparameter.
4. Sie fügen die hochzuladende Datei hinzu.
5. Sie bereiten den Request für das Absenden vor.

> **Mehrere Dateien hochladen**
>
> Dieses Kapitel befasst sich damit, wie man eine einzelne Datei mit dem `multipart/form-data`-Content-Type hochlädt. Andere Server und APIs können eine Kombination aus `multipart/form-data`- und `multipart/mixed`-Daten verlangen. Mithilfe der Beispiele in RFC 1867 und den hoffentlich dokumentierten Anforderungen des Servers sollten Sie den Code recht leicht Ihren Anforderungen entsprechend aufbohren können.

Die Datei- und Parameterschritte können auch vertauscht werden. Wie wir in dem früheren Beispiel sahen, werden alle einfachen Formulardaten als "`Content-Disposition: form-data;`" mit dem Parameternamen, zwei auf diesen folgenden Zeilenumbrüchen und dem Wert formatiert. Die binären Daten für den Dateianhang im Body sind ähnlich strukturiert, schließen aber auch einen Content-Type und den bereits erwähnten Dateinamen ein.

Jetzt haben wir alle Teile, die wir benötigen, und müssen diese nur noch zusammenfügen. Hier tritt `-prepareForUploadWithCompletionBlock:errorBlock:` auf den Plan. Diese Methode erwartet alle zuvor gesetzten Parameter sowie die Upload-Datei und bereitet auf ihrer Basis den Multipart-Body vor.

Wir beginnen damit, dass wir den HTTP-Body als Multipart-POST identifizieren. Außerdem setzen wir einen temporären Dateinamen für den Body-Inhalt selbst. Da der Body komplizierter und wahrscheinlich auch viel größer als ein gewöhnlicher POST-Request ist, erleichtert es die Wiederherstellung im Fall eines Fehlers, von Unterbrechungen oder dem Beenden der App, wenn der Body in einer Datei gespeichert wird. Außerdem verhindert es, dass uns der Speicher ausgehen könnte, weil wir alle Daten im Speicher vorhalten.

MultipartHTTPPost/PRPMultipartPOSTRequest.m

```
- (void)startRequestBody {
    if (!self.started){
        self.started = YES;

        [self setHTTPMethod:@"POST"];
        NSString *format = @"multipart/form-data; boundary=%@";
        NSString *contentType = [NSString stringWithFormat:format,
                                    self.HTTPBoundary];
        [self setValue:contentType forHTTPHeaderField:@"Content-Type"] ;

        CFUUIDRef uuid = CFUUIDCreate(kCFAllocatorDefault);
        CFStringRef uuidStr = CFUUIDCreateString(kCFAllocatorDefault, uuid);
        NSString *extension = @"multipartbody";
        NSString *bodyFileName = [(__bridge NSString *)uuidStr
                            stringByAppendingPathExtension:extension];
        CFRelease(uuidStr);
        CFRelease(uuid);

        self.pathToBodyFile = [NSTemporaryDirectory()
                        stringByAppendingPathComponent:bodyFileName];
        NSString *bodyPath = self.pathToBodyFile;
        self.bodyFileOutputStream = [NSOutputStream
                            outputStreamToFileAtPath:bodyPath
                                            append:YES];

        [self.bodyFileOutputStream open];
    }
}
```

> **Temporäre Dateien verwalten**
>
> Dieses Rezept speichert den Body unter einem zufälligen Dateinamen im temp-Verzeichnis. Das System säubert das temp-Verzeichnis in nicht festgelegten Intervallen. Falls Sie die Dateien selbst verwalten wollen, sollten Sie sie deswegen im caches-, documents- oder einem anderen Verzeichnis in der Sandbox Ihrer App speichern. Denken Sie allerdings daran, dass Sie dann dafür verantwortlich sind, die Body-Datei zu löschen, wenn sie nicht mehr benötigt wird.

Die Formularparameter werden auf ähnliche Weise vorbereitet wie in Rezept 33, *Einen einfachen HTTP POST-Request formatieren*, auf Seite 186, wir müssen die Werte allerdings nicht maskieren. Dem Muster im oben vorgestellten Body gemäß wird allen Parametern der HTTP-Begrenzungsstring und ein Content-Disposition-Bezeichner vorangestellt. Wir bauen alle Parameter zu einem einzigen String zusammen, der in UTF-8-Bytes in den Body geschrieben wird. Die UTF-8-Umwandlung erfolgt in der Methode -appendBodyString:.

```
MultipartHTTPPost/PRPMultipartPOSTRequest.m
NSMutableString *params = [NSMutableString string];
NSArray *keys = [self.formParameters allKeys];
for (NSString *key in keys) {
    @autoreleasepool {
        [params appendString:[self preparedBoundary]];
        NSString *fmt = @"Content-Disposition: form-data;
                          name=\"%@\"\r\n\r\n";
        [params appendFormat:fmt, key];
        [params appendFormat:@"%@",
                            [self.formParameters objectForKey:key]];
    }
}
if ([params length]) {
    if ([self appendBodyString:params] == -1) {
        self.prepErrorBlock(self, [self.bodyFileOutputStream streamError]);
        return;
    }
}
```

Dann folgt die Mediendatei, die wir hochladen. Ein Kinderspiel: Wir hängen einfach die Daten an den aufgebauten Body an! Oder vielleicht besser doch nicht? Was ist, wenn es sich bei der Datei um ein Bild mit 10 MB oder ein Film mit 100 MB handelt? Diese könnten wir nicht einfach als NSData-Objekt in den Speicher laden – unserer App würde mit Sicherheit der Speicher ausgehen, und sie würde abstürzen. Aber wir müssen die Dateidaten irgendwie in den HTTP-Body einfügen. Das werden wir tun, indem wir einen Input-Stream nutzen. Ein Input-Stream operiert auf einer Run-Loop und ermöglicht uns, inkrementell Teile der Daten zu laden, damit wir die Ressourcen nicht überlasten. Wir setzen uns selbst als Delegate des Input-Streams und können so herausfinden, wann dieser bereit ist, mehr Daten zu lesen. Das hat große Ähnlichkeit mit dem Ablauf im asynchronen Modus einer NSURLConnection.

MultipartHTTPPost/PRPMultipartPOSTRequest.m

```objc
if (self.fileToUpload) {
    NSMutableString *str = [[NSMutableString alloc] init];
    [str appendString:[self preparedBoundary]];
    [str appendString:@"Content-Disposition: form-data; "];
    [str appendFormat:@"name=\"%@\"; ", self.fileToUpload.nameParam];
    [str appendFormat:@"filename=\"%@\"\r\n", self.fileToUpload.fileName];
    NSString *contentType = self.fileToUpload.contentType;
    [str appendFormat:@"Content-Type: %@\r\n\r\n", contentType];
    [self appendBodyString:str];

    NSLog(@"Streaming vorbereiten %@", self.fileToUpload.localPath);
    NSString *path = self.fileToUpload.localPath;
    NSInputStream *mediaInputStream = [[NSInputStream alloc]
                                        initWithFileAtPath:path];
    self.uploadFileInputStream = mediaInputStream;

    [self.uploadFileInputStream setDelegate:self];
    [self.uploadFileInputStream scheduleInRunLoop:[NSRunLoop currentRunLoop]
                                          forMode:NSDefaultRunLoopMode];
    [self.uploadFileInputStream open];
} else {
    [self handleStreamCompletion];
}
```

Die Mediendaten werden über die Delegate-Methode -stream:handleEvent: in die Body-Datei geschrieben. Wir werden diese Nachricht immer wieder erhalten, solange im Stream noch zu lesende Daten vorhanden sind. Wenn das passiert, nehmen wir einfach die Daten und senden sie unmittelbar an die Body-Datei. Ist das Ende des Input-Streams erreicht, schließen wir den Body ab, indem wir -handleStreamCompletion aufrufen.

MultipartHTTPPost/PRPMultipartPOSTRequest.m

```objc
case NSStreamEventHasBytesAvailable:
    len = [self.uploadFileInputStream read:buf maxLength:1024];
    if (len) {
        [self.bodyFileOutputStream write:buf maxLength:len];
    } else {
        NSLog(@"Buffer geschlossen. Geschrieben in %@",
                                           self.pathToBodyFile);
        [self handleStreamCompletion];
    }
    break;
```

Wegen des asynchronen Verhaltens von Input-Streams nutzen wir Blocks, um den Aufrufer über den Abschluss oder einen Fehler zu informieren. Anders als beim Rezept für einfache POST-Requests ist die Vorbereitung dieses HTTP-Bodys keine synchrone Operation. Der Aufrufer muss mehrere Zyklen der Run-Loop warten, bevor der Input-Stream mit seiner Arbeit fertig ist.

> **Speicherverwaltung**
>
> Der Stream-Code, den Sie in diesem Rezept sehen, könnte für einfache Bilddatei-Uploads etwas übertrieben wirken. Aber er funktioniert perfekt und, was noch wichtiger ist, tut dies auch bei sehr großen Dateien.
>
> Führen Sie das MultipartHTTPPOST-Projekt unter dem Activity Monitor-Instrument aus, um sich anzusehen, wie viel Speicher bei der mitgelieferten JPEG-Datei verbraucht wird. Nehmen Sie dann eine sehr große Datei (beispielsweise einen Film mit 50 MB). Sie sollten während der Laufzeit kaum Änderungen am Speicherverbrauch der App sehen, obwohl Sie eine viel größere Datei hochladen. Das ist die Macht von Streams, die auf Plattformen wie iOS von unschätzbarem Wert sind.

Ist der Vorgang abgeschlossen, zerstören wir den Input-Stream und schreiben dann einen letzten HTTP-Begrenzungsstring in die Body-Datei. Denken Sie daran, dass diese Body-Datei sogar noch größer ist als die Mediendaten, die wir gerade über einen Stream gelesen haben. Wahrscheinlich ist es also auch nicht sicher, diese Datei in den Speicher zu laden. Statt die Body-Daten wie beim einfachen POST-Rezept zu setzen, setzen wir einen Input-Stream auf die von uns erstellte Body-Datei. Anschließend rufen wir den Completion-Block auf, der an -prepareForUploadWithCompletionBlock:errorBlock: übergeben wurde.

MultipartHTTPPost/PRPMultipartPOSTRequest.m

```
- (void)handleStreamCompletion {
    [self finishMediaInputStream];
    [self finishRequestBody];
    self.prepCompletionBlock(self);
}

- (void)finishMediaInputStream {
    [self.uploadFileInputStream close];
    [self.uploadFileInputStream removeFromRunLoop:
            [NSRunLoop currentRunLoop] forMode:NSDefaultRunLoopMode];
    self.uploadFileInputStream = nil;
}
```

Unser Multipart-POST-Request ist jetzt aufgebaut. Der aufrufende Code erstellt dann mit dem vorbereiteten Request eine `NSURLConnection` und wartet darauf, dass die Nachricht über den Abschluss des Vorgangs eingeht. Das MultipartHTTPPost-Projekt zeigt noch einmal von Anfang bis Ende, wie dieser Vorgang abläuft.

MultipartHTTPPost/iPhone/AppDelegate_iPhone.m

```objc
- (void)upload:(id)sender  {
    NSString *URLString = @"http://localhost:3000/upload";
    self.request = [PRPMultipartPOSTRequest
                        requestWithURL:[NSURL URLWithString:URLString]];
    self.request.HTTPBoundary  = @"d0ntcr055t3h57r33m2";
    NSMutableDictionary *params;
    params = [NSMutableDictionary dictionaryWithObjectsAndKeys:
              @"Tyler", @"name",
              @"Seifenvertreter", @"occupation",
              nil];
    self.request.formParameters = params;

    NSString *imgFile = [[NSBundle mainBundle]
                         pathForResource:@"pic" ofType:@"jpg"];
    [self.request setUploadFile:imgFile
                    contentType:@"image/jpeg"
                      nameParam:@"filedata"
                       filename:@"uploadedPic.jpg"];

    PRPBodyCompletionBlock completionBlock;
    completionBlock = ^(PRPMultipartPOSTRequest *req) {
        NSLog(@"Completion- Block!");
        NSURLResponse *response = nil;
        NSError *error = nil;
        NSData *responseData;
        responseData = [NSURLConnection sendSynchronousRequest:request
                                             returningResponse:&response
                                                         error:&error];
        if ([responseData length] > 0) {
            NSLog(@"Upload-Antwort: %@",
                  [NSString stringWithCString:[responseData bytes]
                                     encoding:NSUTF8StringEncoding]);
        } else {
            NSLog(@"Negative Antwort (%@)", responseData);
        }
    };
    PRPBodyErrorBlock errBlk = ^(PRPMultipartPOSTRequest *req,
                                 NSError *error) {
        NSLog(@"ERROR-BLOCK (%@)", error);
    };

    [self.request prepareForUploadWithCompletionBlock:completionBlock
                                           errorBlock:errBlk];
}
```

Wie das Rezept zu einfachen POSTs enthält dieses Projekt ein einfaches WEBrick-Servlet, über das Sie diesen Code testen können.[4] Dieses führen Sie aus, indem Sie sich in das Verzeichnis begeben, das `webserver.rb` enthält, und dort den Befehl `ruby webserver.rb` ausführen. Sie sollten ein paar Meldungen sehen, die Ihnen zeigen, dass der Server gestartet wurde. Dass er läuft, prüfen Sie, indem Sie die lokale Datei `form.html` auf einen Browser ziehen, das Formular ausfüllen, es absenden und die Antwort prüfen. Haben Sie geprüft, dass das statische HTML-Formular funktioniert, können Sie sich daranmachen, das MultipartHTTPPost-Projekt auszuführen.

Mit diesem Rezept und dem einfachen POST-Rezept vom Anfang dieses Kapitels haben Sie jetzt genug Informationen, um verschiedene Arten von Webservice-Uploads zu unterstützen.

---

[4] Besonderen Dank an Mike Clark, der den Testservercode für dieses Rezept beigetragen hat.

Kapitel 5

Laufzeitrezepte

Diese Rezepte behandeln einen umfangreichen Bereich von iOS-Themen einschließlich UIKit, Core Data und der Objective-C-Laufzeit. Sie illustrieren Techniken, die Ihnen helfen können, während einer der unvermeidlichen Problemlösungssessions Informationen zu sammeln und in möglicherweise chaotische Bereiche Ihres Codes Ordnung zu bringen, oder stellen Ihnen einige neuere Einrichtungen der Sprache Objective-C vor, die Sie vielleicht noch nicht nutzen. Alle sollen Ihnen dabei helfen, ein gewiefterer, effizienterer iOS-Entwickler zu werden.

> **35** Modernes Objective-C-Design nutzen

Problem

Objective-C hat eine lange Geschichte und bietet eine äußerst umfangreiche Sammlung von Frameworks. Die gewöhnlich recht ausschweifende Natur der Sprache kann zu lärmigen Header-Dateien und Implementierungen führen, die schwer zu lesen und zu warten sind. Wie können Sie Ihre Schnittstellendateien sauber und lesbar halten, ohne dabei die Funktionalität zu beeinträchtigen?

Lösung

Viele der Rezepte in diesem Buch nutzen neuere Entwicklungen in Objective-C und Clang, um den Code schlank und lesbar zu halten. Es lohnt sich, diese Techniken ausführlicher zu erörtern, damit Sie ihre Motivation verstehen und vielleicht auch Möglichkeiten erkennen, Ihre eigenen Projekte leichter wartbar und verwaltbar zu machen.

Beginnen wir mit einer einfachen Cocoa-Klasse, die ein Buch repräsentiert und einige private, schreibgeschützte und in Eigenschaften gehüllte Daten definiert. Das ist ein etwas konstruiertes Beispiel, reicht aber aus für die Ziele dieses Rezepts.

ClassExtension/PRPBook.h

```
@interface PRPBook : NSObject {
@private
    NSString *title;
    NSArray *authors;
    BOOL inStock;
}

@property (nonatomic, copy, readonly) NSString *title;
@property (nonatomic, copy, readonly) NSArray *authors;

@property (nonatomic, assign, readonly, getter=isInStock) BOOL inStock;

@end
```

Es ist ein Jammer, dass diese privaten Instanzvariablen (*Ivars*) im Header stehen und damit für alle sichtbar sind. Außerdem ist es redundant, dass Eigenschaften und Ivars aufgeführt werden. Aber seit dem iOS 4.0-SDK können wir diese Redundanz eliminieren und nur die Eigenschaften deklarieren: Die Tools und die Laufzeitumgebung synthetisieren die zugrunde liegenden Ivars für uns. Das bedeutet, dass wir weniger tippen oder lesen müssen, und, was noch wichtiger ist, haben keinerlei privaten Daten mehr in einem öffentlichen Header.

Unsere neue Header-Datei sieht ohne die redundanten Ivar-Deklarationen viel besser aus, schützt unsere Ivars vor externem Zugriff und gönnt Ihren armen Händen und Handgelenken eine Pause.

ClassExtension/PRPModernBook.h

```
@interface PRPModernBook : NSObject {}

@property (nonatomic, copy) NSString *title;
@property (nonatomic, copy) NSArray *authors;

@property (nonatomic, assign, readonly, getter=isInStock) BOOL inStock;

@end
```

Schauen wir uns jetzt die Implementierung an. Natürlich synthetisieren wir unsere Eigenschaften und haben außerdem eine interne Methode, die den Lagerstatus des Buchs aktualisiert. Da sich der aufrufende Code nie darüber Gedanken machen müssen sollte, das Objekt zu aktualisieren, sollten wir diese Methode aus dem Header herauslassen.

ClassExtension/PRPBook.m

```
- (id)init {
    if ((self = [super init])) {
        [self refreshStock];
    }
    return self;
}

- (void)refreshStock {
    // ...
}
```

Wenn wir diesen Code erstellen, meldet der Compiler eine Warnung, weil -refreshStock in -init referenziert, aber erst später definiert wird. Der Compiler liest von oben nach unten. Wenn Sie das Projekt auf ARC umstellen, werden Sie feststellen, dass diese Praxis unter ARC nicht mehr unterstützt wird und sich der Code nicht einmal mehr kompilieren lässt. (Aus diesem Grund haben wir zur Illustration bei diesem Rezept auf eine Umstellung auf ARC verzichtet.)

Wir könnten versuchen, dieses Problem dadurch zu lösen, dass wir -refreshStock entweder im Header definieren oder über -init verschieben. Keine dieser Optionen ist sonderlich erstrebenswert, da die Methode erstens privat ist und nicht im Header erscheinen soll und wir zweitens nicht wollen, dass uns der Compiler die Struktur unseres Codes vorschreibt (zumal die zweite Lösung die Anforderungen von ARC ebenfalls nicht befriedigen würde). Wie also können wir uns selbst und den Compiler gleichermaßen glücklich machen?

Das ermöglichen uns private Klassenerweiterungen, eine neue Einrichtung von Objective-C 2.0. Klassenerweiterungen sind im Prinzip private Schnittstellen für die Klasse, die Sie schreiben, und werden in der Regel neben der üblichen Implementierung definiert. Diese Erweiterungen haben äußerlich große Ähnlichkeit mit Kategorien, unterscheiden sich von diesen aber erheblich.

> **Laufzeitaspekte**
>
> Die iOS-Laufzeit war immer dazu imstande, Ivars zu synthetisieren. Es war der iPhone-Simulator, der die explizite Deklaration von Ivars verlangte. Seit dem 4.0-SDK wurde der Simulator auf den erforderlichen Stand gebracht. Deswegen können wir die Ivar-Deklarationen jetzt weglassen, wenn es eine Eigenschaft gibt

Eine private Klassenerweiterung definieren Sie, indem Sie eine Schnittstelle mit dem gleichen Namen wie Ihre Klasse definieren, auf den eine leere Klammer folgt. Dann füllen Sie die Schnittstelle mit den Methoden, die nicht im Header erscheinen sollen, der Sauberkeit halber aber formal deklariert werden sollten.

```
@interface PRPModernBook ()
- (void)refreshStock;
@end
```

Noch einmal: Das sieht ganz wie eine Kategorie aus. Aber der große Unterschied ist, dass eine Erweiterung als eine formelle Komponente der Klasse betrachtet wird. Der Compiler beschwert sich also, wenn er keine passende Implementierung findet. (Das ist bei Kategorien nicht der Fall.) Dieser Umstand schützt Sie bereits zur Kompilierungszeit vor möglicherweise fatalen Unterlassungen oder Tippfehlern.

Der andere große Unterschied ist, dass Sie in Klassenerweiterungen neue Speicherstrukturen (synthetisierte Eigenschaften) deklarieren können. Kategorien hingegen unterstützen nur die Ergänzung von Funktionalitäten (Methoden). Wenn wir eine Eigenschaft haben, die wir nur intern nutzen und nicht im Header exponieren wollen, können wir das jetzt also mit Klassenerweiterungen tun. Gemeinsam mit synthetisierten Ivars sorgt das dafür, dass der Header keinerlei private Daten mehr enthält.

```
@interface PRPModernBook ()

@property (nonatomic, retain)id privateContext;

- (void)refreshStock;

@end
```

Das ist besser. Die Eigenschaft `inStock` wird ganz gewöhnlich als schreibgeschützte Eigenschaft im Header definiert, da Aufrufer diesen Zustand nicht einfach so verändern können sollen. Aber wäre es nicht nett, wenn interner Code die Eigenschaft nutzen könnte, um den Status gelegentlich zu setzen? Mit Klassenerweiterungen wird das möglich. Obwohl die öffentliche Eigenschaft im Header `readonly` definiert ist:

```
@property (nonatomic, assign, readonly, getter=isInStock) BOOL inStock;
```

aktiviert unsere Klassenerweiterung privaten Schreibzugriff. So sieht die vollständige private Klassenerweiterung für PRPModernBook aus:

ClassExtension/PRPModernBook.m

```
@interface PRPModernBook ()

@property (nonatomic, retain) id privateContext;
@property (nonatomic, assign, readwrite, getter=isInStock) BOOL inStock;

- (void)refreshStock;

@end
```

Wir haben hier eine Menge geleistet: Wir haben für die, die den Header lesen, einen erheblich saubereren Kontrakt gestaltet, die privaten Daten und die private API vor dem Leser verborgen und privaten Aufrufern einen im Vergleich zu öffentlichen Aufrufern erweiterten Eigenschaftszugriff eröffnet. Wir haben gerade die Menge an Code reduziert, den wir schreiben müssen!

Die moderne Objective-C-2.0-Runtime und Klassenerweiterungen können Ihnen helfen, lesbareren, strukturierteren und wartbareren Code zu schreiben. Wir haben beides in diesem Buch häufig eingesetzt. Wir verbergen die langweiligen Einzelheiten und privaten Einrichtungen in Klassenerweiterungen (und haben die redundanten Ivars vollständig eliminiert), und die Header-Dateien sagen jetzt sehr klar, wie die Klasse genutzt werden sollte. Wenn Klassen mit der Zeit umfangreicher werden, wird der Nutzen dieser Techniken noch deutlicher hervortreten.

36 Intelligente Debugging-Ausgaben erstellen

Problem

Während der Entwicklung stopfen Sie Ihren Quellcode mit `printf`- und `NSLog`-Anweisungen voll und verbringen Stunden damit, diese auszukommentieren, wenn Sie sich an die Auslieferung Ihrer App machen. Überflüssige Log-Anweisungen wirken sich auf die Leistung aus und können die Lebensdauer von SDD-Laufwerken beeinträchtigen. Sie suchen nach einer Möglichkeit, das Entfernen dieser Log-Ausgaben zu vereinfachen.

Lösung

Rund 90 Prozent der Log-Ausgaben, vielleicht mehr, dienen nur dazu, uns während des Entwicklungsprozesses zu unterstützen. Die Meldung von Fehlern ist auch in Produktionscode noch erforderlich, aber die meisten Log-Anweisungen müssen irgendwann weichen. Xcode macht es leicht, bedingtes Logging auf Basis der Build-Konfiguration des Projekts zu unterstützen. Mit nur wenigen Codezeilen und einer einzigen Änderung an unseren Target- oder Schema-Einstellungen können wir Log-Anweisungen schaffen, die in unseren Release- und Distribution-Builds wie von Zauberhand verschwinden.

Wenn es um einfache Logging-Operationen geht, ist Cocoas `NSLog()`-Funktion praktisch, aber sie ist unbedingt und lässt sich nicht sonderlich gut anpassen. Hier werden wir eine Logging-Funktion erstellen, mit deren Hilfe wir die Informationen abstimmen können, die bei jedem Aufruf protokolliert werden, und sich selbst abschaltet, wenn der Code nicht in einer Debug-Konfiguration läuft.

Zunächst schreiben wir die neue Logging-Funktion `PRPDebug()`. Diese Funktion erwartet wie `NSLog()` einen Formatstring mit variablen Argumenten. Bei jedem Aufruf werden zusätzlich die folgenden Informationen ausgegeben:

- Zeitstempel
- Prozessname
- Dateiname und Zeilennummer

DebugOutput/Classes/PRPDebug.m

```objc
void PRPDebug(const char *fileName, int lineNumber, NSString *fmt, ...)
{
    va_list args;
    va_start(args, fmt);
    static NSDateFormatter *debugFormatter = nil;
    if (debugFormatter == nil) {
        debugFormatter = [[NSDateFormatter alloc] init];
        [debugFormatter setDateFormat:@"yyyyMMdd.HH:mm:ss"];
    }
    NSString *msg = [[NSString alloc] initWithFormat:fmt arguments:args];
    NSString *filePath = [[NSString alloc] initWithUTF8String:fileName];
    NSString *timestamp = [debugFormatter stringFromDate:[NSDate date]];

    NSDictionary *info = [[NSBundle mainBundle] infoDictionary];
    NSString *appName = [info objectForKey:(NSString *)kCFBundleNameKey];
    fprintf(stdout, "%s %s[%s:%d] %s\n",

            [timestamp UTF8String],
            [appName UTF8String],
            [[filePath lastPathComponent] UTF8String],
            lineNumber,
            [msg UTF8String]);

    va_end(args);
    [msg release];
    [filePath release];
}
```

Der Zeitstempel und der Prozessname ähneln den Informationen, die NSLog liefert, werden aber etwas anders formatiert, damit sich beide Stile leicht unterscheiden lassen. Das debugFormatter-Objekt wird statisch alloziert, weil die Initialisierung eines NSDateFormatter-Objekts sehr teuer ist. Würden wir mit jedem Aufruf einen neuen Formatierer erstellen, könnte ein umfangreicher Einsatz von PRPDebug() die Leistung unserer Anwendung erheblich beeinträchtigen. iOS 4.0 führt neue Klassenmethoden von NSDateFormatter ein, die uns dieser Optimierungslast entledigen. Aber da dieses Rezept ausgesprochen nützlich ist, haben wir beschlossen, dass wir es mit iOS 3.0 und höher kompatibel halten wollen. Wie Sie sehen, haben wir bei diesem Projekt deswegen auch auf den Einsatz von ARC verzichtet.

Der Dateiname und die Zeilennummer sind sehr nützlich: Sie sagen uns, von welchem Punkt in unserem Code eine bestimmte Log-Ausgabe stammt. Wie diese Informationen generiert werden, sehen wir uns gleich an.

Jetzt haben wir also eine Funktion namens PRPDebug geschrieben. Aber Ihnen ist vielleicht aufgefallen, dass der Code in DebugOutputAppDelegate PRPLog aufruft. Was ist dieses PRPLog? Es ist lediglich ein Makro, das wir nutzen, um die bedingte Ausführung von Log-Anweisungen zu ermöglichen.

DebugOutput/Classes/PRPDebug.h

```
#ifdef PRPDEBUG
#define PRPLog(format...) PRPDebug(__FILE__, __LINE__, format)
#else
#define PRPLog(format...)
#endif
```

Das PRPLog-Makro sucht nach einer PRPDEBUG-Definition: Wenn PRPDEBUG definiert ist, gibt PRPLog sein Varargs-Argument sowie den Dateinamen und die Zeilennummer an PRPDebug(). Da die Präprozessormakros __FILE__ und __LINE__ genutzt werden, sind diese Informationen immer korrekt, egal wo wir diese Anweisungen einfügen.

Ist PRPDEBUG nicht definiert, wird PRPLog bei der Erstellung zu einer leeren Operation ausgewertet. Dieser Unterschied ist wichtig: Da wir ein Makro nutzen, gelangt der Debug-Code nicht einmal ins Binary, wenn PRPDEBUG nicht definiert ist. Es gibt deswegen keine Auswirkungen auf die Leistung, wenn das Logging abgeschaltet wird.

Wo und wie aber wird PRPDEBUG definiert? In den Build-Einstellungen Ihres Xcode-Projekts. Wählen Sie im Bereich Groups & Files das Projekt oder das Target, klicken Sie dann auf die Registerkarte Build Settings und wählen Sie All. Suchen Sie unter Apple LLVM compiler 3.0 - Language nach der Option Other C Flags (dazu können Sie das Suchfeld nutzen) und geben Sie -DPRPDEBUG ein. Prüfen Sie, dass der Schalter nur für die Debug-Konfiguration aufgeführt wird und in der Release-Konfiguration nicht enthalten ist. Dieser Schalter löst die Makrodefinition für PRPLog aus und aktiviert bzw. deaktiviert damit das Logging. Das -D ist wichtig, wenn Sie andere C-Flags nutzen. Sie können es weglassen, wenn Sie stattdessen die Build-Einstellung Preprocessor Macros nutzen wollen. Beide Verfahren funktionieren für dieses Rezept. Wenn Sie fertig sind, sollten Sie etwas Ähnliches sehen wie im Screenshot in Abbildung 5.1.

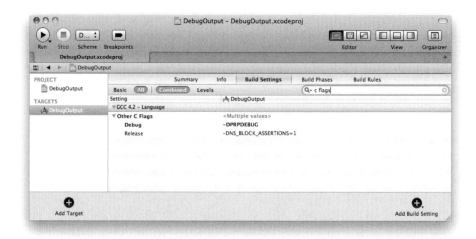

Abbildung 5.1: Debug-Ausgaben bedingt aktivieren. Setzen Sie diesen Schalter nur für die Debug-Konfiguration, können Sie PRPDebug()-Ausgaben automatisch aus allen Konfigurationen (beispielsweise Release oder App Store) ausschließen, die Sie erstellen.

Führen Sie das Projekt DebugOutput unter der Debug- und der Release-Konfiguration aus, um sich die Unterschiede in der Ausgabe anzusehen. Die Ausgabe „Das ist eine PRPLog ..." sollte nur in der Konsole erscheinen, wenn die App in der Debug-Konfiguration läuft. Release-Builds sollten keine PRPLog-Ausgaben aufweisen. Zwischen Build-Konfigurationen können Sie in Xcode 4 entweder umschalten, indem Sie das aktuelle Schema bearbeiten oder indem Sie ein neues erstellen und seine Run-Operation bearbeiten. Abbildung 5.2 zeigt Ihnen, wie Sie die Build-Konfigurationen für eine bestimmte Schema-Operation ändern.

Beachten Sie, dass der aktuelle Klassen- und Methodenname PRPLog in diesem Beispiel als Teil des Formatstrings übergeben wird:

DebugOutput/Classes/DebugOutputAppDelegate.m

```
PRPLog(@"Das ist eine PRPLog-Ausgabe aus -[%@ %@]",
  NSStringFromClass([self class]),
  NSStringFromSelector(_cmd));
```

Beachten Sie außerdem den Einsatz von [self class] und _cmd, die wie __FILE__ und __LINE__ dynamisch und deswegen zukunftsfähig sind. Klassen- und Methodennamen fest in Logging-Anweisungen zu integrieren, führt in der Regel irgendwann zu Problemen. Die hier vorgestellte Alternative ist einfach zu leicht, als dass man sie ignorieren könnte. Sie können sogar Makros definieren, um die erforderlichen Tipparbeiten zu reduzieren:

```
#define CMD_STR NSStringFromSelector(_cmd)
#define CLS_STR NSStringFromClass([self class])
```

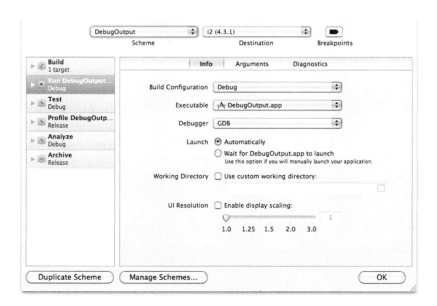

Abbildung 5.2: Schemata und Build-Konfigurationen. Prüfen Sie Ihre Schemata in Xcode 4, um sicherzustellen, dass die erwarteten Build-Konfigurationen genutzt werden. Die Run-Operation nutzt standardmäßig die Debug-Build-Konfiguration.

Mithilfe des Makros __PRETTY_FUNCTION__ können wir auch auf einmal eine vollständige Signatur ausgeben, die einen C-String erzeugt (die in NSLog()- oder PRPLog()-Formatstrings durch ein %s repräsentiert werden). Hier haben wir uns dafür entschieden, die Zeilennummer statt des Methodennamens einzuschließen.

Es gibt nur einen Fall, in dem der Einsatz von [self class] in die Irre führen könnte: Wenn die fragliche Methode auf einer Instanz einer Unterklasse aufgerufen wird, wird die Unterklasse geliefert und nicht die Klasse, in der sich die Implementierung befindet. Der Einsatz von __FILE__ in jedem PRPLog sollte das klarstellen.

Mit PRPLog() und einer in Xcode auf ein geeignetes Schema gesetzten Build-Konfiguration sorgen Sie dafür, dass die von Ihnen ausgelieferten Apps nie unnötige Ausgaben enthalten.

37 | Einfacheren Zugriff auf Benutzereinstellungen gestalten

Problem

NSUserDefaults ist die vorgezogene Methode zur Speicherung leichtgewichtiger Benutzereinstellungen und Anwendungszuständen, aber sein Schlüssel/Wert-System öffnet Ihren Code für Redundanz und Flüchtigkeitsfehler. Sie möchten sich vor den Risiken von String-Literalen und Wiederholungen schützen und dabei dennoch die Einfachheit der Verwendung bewahren, die NSUserDefaults auszeichnet.

Lösung

Wahrscheinlich sind Sie daran gewöhnt, Schlüssel zu deklarieren, die Sie nutzen, um leichtgewichtige Objekte in die Benutzereinstellungen zu schreiben oder aus ihnen zu laden. So könnten wir beispielsweise einen Benutzernamen in den Benutzereinstellungen speichern:

```
NSString *username = @"groucho";
NSUserDefaults *defaults = [NSUserDefaults standardUserDefaults];
[defaults setObject:username forKey:@"prp_username"];
[defaults synchronize];
```

Wenn wir den Wert lesen wollen, müssen wir den gleichen Schlüssel an anderer Stelle erneut nutzen:

```
NSUserDefaults *defaults = [NSUserDefaults standardUserDefaults];
NSString *username = [defaults stringForKey: "@prp_username"];
```

Hier beginnt unser Problem bereits: Wir schmeißen mit String-Literalen um uns. Diesen Code können wir nicht so leicht umgestalten, und Xcode kann uns auch mit der Autovervollständigung nicht dabei helfen, die Sache richtig zu machen. Vielleicht haben Sie auch bemerkt, dass das @-Symbol im zweiten Beispiel an falscher Stelle steht. Wir können dieses Problem lösen, indem wir eine Konstante deklarieren, die den Schlüssel repräsentiert:

```
NSString *const PRPDefaultsKeyUse rname = @"prp_username";
NSUserDefaults *defaults = [NSUserDefaults standardUserDefaults];
...
[defaults setObject:username forKey:PRPDefaultsKeyUsername];
...
NSString *username [defaults stringForKey:PRPDefaultsKeyUsername];
```

Dieses Verfahren ist viel sicherer. Erstens gibt es uns den Vorteil, dass uns der Compiler davor schützt, dass wir den Schlüssel falsch schreiben. (Fehler in Literalen hingegen schlagen einfach auf unvorhersehbare Weise zur Laufzeit fehl.) Zweitens vervollständigt Xcode die Namen bei der Eingabe automatisch, wenn wir Variablen nutzen. Der Einsatz von Konstanten macht es viel schwerer, versehentlich den falschen Schlüssel zu übergeben.

Aber wäre es nicht besser, wenn sich unsere NSUserDefaults-Instanz mehr wie eine konkrete Klasse verhielte? Was wäre, wenn unsere Einstellungen oder Schlüssel durch eine konkrete API repräsentiert würden, die vom Compiler eingefordert und von Xcode automatisch vervollständigt werden könnte? Zu erreichen ist das durch das Nutzen einer Objective-C-Kategorie.

Eine Kategorie auf NSUserDefaults ermöglicht uns, auf übliche Weise auf die Defaults zuzugreifen, während wir gleichzeitig einen formelleren Kontrakt für jeden unserer Schlüssel haben. Wir werden Standard-Getter und -Setter definieren, die unsere Schlüssel repräsentieren, aber statt sie zu speichern, geben diese Methoden die Werte an die Standard-Schlüssel/Wert-Implementierung weiter.

SmartUserDefaults/NSUserDefaults+PRPAdditions.m
```
- (NSString *)prp_username {
    return [self stringForKey:PRPDefaultsKeyUsername];
}

- (void)prp_setUsername:(NSString *)username {
    [self setObject:username forKey:PRPDefaultsKeyUsername];
}
```

Beachten Sie auch hier das prp_-Präfix bei den Methodennamen. Das ist wichtig, wenn wir Kategorien nutzen: Das Präfix reduziert das Risiko, dass wir versehentlich Methoden überschreiben, die Apple einer Klasse in Zukunft hinzufügen könnte. Es ist nicht sonderlich wahrscheinlich, dass in NSUserDefaults so bald eine -setUsername-Methode auftauchen wird, aber das Präfix ist eine recht einfache Absicherung. Machen Sie es sich zur Gewohnheit.

Wir können diese neuen Methoden sogar über Eigenschaften repräsentieren, damit wir für sie die Punktnotation nutzen können. Wir müssen eigene Getter- und Setter-Attribute verwenden, damit wir den Zugriffsmethoden das Präfix voranstellen können.

SmartUserDefaults/NSUserDefaults+PRPAdditions.h

```
@interface NSUserDefaults (PRPAdditions)

@property (assign, getter=prp_isAutoLoginEnabled,
           setter=prp_setAutoLoginEnabled:) BOOL prp_autoLoginEnabled;
@property (assign, getter=prp_isCachingEnabled,
           setter=prp_setCachingEnabled:) BOOL prp_cachingEnabled;
@property (assign, getter=prp_username,
           setter=prp_setUsername:) NSString *prp_username;

@end
```

Aber Benutzereinstellungen können immer noch verzwickt sein, insbesondere bei Skalaren wie Booleschen Werten und Integern. Nicht definierte Werte werden dennoch zu etwas (genauer NO oder 0) ausgewertet. Wie bringen wir in Erfahrung, ob der Benutzer tatsächlich den Wert 0 gesetzt hat oder ob die Einstellung einfach nicht definiert ist? Was ist, wenn wir einen expliziten Default-Wert haben wollen, wenn der Benutzer nichts gesetzt hat? Nehmen wir an, wir hätten einen Booleschen Wert, der uns sagt, ob wir Daten cachen sollen:

```
BOOL useCache = YES;
NSUserDefaults *defaults = [NSUserDefaults standardUserDefaults];
if ([defaults objectForKey:PRPDefaultsKeyCaching])  {
    useCache = [self boolForKey:PRPDefaultsKeyCaching];
}
```

Dieser Code deklariert einen lokalen Booleschen Wert und setzt das gewünschte Standardverhalten auf YES, um das Caching zu aktivieren. Dann prüft er, ob es ein Objekt für den Schlüssel PRPDefaultsKeyCaching gibt, und nutzt diesen Wert, falls es einen gibt. Würden wir blind [NSUserDefaults boolForKey:] aufrufen, würde useCache zu NO ausgewertet, wenn die Einstellung leer wäre – nicht das, was wir wollen.

Ein Standardverhalten für Benutzereinstellungen zu erzwingen, ist also nicht sonderlich viel Arbeit. Aber wenn wir diesen Wert an mehreren Punkten referenzieren müssen, muss die Logik oben dupliziert werden, was die Tür für Fehler aus Nachlässigkeit und Refactoring-Herausforderungen öffnet. Wenn wir uns entscheiden, das Standardverhalten zu ändern, müssen wir alle Stellen aufspüren, an denen dieser Code verwendet wird. Dieses Problem können wir mit der Methode -[NSUserDefaults registerDefaults] lösen, mit der Sie Standardwerte für spezifische Schlüssel übergeben können. So vermeiden Sie, dass sich Ihr Verbrauchercode mit nil-Prüfungen herumschlagen muss, wenn ein bestimmter Schlüssel abgerufen wird.

Beachten Sie, dass -registerDefaults Teil von Apples-APIs ist: Sie können die Methode also mit der oder ohne die Kategorietechnik nutzen, die in diesem Rezept vorgeschlagen wird. Im Projekt SmartUserDefaults, das dieses Kapitel begleitet, wird diese Nachricht aus -applicationDidFinishLaunching: gesendet. Die Standardwerte werden aus einer Property-Liste – DefaultPrefs.plist – geladen, die in diese App eingeschlossen wurde.

SmartUserDefaults/iPad/AppDelegate_iPad.m

```
- (BOOL)application:(UIApplication *)application
        didFinishLaunchingWithOptions:(NSDictionary *)launchOptions {

    [super registerDefaults];
    [window makeKeyAndVisible];

    return YES;
}
```

> **Stellen Sie sicher, dass „Standard-Standards" installiert sind**
>
> Wenn Sie -registerDefaults nutzen, um Ausgangswerte für die Benutzereinstellungen zu setzen, müssen Sie darauf achten, dass Sie das sehr früh tun. Die erste Zeile der application:didFinishLaunchingWithOptions:-Methode des App-Delegates ist ein guter Ort dafür – aber auch diese kann später aufgerufen werden, als Sie vielleicht denken. Beispielsweise könnten Objekte in Ihrer MainWindow.xib-Datei initialisiert werden, bevor Ihr App-Delegate diese Nachricht erhält. Wenn diese Objekte erwarten, dass die Defaults bereits bestehen, könnte das zu Problemen führen. Testen Sie Ihre App gründlich, um sicherzugehen, dass sie keine Überraschungen birgt.

SmartUserDefaults/Shared/DemoAppDelegate.m

```
- (void)registerDefaults {
    NSString *prefs = [[NSBundle mainBundle] pathForResource:@"Prefs"
                                                      ofType:@"pList"];
    NSDictionary *dict = [NSDictionary dictionaryWithContentsOfFile:prefs];
    NSDictionary *defaults = [dict valueForKey:@"defaults"];
    [[NSUserDefaults standardUserDefaults] registerDefaults:defaults];
    [[NSUserDefaults standardUserDefaults] synchronize];
}
```

Sie können sich die Auswirkungen dieses Schritts ansehen, indem Sie das Projekt `SmartUserDefaults` starten. Beachten Sie, dass beim ersten Start der Caching-Schalter auf An gesetzt ist, obwohl der View-Controller-Code einfach die User-Defaults liest, um den Schalter zu setzen. Das liegt daran, dass das Dictionary, das wir an -registerDefaults übergeben, den Standardwert YES für `prp_cachingEnabled` enthält. Alle Änderungen, die an den Schaltern oder dem Textfeld (nachdem Return gedrückt wurde) vorgenommen wurden, werden in den Defaults gespeichert, damit Sie Ihre Einstellungen mit den ursprünglichen Werten vergleichen können.

SmartUserDefaults/Shared/DemoViewController.m

```
self.cacheSwitch.on = defaults.prp_cachingEnabled;
```

SmartUserDefaults/NSUserDefaults+PRPAdditions.m

```
- (BOOL)prp_isCachingEnabled {
    return [self boolForKey:PRPDefaultsKeyCaching];
}
```

Dieses Rezept lässt Sie bei jedem Projekt mit `NSUserDefaults` richtig ansetzen und es zentralisiert und formalisiert die Logik, damit sie leicht und vorhersagbar aufgespürt, umgearbeitet und debuggt werden kann.

38 View-Hierarchien untersuchen und durchlaufen

Problem

Sie haben eine komplexe View-Hierarchie, die Sie auf einfache Weise visualisieren und untersuchen wollen, um sie besser zu verstehen, bevor Sie Änderungen an ihr vornehmen. Sie möchten den Hierarchiebaum sehen – ob er nun aus einer Nib stammt, aus Ihrem Code oder aus dem eines anderen –, und Sie möchten auf zuverlässige Weise Subviews eines bestimmten Typs finden, die sich darin befinden könnten.

Lösung

Apples Technical Note TN2239, „iOS Debugging Magic", führt eine verborgene `UIView`-API ein, die den Namen `-recursiveDescription` trägt und aus dem Debugger genutzt werden kann, um eine ASCII-Visualisierung der Hierarchie eines bestimmten Views anzeigen zu lassen. Das ist nützlich, wenn Sie die Struktur und das Layout Ihres UI zu einem bestimmten Zeitpunkt verstehen wollen, und stellt deswegen ein sehr wertvolles Debugging-Werkzeug dar.

Aber bei komplexen View-Hierarchien kann die Ausgabe von `-recursiveDescription` überwältigend sein, weil die Beschreibung der einzelnen Views äußerst umfangreich ist und weil es eventuell viele Views gibt. Abbildung 5.3 zeigt ein Beispiel für eine Hierarchie, die Sie wohl kaum vollständig auf der Konsole ausgeben lassen wollen. Dieses Rezept widmet sich der Technik, die der Erstellung eines angepassten „ASCII-Baums" zur Erforschung von View-Hierarchien während der Entwicklung und des Debuggings zugrunde liegt. Wir tun das in einer `UIView`-Kategorie, damit wir die Technik auf einem beliebigen `UIView` oder einer beliebigen `UIView`-Unterklasse nutzen können – sogar auf Views, die wir nicht selbst erstellt haben. Außerdem deklarieren wir eine Methode, die die Hierarchie nach Views mit einer bestimmten Objective-C-Klasse durchsucht, falls wir eine bestimmte Art von View isolieren wollen, während wir das UI untersuchen.

Schauen wir uns die beiden ersten Methoden an, die unsere Kategorie deklariert:

PrintSubviews/Classes/UIView+PRPSubviewTraversal.h

```
- (void)prp_printSubviews;
- (void)prp_printSubviewsWithIndentString:(NSString *)indentString;
```

Die Kategorie enthält ein paar Unterstützungsmethoden, aber die erste Methode, die wir uns vornehmen wollen, ist -prp_printSubviewsWithIndentString:. Diese Methode arbeitet rekursiv über die gesamte View-Hierarchie und verändert den Parameter indentString bei jedem Aufruf, um den Einzug bei jeder Hierarchieebene zu erhöhen.

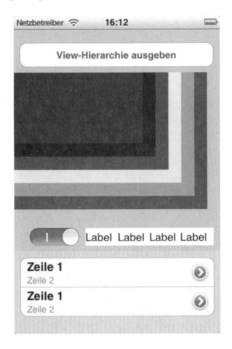

Abbildung 5.3: View-Hierarchien analysieren. Tiefe Hierarchien können schwer zu verwalten sein, insbesondere wenn sie dynamisch aufgebaut werden. Wie verschaffen Sie sich Einblick in das Layout, um zu sehen, was eventuell fehlen könnte?

Die Methode -prp_printSubviewsWithIndentString: prüft zunächst, ob der übergebene indentString für die Ausgabe geeignet ist. Wenn wir tief in der Hierarchie sind, ist dieser String eine Kombination aus Leerzeichen und Pipes, die von vorangehenden Aufrufen konstruiert wurden. Der String wird der Beschreibung des aktuellen Views vorangestellt. In diesem Beispiel nutzen wir einfach den Klassennamen, aber wir könnten weitere Informationen wie den Namen des Frames oder die Anzahl an Subviews einschließen.

PrintSubviews/Classes/UIView+PRPSubviewTraversal.m

```
if (indentString == nil) indentString = @"";

NSString *viewDescription = NSStringFromClass([self class]);

printf("%s+-%s\n", [indentString UTF8String],
                   [viewDescription UTF8String]);
```

Dann bereiten wir den indentString für die nächste Hierarchieebene vor (wenn es eine gibt). Hat der aktuelle View Geschwister, soll eine Linie gezogen werden, die sie verbindet. Dazu fügen wir ein Pipe-Zeichen ein, das unmittelbar unter dem String erscheint, der gerade ausgegeben wurde. Gibt es keine Geschwister, fügen wir einfach ein Leerzeichen ein, damit die Einrückung konstant bleibt.

PrintSubviews/Classes/UIView+PRPSubviewTraversal.m

```
if (self.subviews) {
    NSArray *siblings = self.superview.subviews;
    if ([siblings count] > 1 &&
        ([siblings indexOfObject:self] < [siblings count]-1)) {
        indentString = [indentString stringByAppendingString:@"| "];
    } else {
        indentString = [indentString stringByAppendingString:@"  "];
    }
}
```

Wenn der Einzugsstring vollständig für die nächste Hierarchieebene vorbereitet ist, übergeben wir ihn für jeden der Subviews an -prp_ printSubviewsWithIndentString:. So wird kontinuierlich der rekursive Ausdruck der Hierarchie erzeugt. Stößt der Algorithmus auf ein Blatt in der Hierarchie, ist die Eigenschaft subviews leer, und die Rekursion endet.

PrintSubviews/Classes/UIView+PRPSubviewTraversal.m

```
for (UIView *subview in self.subviews) {
    [subview prp_printSubviewsWithIndentString:indentString];
}
```

Die parameterlose Methode -prp_printSubviews wird als Annehmlichkeit eingefügt. Wenn wir unserem ersten Aufruf einen angepassten indentString übergeben, erscheint dieser am Anfang aller Zeilen der Ausgabe.

PrintSubviews/Classes/UIView+PRPSubviewTraversal.m

```
- (void)prp_printSubviews {
    [self prp_printSubviewsWithIndentString:nil];
}
```

Denken Sie daran, dass UIWindow eine Unterklasse von UIView ist. Senden Sie [view.window prp_printSubviews], wird also die vollständige Hierarchie des einschließenden Fensters eines Views ausgegeben.

Schauen Sie sich die folgende Beispielausgabe an. Die Ausgabe dieser Methode zeigt unmittelbar, wie tief und breit unsere aktuelle Hierarchie ist. Diese Informationen können uns dabei helfen, die Komplexität des Layouts zu verwalten, die Pfade zu verstehen, die Touch-Events durch unser UI nehmen, und vieles mehr.

Es ist eine Erwähnung wert, dass Views auf einer bestimmten Ebene in z-Ordnung ausgegeben werden: Ein Geschwister-View, der weiter unten in der Ausgabe erscheint, steht technisch über den vorausgegangenen Geschwistern. Bei überlappenden Views ist dies von Bedeutung, weil die sich Abfolge auf Zeichenoperationen oder die Verarbeitung von Touch-Events auswirken kann.

```
+-UIView
  +-UIScrollView
  | +-PRPCustomView
  | | +-PRPCustomView
  | |   +-PRPCustomView
  | |     +-UIView
  | |       +-UIView
  | |         +-UIView
  | +-UIImageView
  | +-UIImageView
  +-UITableView
  | +-UITableViewCell
  | | +-UIGroupTableViewCellBackground
  | | +-UITableViewCellContentView
  | | | +-UILabel
  | | | +-UITableViewLabel
  | | +-UIButton
  | |   +-UIImageView
  | +-UITableViewCell
  | | +-UIGroupTableViewCellBackground
  | | | +-UIView
  | | +-UITableViewCellContentView
  | | | +-UILabel
  | | | +-UITableViewLabel
  | | +-UIButton
  | |   +-UIImageView
  | +-UIImageView
  | +-UIImageView
  +-UIRoundedRectButton
  | +-UIButtonLabel
  +-UISwitch
  | +-UIView
  | +-UIView
  +-UIView
    +-PRPLabel
    +-PRPLabel
    +-PRPLabel
    +-PRPLabel
```

Wir können jetzt nach Belieben Einblick in die Struktur unserer View-Hierarchien nehmen und so leichter herausfinden, warum ein bestimmter View zu dem Zeitpunkt und an dem Ort auf dem Bildschirm zu sehen ist, an dem wir ihn erwarten – oder auch nicht. Vielleicht wurde er dem falschen Superview hinzugefügt, oder vielleicht haben wir vergessen, Views aufzuräumen, die unter bestimmten Runtime-Bedingungen erstellt wurden.

Als Nächstes werden wir ein paar Methoden ergänzen, mit deren Hilfe man bestimmte Arten von Views in einer View-Hierarchie suchen kann. Cocoa Touch bietet -[UIView viewWithTag:] für den bequemen Zugriff auf eine bestimmte View-Instanz, nach der wir suchen, aber diese Methode ist den Anforderungen dynamisch aufgebauter Hierarchien nicht gut gewachsen. Außerdem bietet sie keine Unterstützung für mehrere Treffer. Unsere Lösung befriedigt mit den letzten drei Kategoriemethoden beide dieser zusätzlichen Anforderungen.

PrintSubviews/Classes/UIView+PRPSubviewTraversal.h

```
- (NSArray *)prp_subviewsMatchingClass:(Class)aClass;
- (NSArray *)prp_subviewsMatchingOrInheritingClass:(Class)aClass;
- (void)prp_populateSubviewsOfClass:(Class)aClass
                            inArray:(NSMutableArray *)array
                         exactMatch:(BOOL)exactMatch;
```

Die zentrale Methode, prp_populateSubviewsMatchingClass:inArray: exactMatch:, durchläuft den Baum auf ähnlich rekursive Weise wie -printSubviewsWithIndentString:. Sie gibt aber nicht alle Views aus, sondern vergleicht die Klasse der gefundenen Views mit der übergebenen Klasse und fügt passende Views dem übergebenen Array hinzu, das dem nächsten rekursiven Aufruf weitergegeben wird. Der Parameter exactMatch ermittelt, ob Unterklassen der angegebenen Klasse in die Suche einbezogen werden sollen.

PrintSubviews/Classes/UIView+PRPSubviewTraversal.m

```
- (void)prp_populateSubviewsMatchingClass:(Class)aClass
                                  inArray:(NSMutableArray *)array
                               exactMatch:(BOOL)exactMatch {
    if (exactMatch) {
        if ([self isMemberOfClass:aClass]) {
            [array addObject:self];
        }
    } else {
        if ([self isKindOfClass:aClass]) {
            [array addObject:self];
        }
    }
```

```
    for (UIView *subview in self.subviews) {
        [subview prp_populateSubviewsMatchingClass:aClass
                                           inArray:array
                                        exactMatch:exactMatch];
    }
}
```

Um die Sache etwas zugänglicher zu machen, definieren wir zwei klarer und weniger ausschweifende Varianten, die Vorgaben für `exactMatch` setzen und das endgültige Array mit den Treffern liefern, statt vom Aufrufer zu verlangen, dass er eins angibt.

PrintSubviews/Classes/UIView+PRPSubviewTraversal.m

```
- (NSArray *)prp_subviewsMatchingClass:(Class)aClass {
    NSMutableArray *array = [NSMutableArray array];
    [self prp_populateSubviewsMatchingClass:aClass
                                    inArray:array
                                 exactMatch:YES];
    return array;
}
```

PrintSubviews/Classes/UIView+PRPSubviewTraversal.m

```
- (NSArray *)prp_subviewsMatchingOrInheritingClass:(Class)aClass {
    NSMutableArray *array = [NSMutableArray array];
    [self prp_populateSubviewsMatchingClass:aClass
                                    inArray:array
                                 exactMatch:NO];
    return array;
}
```

Benutzer sollten nur diese beiden Methoden nutzen.

Der Einsatz dieser Methoden ist einfach: Wenn Sie `[UIScrollView class]` an `-subviewsMatchingClass:` übergeben, erhalten Sie ein Array mit `UIScrollView`-Objekten, während `-prp_subviewsMatchingOrInheriting-Class:` ein Array mit `UIScrollView`-, `UITableView`-, `UITextView`-Objekten und allen anderen Objekten liefert, deren Klasse eine Unterklasse von `UIScrollView` ist.

Schauen wir uns das in der Praxis an. Das begleitende Projekt, `Print-Subviews`, schließt eine umfangreiche Hierarchie ein, die für diese Demonstration im Interface Builder aufgebaut wurde. Viele der Elemente sind Standard-Buttons, -Views und -Label, aber wir haben auch einige eigene View- und Label-Unterklassen eingeschlossen. Bei etwas so Tiefem – insbesondere wenn es dynamisch aufgebaut wurde – wäre es gut, wenn man sich schnell eine Aufnahme des aktuellen Layouts beschaffen könnte, damit man sich ansehen kann, wo sich die einzelnen Elemente befinden. Mithilfe der Methoden, die wir in dieser Kategorie aufgebaut haben, können wir uns sogar Informationen über eine bestimmte Art von View verschaffen, wenn wir das möchten.

PrintSubviews/Classes/PrintSubviewsViewController.m

```
- (IBAction)printView:(id)sender {
    Class labelClass = [UILabel class];
    NSArray *uiLabels = [self.view
                         prp_subviewsMatchingClass:labelClass];
    Class PRPLabelClass = [PRPLabel class];
    NSArray *prpLabels = [self.view
                          prp_subviewsMatchingClass:PRPLabelClass];
    NSArray *allLabels = [self.view
                          prp_subviewsMatchingOrInheritingClass:labelClass];
    Class PRPCustomViewClass = [PRPCustomView class];
    NSArray *customViews = [self.view
                            prp_subviewsMatchingClass:PRPCustomViewClass];

    NSLog(@"%d UILabel", [uiLabels count]);
    NSLog(@"%d PRPLabel", [prpLabels count]);
    NSLog(@"%d UILabel", [allLabels count]);
    NSLog(@"%d PRPCustomViews", [customViews count]);

    [self.view prp_printSubviews];
}
```

Führen Sie PrintSubviews aus und tippen Sie auf den Button View-Hierarchie ausgeben, wenn die relevante Ausgabe in der Konsole angezeigt werden soll. Die Ausgabe, die Sie erhalten, bietet einige interessante Details. Wir sehen beispielsweise, dass es in diesem View neun UILabel-Objekte gibt, von denen aber nur zwei tatsächlich Instanzen von UILabel sind. Die anderen sieben sind eine Kombination aus vier PRPLabel-Objekten und Instanzen einer anderen, unbekannten Unterklasse (wahrscheinlich aus den Tabellenzellen, die Sie auf dem Bildschirm sehen).

```
2011-04-06 10:10:05.087 PrintSubviews[13538:207] 2 UILabels
2011-04-06 10:10:05.089 PrintSubviews[13538:207] 4 PRPLabels
2011-04-06 10:10:05.090 PrintSubviews[13538:207] 9 UILabels
2011-04-06 10:10:05.091 PrintSubviews[13538:207] 3 PRPCustomViews
```

Nutzen Sie diese Kategorie gemeinsam mit der Methode -recursiveDescription, können Sie Ihre Hierarchien genau untersuchen und herausfinden, wo Sie eventuell toten Code oder Elemente haben, die Sie zu entfernen vergessen haben. Beachten Sie, dass das weder das Gleiche noch ein Ersatz für Instruments ist, das Ihnen einen vollständigen

Bericht über alle Objekte eines bestimmten Typs liefert, die in der gesamten App alloziert (oder nicht freigegeben) wurden. Mit den Werkzeugen in diesem Rezept können Sie sich zu einer bestimmten View-Hierarchie herabbewegen, die Sie sich genauer ansehen wollen.

Eine letzte Bemerkung: Wie -recursiveDescription sind diese Methoden nur als Debugging-Werkzeuge gedacht. Blind Subviews zu durchqueren und umfangreiche ASCII-Bäume auszugeben, kann sehr teuer werden. Derartige Arbeiten sollten Sie nicht in Apps vornehmen, die Sie ausliefern. Aber während der Entwicklung und des Debuggings, den Dingen, mit denen wir die meiste Zeit verbringen, können sie wertvolle Werkzeuge sein.

39 Ein einfaches Datenmodell initialisieren

Problem

In jedes Projekt, das Sie angehen, werden Sie unausweichlich per Copy-and-paste administrativen Core Data-Code aus älteren Projekten oder aus Apples Beispielcodeschablonen übernehmen. Sie benötigen einen soliden, wiederverwendbaren Startpunkt für jedes neue Projekt.

Lösung

Core Data leistet wunderbare Arbeit, wenn es darum geht, den Datenbankcode zu reduzieren, den Sie schreiben müssen. Aber dennoch leisten Sie in jedem Projekt, das Core Data nutzt, eine Menge redundante Arbeit. Wir müssen unseren persistenten Speicher, das Modell sowie den Managed-Object-Kontext einrichten und dabei sicherstellen, dass wir die Migration zwischen Modellversionen unterstützen. Dieser Code kann ein unangenehmes Wirrwarr und unerwünschte Abhängigkeiten in ein Projekt einfügen, wenn die entsprechenden Operationen an der falschen Stelle geschehen.

Dieses Rezept führt ein elementares Datenmodell ein, das sich um die Standardinitialisierung kümmert, die beinahe alle Core Data-basierten Apps vollziehen müssen. Sie können die Modellklasse leicht abwandeln oder erweitern, um ihr Verhalten an die Anforderungen Ihrer App anzupassen.

Die erste Aufgabe dieses elementaren Datenmodells ist es, den grundlegenden Initialisierungscode zu abstrahieren, den alle Core Data-basierten Anwendungen ausführen müssen: Es initialisiert das Managed-Object-Modell, lädt einen Persistent-Store-Coordinator und erstellt einen Default-Managed-Object-Kontext. Diese Klasse nutzt standardmäßig einen SQLite-Store.

Die schreibgeschützte Eigenschaft `managedObjectModel` wird verzögert initialisiert und zeigt auf eine einzelne Modelldatei, die standardmäßig eine .momd-Datei mit der letzten Komponente des Bundle-Identifiers der App als Dateinamen ist. Der Bundle-Identifier com.pragprog.BasicData-Model würde also zu dem Modellnamen `BasicDataModel.momd` führen. Wir können den Namen und den Pfad der Modelldatei konfigurieren, indem wir -modelName bzw. -pathToModel bearbeiten oder überschreiben.

Ein versioniertes Modell verwenden

Bei der Arbeit mit Core Data, lohnt es sich, von Anfang an ein versioniertes Modell zu nutzen. Wenn Sie mit einer expliziten .mom-Datei beginnen und dann zu einem versionierten .momd-Ordner übergehen, kann es passieren, dass Sie in Ihrem Projekt veraltete und in Konflikt tretende Dateien haben. Das kann während der Entwicklung zu schwer aufzuspürenden Fehlern führen, insbesondere wenn Sie `mergedModelFromBundles:` nutzen, um Ihr Modell zu erstellen. Diese Kopfschmerzen können an Ihre Nutzer weitergereicht werden, wenn Sie diesen Übergang zwischen Version 1.0 und Version 2.0 Ihres Produkts vollziehen. Liefern Sie Ihr Projekt von Anfang an mit einer .momd-Datei aus.

Dieses Rezept nutzt explizit `[NSManagedObjectModel initWithContentsOfURL:]`, gerade weil Sie in Ihrem Bundle mehr Modelle haben können, als Sie gedacht hätten. Die Schablonen, die mit Xcode 4 ausgeliefert werden, sind auf diese Weise aufgebaut, aber ältere Objekte vielleicht nicht. Werfen Sie einen genauen Blick auf Ihre Projekte, um sicherzustellen, dass Sie für eine Versionsmigration bereit sind.

BasicDataModel/Shared/PRPBasicDataModel.m

```objc
- (NSManagedObjectModel *)managedObjectModel {
    if (managedObjectModel == nil) {
        NSURL *storeURL = [NSURL fileURLWithPath:[self pathToModel]];
        managedObjectModel = [[NSManagedObjectModel alloc]
                              initWithContentsOfURL:storeURL];
    }
    return managedObjectModel;
}
```

BasicDataModel/Shared/PRPBasicDataModel.m

```objc
- (NSString *)modelName {
    return [[[NSBundle mainBundle] bundleIdentifier] pathExtension];
}

- (NSString *)pathToModel {
    NSString *filename = [self modelName];
    NSString *localModelPath = [[NSBundle mainBundle] pathForResource:filename
                                                               ofType:@"momd"] ;
    NSAssert1(localModelPath, @"'%@.momd' nicht gefunden.", filename);
    return localModelPath;
}
```

Die schreibgeschützte Eigenschaft persistentStoreCoordinator wird verzögert initialisiert und so vorkonfiguriert, dass eine leichtgewichtige automatische Migration zwischen Modellversionen unterstützt wird. Das sorgt dafür, dass wir keine zusätzliche Arbeit leisten müssen, wenn wir neue Modellversionen mit kleineren Änderungen einführen, die von der leichtgewichtigen Migration unterstützt werden.

Denken Sie daran, dass es nicht immer so leicht ist. Einfache Änderungen am Core Data-Modell wie die Einfügung neuer Attribute oder die Änderungen der Namen von Attributen können automatisch migriert werden. Es gibt jedoch viele Fälle, bei denen die Änderungen so komplex sind, dass sie nicht automatisch migriert werden können. Bevor Sie Änderungen an einem Modell vornehmen können, das Sie bereits ausgeliefert haben, sollten Sie Apples Core Data Model Versioning and Data Migration Programming Guide im iOS Dev Center lesen. Und vergessen Sie nicht, in Xcode eine Modellversion anzugeben, bevor Sie Änderungen vornehmen. Ändern Sie nie ein Modell, das aktuell genutzt wird!

`BasicDataModel/Shared/PRPBasicDataModel.m`

```
NSURL *storeURL = [NSURL fileURLWithPath:[self pathToLocalStore]];
NSPersistentStoreCoordinator *psc;
psc = [[NSPersistentStoreCoordinator alloc]
       initWithManagedObjectModel:self.managedObjectModel];
NSDictionary *options = [NSDictionary dictionaryWithObjectsAndKeys:
                         [NSNumber numberWithBool:YES],
                         NSMigratePersistentStoresAutomaticallyOption,
                         [NSNumber numberWithBool:YES],
                         NSInferMappingModelAutomaticallyOption,
                         nil];
NSError *error = nil;
if (![psc addPersistentStoreWithType:NSSQLiteStoreType
                       configuration:nil
                                 URL:storeURL
                             options:options
                               error:&error]) {
    NSDictionary *userInfo = [NSDictionary dictionaryWithObject:error
                                       forKey:NSUnderlyingErrorKey];
    NSException *exc = nil;
    NSString *reason = @"Konnte Speicher nicht erstellen.";
    exc = [NSException exceptionWithName:NSInternalInconsistencyException
                                  reason:reason
                                userInfo:userInfo];
    @throw exc;
}
persistentStoreCoordinator = psc;
```

Außerdem unterstützt der Code die „Vorinstallation" bestehender Datenbanken, die mit der Anwendung ausgeliefert werden, falls noch keine Datenbank vorhanden ist. Das tun wir, bevor wir den persistenten Speicher des Modells erstellen, damit wir dem Benutzer beim ersten Start der App Platzhalterdaten anzeigen können. Dieser Teil ist optional, und es ist nicht nötig, dass der Code deaktiviert wird. Wenn Sie keinen Platzhalter wollen, bieten Sie einfach keine vorinstallierte Datenbankdatei an.

BasicDataModel/Shared/PRPBasicDataModel.m
```
NSString *pathToLocalStore = [self pathToLocalStore];
NSString *pathToDefaultStore = [self pathToDefaultStore];
NSError *error = nil;
NSFileManager *fileManager = [NSFileManager defaultManager];
BOOL noLocalDBExists = ![fileManager fileExistsAtPath:pathToLocalStore];
BOOL defaultDBExists = [fileManager fileExistsAtPath:pathToDefaultStore];
if (noLocalDBExists && defaultDBExists) {
    if (![[NSFileManager defaultManager] copyItemAtPath:pathToDefaultStore
                                                 toPath:pathToLocalStore
                                                  error:&error]) {
        NSLog(@"Fehler beim Kopieren der Standard-DB nach %@ (%@)",
              pathToLocalStore, error);
    }
}
```

> **Mit NSError arbeiten**
>
> Gemäß Apples `NSPersistentStore`-Referenz und den allgemeinen Cocoa-Konventionen sollten die an eine spezielle API übergebenen `NSError`-Argumente nicht direkt untersucht werden, es sei denn, die API liefert einen Wert, der einen Fehlerzustand anzeigt – häufig `nil` oder `NO`. Wenn Sie diesen Richtlinien nicht folgen, kann das zu feinen, aber ernsthaften Bugs in Ihrem Code führen.

Die Speicherorte für die verschiedenen Dateien hinter diesem Datenmodell – der Modelldatei, der genutzten Datenbank und der vorinstallierten „Standarddatenbank" – werden in Zugriffsmethoden abstrahiert, die Sie bearbeiten oder überschreiben können, um die Pfade anzupassen.

- `-storeFileName` liefert den Namen der SQLite-Datenbank, deren Name dem der Modelldatei (.momd) folgt: Wenn das Modell `BasicDataModel.momd` heißt, ist die Datenbankdatei `BasicDataModel.sqlite`.

- -pathToLocalStore liefert einen Pfad auf die aktive Datenbank in der Sandbox der App. Der Standardwert ist -/Documents/<storeFileName>.

- -pathToDefaultStore liefert den Pfad auf eine Standarddatenbank im App-Bundle für die Vorinstallation.

BasicDataModel/Shared/PRPBasicDataModel.m

```
- (NSString *)storeFileName {
    return [[self modelName]stringByAppendingPathExtension:@"sqlite"];
}

- (NSString *)pathToLocalStore {
    NSString *storeName = [self storeFileName];
    NSString *docPath = [self documentsDirectory];
    return [docPath stringByAppendingPathComponent:storeName];
}

- (NSString *)pathToDefaultStore {
    NSString *storeName = [self storeFileName];
    return [[NSBundle mainBundle] pathForResource:storeName ofType:nil];
}
```

Die Klasse NSManagedObjectContext ist die wichtigste Schnittstelle für die meisten Core Data-Operationen. Unser grundlegendes Datenmodell initialisiert verzögert einen „main"-Kontext für alle Abfragen. Da das ein einfaches Modell ist, befasst es sich nicht mit mehreren Kontexten oder der Thread-Unterstützung. Wenn Sie mehrere Kontexte nutzen müssen, können Sie die Klasse leicht so anpassen, dass sie bei Bedarf unter Verwendung des Persistent-Store-Coordinators des Hauptkontexts erstellt werden.

BasicDataModel/Shared/PRPBasicDataModel.m

```
- (NSManagedObjectContext *)mainContext {
    if (mainContext == nil) {
        mainContext = [[NSManagedObjectContext alloc] init];
        NSPersistentStoreCoordinator *psc =
            self.persistentStoreCoordinator;
        [mainContext setPersistentStoreCoordinator:psc];
    }

    return mainContext;
}
```

Das dieses Rezept begleitende BasicDataModel-Projekt erstellt das Modell und verbindet es im Interface Builder mit dem App-Delegate, wie zu sehen in Abbildung 5.4. Anderen Objekten, die auf die Modelldaten zugreifen müssen, können Sie entweder das Modell oder einen NSManagedObjectContext aus dem Modell übergeben, je nachdem, welches Verhalten Sie bevorzugen. Denken Sie daran, dass ein neuer Managed-Object-Kontext mit dem Persistent-Store-Coordinator eines anderen Kontexts erstellt werden kann, Sie müssen das Modell also nirgendwo außer im App-Delegate referenzieren, wenn Sie das vorziehen.

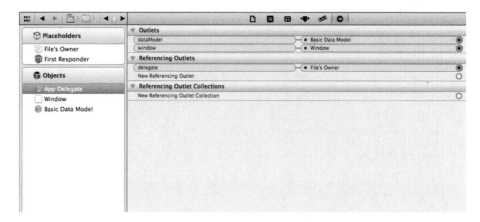

Abbildung 5.4: Das Modell im Interface Builder initialisieren. Wir können ein `BasicDataModel` in Code oder im Interface Builder erstellen, wo es leicht erkannt und mit der `dataModel`-Eigenschaft des App-Delegates verbunden werden kann.

Verwenden Sie in Ihren Apps Core Data, müssen Sie eine bestimmte Menge redundanter Arbeiten erledigen. Wenn Sie diesen Code an einem Ort isolieren, um ihn leicht wiederzuverwenden, müssen Sie in allen Projekten weniger Arbeit leisten und laufen weniger Gefahr, sich durch Nachlässigkeit Fehler einzuhandeln.

40 Daten in einer Kategorie speichern

Problem

Mit Objective-C-Kategorien können Sie bestehenden Klassen des Cocoa-Frameworks neue Verhalten hinzufügen. Eins können Sie mit Kategorien allerdings nicht tun: Sie können in ihnen keine Instanzvariablen und -eigenschaften deklarieren.

Lösung

Die Objective-C-Runtime ermöglicht uns, beliebigen Klassen Methoden hinzuzufügen – sogar Klassen, die nicht von uns geschaffen wurden, wie z.B. die von Apple –, indem wir eine Kategorie deklarieren. Die verschiedenen Zeichenmethoden auf NSString sind beispielsweise Kategoriemethoden, die in UIStringDrawing.h von UIKit definiert werden.

Diese Kategorien fügen den entsprechenden Klassen einfach neue Verhalten hinzu. UIStringDrawing deklariert Methoden, aber keine Kategorie kann neuen Speicher deklarieren – Eigenschaften oder Instanzvariablen, die erstellt und festgehalten und erst in der -dealloc-Methode der Klasse freigegeben werden.

Seit Mac OS X Snow Leopard und iPhone OS (jetzt iOS) 3.1 gilt das nicht mehr. Eine neue Einrichtung der Objective-C-Runtime, die als „assoziative Referenzen" bezeichnet werden, ermöglicht uns, zwei Objekte über ein elementares Schlüssel/Wert-Format zu verbinden. Mit dieser Einrichtung können wir den Eindruck einer Kategorie erwecken, die einer bestehenden Klasse neuen Speicher hinzufügt.

Nehmen wir UITouch als Beispiel. Ob wir einen eigenen View, einen View-Controller oder einen Gesture-Recognizer schreiben, es ist ausgesprochen praktisch, wenn wir den Ursprungspunkt für eine Touch-Quelle in Erfahrung bringen können. Diese Informationen gehen jedoch verloren, nachdem -touchesBegan:withEvent empfangen wurde. Unsere Klasse kann den Punkt festhalten, aber wenn wir beginnen, mehrere Touch-Quellen zu verwalten, wird es komplizierter. Außerdem ist jeder Code, den wir zur Verwaltung dieses Zustands schreiben, an diesen View, View-Controller oder Gesture-Recognizer gebunden. Wir müssen ihn also für alle Klassen portieren, die wir später schreiben. Es wäre erheblich sinnvoller, würde das Touch-Objekt selbst diesen Ursprungspunkt festhalten.[1]

Eine Kategorie auf UITouch namens PRPAdditions kümmert sich darum, indem sie zwei Methoden deklariert: eine, die den Anfangspunkt speichert, und eine weitere, die ihn innerhalb der Koordinaten des angeforderten Views abruft.

TouchOrigin/UITouch+PRPAdditions.h

```
@interface UITouch (PRPAdditions)
- (void)prp_saveOrigin;
- (CGPoint)prp_originInView:(UIView  *)view;
@end
```

Erinnern Sie sich daran, dass Kategorien es nicht erlauben, Speicher in den Klassen zu deklarieren, die sie erweitern, sondern nur Methoden. Hier treten assoziative Referenzen auf den Plan. Wir beginnen damit, dass wir den aktuellen Touch-Punkt in globalen Bildschirmkoordinaten abrufen, um uns gegen Änderungen an der View-Hierarchie zu wappnen, die während der Lebensdauer des Objekts eintreten könnten. Dann speichern wir den Punkt in einem NSValue-Objekt und speichern diesen Wert mit der Runtime-Funktion objc_setAssociatedObject() als eine assoziative Referenz auf unserer UITouch-Instanz.

TouchOrigin/UITouch+PRPAdditions.m

```
- (void)prp_saveOrigin {
    CGPoint windowPoint = [self locationInView:nil];
    CGPoint screenPoint = [self.window convertPoint:windowPoint toWindow:nil];
    objc_setAssociatedObject(self,
                             &nameKey,
                             [NSValue valueWithCGPoint:screenPoint],
                             OBJC_ASSOCIATION_RETAIN_NONATOMIC);
}
```

Wir sollten hier einen Blick auf die Punktumwandlung werfen, die wir durchführen, bevor wir den Wert speichern. Jedes UITouch-Objekt hat eine window-Eigenschaft, die auf das Window verweist, in dem der Touch seinen Ursprung hat. Diesen erhalten wir, indem wir [self locationInView:nil] senden. Gemäß Apples Dokumentation liefert uns diese Nachricht den Ort im Koordinatenraum des Windows – wenn wir gewollt hätten, hätten wir also auch self.window übergeben können. Dann übergeben wir diesen Punkt an -convertPoint:toWindow:, wobei wir nil als letzten Parameter übergeben. Die UIWindow-Referenz

---

[1] Dank an Colin Barreit, der mir spät in der Nacht half, ein gutes Beispiel für dieses Rezept zu finden.

erklärt, dass der Punkt, genau wie wir es wollen, „in das logische Koordinatensystem des Bildschirms" umgerechnet wird.

Der an objc_setAssociatedObject() übergebene Parameter OBJC_ASSOCIATION_RETAIN_NONATOMIC definiert die Speicherrichtlinien – hier soll der NSValue festgehalten werden. Wie bei gewöhnlichen Objekten können wir auch »assign« oder »copy« als Richtlinie festlegen. Das Argument nameKey wird intern verwendet, um den Wert zu speichern, und muss eindeutig sein. Das sichert, dass keine anderen assoziativen Referenzen mit unseren in Konflikt treten. Der erforderliche Typ ist void *, die einfachste Lösung ist also, eine statische char-Variable zu deklarieren und ihre Adresse zu übergeben, die garantiert eindeutig ist.

TouchOrigin/UITouch+PRPAdditions.m

```
static char nameKey;
```

Das Abrufen des Ursprungspunkts ist einfach: Wir übergeben die Adresse von nameKey an objc_getAssociatedObject(), extrahieren das CGPoint-Struct auf Basis des zurückgelieferten NSValue und kehren damit die Koordinatenumwandlung um, die wir in prp_saveOrigin durchgeführt haben. Erst prüfen wir, ob der übergebene view ein Window hat. Andernfalls könnte der Rückgabewert Schrott sein.

TouchOrigin/UITouch+PRPAdditions.m

```
- (CGPoint)prp_originInView:(UIView *)view {
    NSAssert((view.window != nil),
            @"-prp_originInView: 'view'-Parameter ist nicht in einem Window");

    NSValue *valueObject = objc_getAssociatedObject(self, &nameKey);
    CGPoint screenPoint = [valueObject CGPointValue];
    screenPoint = [view.window convertPoint:screenPoint fromWindow:nil];

    return [view convertPoint:screenPoint fromView:nil];
}
```

Jetzt können wir jedes UITouch-Objekt in unserer App seinen Ursprungspunkt festhalten lassen. Wir müssen diese nicht mehr in unserem eigenen Controller-Code verwalten, und noch wichtiger ist es, dass der Kontext bewahrt bleibt, ganz gleich an welche Stellen das Objekt übergeben wird.

Das macht unser Code, aber wir müssen den Ursprungspunkt immer noch setzen. Das tun wir natürlich in -touchesBegan:withEvent:. Das begleitende Projekt TouchOrigin macht es in der Klasse PRPTrackingViewController.

TouchOrigin/PRPTrackingViewController.m

```
- (void)touchesBegan:(NSSet *)touches withEvent:(UIEvent *)event {
    for (UITouch *touch in touches) {
        NSLog(@"Touch %p begann bei %@", touch,
            NSStringFromCGPoint([touch locationInView:touch.view]));
        [touch prp_saveOrigin];
    }
}
```

Haben wir diesen Ursprungspunkt gesetzt, können wir ihn später jederzeit wiederverwenden. Nachfolgende Touch-Events nutzen weiterhin das gleiche UITouch-Objekt, der von uns gesetzte Ursprung bleibt also erhalten.

TouchOrigin/PRPTrackingViewController.m

```
- (void)touchesMoved:(NSSet *)touches withEvent:(UIEvent *)event {
    for (UITouch *touch in touches) {
        NSLog(@"Touch %p von %@ nach %@ bewegt", touch,
            NSStringFromCGPoint([touch prp_originInView:touch.view]),
            NSStringFromCGPoint([touch locationInView:touch.view]));
    }
}
- (void)touchesEnded:(NSSet *)touches withEvent:(UIEvent *)event {
    for (UITouch *touch in touches) {
        NSLog(@"Touch %p endete bei %@; begann bei %@", touch,
            NSStringFromCGPoint([touch locationInView:touch.view]),
            NSStringFromCGPoint([touch prp_originInView:touch.view]));
    }
}
- (void)touchesCancelled:(NSSet *)touches withEvent:(UIEvent *)event {
    for (UITouch *touch in touches) {
        NSLog(@"Touch %p abgebrochen bei %@; begann bei %@", touch,
            NSStringFromCGPoint([touch locationInView:touch.view]),
            NSStringFromCGPoint([touch prp_originInView:touch.view]));
    }
}
```

Führen Sie das TouchOrigin-Projekt aus Xcode aus und werfen Sie einen Blick in die Konsole, um sich einen Vergleich des Ursprungspunkts mit dem aktuellen Punkt bei jedem Event anzusehen. Dieses Beispiel nutzt einen Controller-View, um die Touch-Events zu überwachen, aber Sie könnten das gleiche Muster auch in einem eigenen Gesture-Recognizer oder View umsetzen.

Wir haben in diesem Rezept einige coole Dinge getan: Wir haben UITouch-Objekten einen wertvollen Kontext spendiert und eine mächtige neue Spracheinrichtung erforscht, die Objective-C-Kategorien nützlicher denn je macht.

Index

A

Abbremseffekt 89
addClip-Methode 143
addCurveToPoint:-Methode 142
addQuadCurveToPoint:-Methode 142
Aktivitätsindikator 42, 178–181
Aktualisieren,
 Trackinformationen 77
Alert-Views, in sich
 abgeschlossene 55–61
Alphakanal,
 Maskieren mit 21
anchorPoint-Eigenschaft
 Masken-Layer 22, 25
 Rotation 148, 151
animationDuration-Eigenschaft 163
Animationen
 Gradienten-Layer 154–157
 Impuls 89, 91
 mit statischem Inhalt scrollen 131
 Progress-Bar 49
 Schleifen 161–164
 scrollender Text 80–83
 Seiten umblättern 170–176
 Teilchenemitter 165–169
 Zahlwähler 84–91
 zusammengesetzte und
  transformierte Views 150–153
animationImages-Eigenschaft 162
Animationsschleifen 161–164
ASCII-Baumhierarchie 217–224
assoziative Referenzen 231
Attribute, Label für Strings 62–66
Aufbau komplexer Table-Views 107
Ausblenden
 Benachrichtigungen 31
 Gradient-Hintergründe 154
 Kacheln 72
Ausblenden, Timing-Funktion 89
Ausrichtung
 Splashscreen-Übergänge 17–20
automatische Rotation 18, 46
automatisches Scrollen von Text 80–83
automatisches Umschalten von
 Buttons 34
AVAudio 80, 82
awakeFromNib:-Methode 27, 35

B

backgroundColor-Eigenschaft
 Texturen 38
 Web-Views 44
 zweifarbige Table-Views 114–118
backgroundView-Eigenschaft 126
bedingtes Logging 207–211
beginTrackingWithTouch:withEvent:
 -Methode 88
Begrenzungsstrings 191
Benachrichtigungen
 animieren 27–31

Benutzereinstellungen 212–216
Bézierkurven und -pfade
    mit Gradienten gefüllt 141–146
    Möwenanimation 161
Bildwand
    Musik abspielen, aus 73–79
    scrollen 67–72
Blocks
    Einführung 6
    Retain-Zyklen 60
Blumen 150–153
Blütenblätter 145, 147, 150
Bogenmaß-Werte 148
Boolesche Werte
    Benutzereinstellungen 214
    Fertig-Button 44–45
    Schalter-Button 32
borderColor-Eigenschaft 38
borderWidth-Eigenschaft 38
Buttons
    Fertig 45
    Indexpfade von Tabellen-
        zellen 103–106

C

CABasicAnimation
    Gradient 156
    Notifikationen 30
    Teilchenemitter 165, 167
CAGradientLayer
    Hintergrundanimation 154–157
    zweifarbige Table-Views 114
CALayer
    Animation 149, 154–157
    rendern 153
    Replicator-Layer 165
    Schatten 158–160
    texturierte Farben 38–41
CAReplicatorLayer 165
CATransform3D
    automatisches Scrollen von
        Text 80–83
    Drehen und Rotieren 149
CFURLCreateStringByAddingPercent
    Escapes 189

CGAffineTransform
    mit statischem Inhalt scrollen 129
    Rotation 148, 151
CGContextDrawLinearGradient 145
CGContextSetTextPosition 62
CGGradient 143
CGPoint 233
Clipping 143, 145
Cocoa
    Codeformatierung im Buch 4
    einfachen HTTP POST
        formatieren 186–190
    Hierarchien durchsuchen 221
    Multipart-POST 191–199
    NSLog-Funktion 207
    Objective-C-Klassen-Design
        202–206
colorWithPatternImage:-Methode 38
connection:didFailWithError:-
    Methode 183
connection:didReceiveResponse:
    -Methode 184
content-disposition-Header 192
contentOffset-Eigenschaft
    Albenbilder scrollen 69
    Karussell-Paging 134
    Text scrollen 81
    zweifarbige Table-Views 117
contentScaleFactor-Eigenschaft 70
contentSize-Eigenschaft
    Album-View 69
    Karussell-Paging 133
    mit statischem Inhalt scrollen 129
    Tabellenhöhe 123
contentsRect-Eigenschaft 172
continueTrackingWithTouch:
    withEvent:-Methode 88
convertPoint:toView:-Methode 104
convertPoint:toWindow:-Methode 232
Core Animation
    mehrere Animationen
        kombinieren 147–149
    Teilchenemitter 165–169
    Umblättern-Übergang 170–176
Core Data Model Versioning and Data
    Migration Programming Guide 227

Core Data und die Initialisierung mehrerer Datenmodelle 225–229
Core Graphics
	Animationsschleifen 161–164
	gradientgefüllte Bézier-pfade 141–146
	radiale Gradienten 154
	zusammengesetzte und transformierte Views 150–153
Core Text 62–66
cornerRadius-Eigenschaft 38
CTLineCreateWithAttributedString 62
CTLineDraw 63

D

Dateinamen in Logging-Anweisungen 207
Datenmodelle initialisieren 225–230
Datenspeicherung in Kategorien 231–234
dealloc-Methode 6, 231
Debugging
	Ausgabe 207–211
	Hierarchien untersuchen 217–224
Dehnen
	Slider- und Progress-Views 47–49
	zweifarbige Table-Views 116
Delegate-Methoden
	Einführung 6
didMoveToSuperview-Methode 157, 162, 172
Downloads, *siehe auch* Netzwerke
	Aktivitätsindikator 178–181
	vereinfachen 182–185
drawRect:-Methode
	Einführung 141
	Kacheln scrollen 67–72
	Label für NSAttributedStrings 62
	Wolken-Bild 159
Duplizieren von Layern 165
Durchsuchen von View-Hierarchien 217–224
dynamische Bilder mit mehreren Animationen 147–149

E

Ecken 38, 69
Eigenschaften speichern 231–234
Einstellungen, Benutzer 212–216
Einzug, Hierarchien analysieren 217–224
Emitter, Teilchen 165–169
Enden
	Albumbilder scrollen 69
endloser Umbruch 67–72
Endlosscrolling 133–137
endTrackingWithTouch:withEvent: -Methode 89
Enumerationen 109–113
Erweiterungen 5
Escape-Zeichen 187

F

fadeDuration-Methode 72
Farben
	Emitterteilchen 168
	Hintergrund 38, 44, 114–118, 154–157
	Label 62
	Spinning-Number-Control 87
	Web-Views 44
	zweifarbige Tabellen 114–118
Fertig-Button 44–45
Flip-Animation 31
Footer 122–124, 126
Formatieren, HTTP POST 186–190
Formulare
	einfache POSTs 186–190, 193, 198
	Multipart-POST 191–199
Formularparameter 192
Frames, Animationen 162
fromValue-Eigenschaft 156

G

galaktische Credits 80–83
gemusterte Bilder 38
gerundete Views mit Farbtexturen 38–41

Geschwister in Hierarchien 219
Gesture-Recognizer
  Kreis 50–54
  Typen 50
  Umblättern-Übergang 175
  Ursprungspunkt speichern 234
  Wiedergabe aus Bildwand 73
Gradienten
  Bézierpfade 141–146
  Clipping 143, 145
  Hintergrundanimation 154
  radiale 146
  Spinning-Number-Control 86
  zweifarbige Table-Views 114
gradientWithColor-Methode 143
Graphics Garden-App
  Animationsschleifen 161–164
  gradientgefüllte Bézier-
    pfade 141–146
  Hintergrundgradient 154–157
  Raster und statischer Inhalt beim
    Zoomen 127–132
  Rotation und Pulsieren,
    Animationen 147–149
  Schatten umformen 158–160
  zusammengesetzte und
    transformierte Views 150–153

H

Header
  Hierarchien durchqueren 217–224
  private Daten 202–206
  zweifarbige Tabellen 114–118
Hintergründe
  animierter Gradient 154–157
  Farben 38, 87, 114–118, 154–157
  Schalter-Buttons 32
  Spinning-Number-Control 85, 87
  Tabellenrahmen 126
  Web-Views 44
  zweifarbige Table-Views 114–118
HTTP
  Multipart-POST 191–199
  POST 186–190

I

imageWithSize:-Methode 71
Impuls bei der Rotation 89, 91
Indexpfad von Tabellenzellen 103–106
Indexpfad von Table-View-Zellen 181
Indikator, *siehe* Aktivitäts-
  indikator 134–137
Inertial-Scrolling, Number-Control
  84–91
Initialisierung, einfache
  Datenmodelle 225–229
initWithFrame:-Methode
  Bildwand scrollen 70
initWithTarget:action:-Methode 73
Input-Streams 195, 197
instanceColor-Eigenschaft 169
instanceCount-Eigenschaft 165
instanceDelay-Eigenschaft 166
instanceTransform-Eigenschaft 165
instantiateWithOwner:options:
  -Methode 99
Instanzvariablen 5, 202, 231–234
Instruments 223
Interface Builder
  Benachrichtigungen animieren 31
  Datenmodell initialisieren 229
  Spinning-Number-Control 90
  Tabellenzellen wieder-
    verwenden 98–102
  Zellbezeichner 100
iOS Debugging Magic 217
iPod-Bibliothek
  Bildwand scrollen 67–72
  Wiedergabe 73–79

J

JSON 185

K

Kacheln, scrollen 67–72
Kartenstecknadeln 127–132
Karussell-Paging 133–137
Karussell-Paging-Scroll-View 133
Karussell-Scroll-View 133–137

Kategorien
　Daten speichern in 231–234
　Einführung 5, 204
　Namenspräfix 213
kCAMediaTimingFunction-
　EaseOut 156
KeyFrame-Animation 27
Key-Path-Erweiterung 149
keyTimes 28
Klassen
　Benachrichtigungen animieren 27
Klassendesign in Objective-C 4–5,
　202–206
Klassenerweiterungen 5–6, 203–206
Klassenspeicher 205
kluge Tabellenzellen 98–102
komplexe Table-Views
　organisieren 107–113
Konstanten für Schlüssel 212
Kontexte, mehrere 229
kontinuierliche Bewegung,
　Animation 161–164
kontinuierlicher Umbruch 67–72
kubische Bézierkurven 142
Kurven, Bézier 141–146, 161

L

Label
　NSAttributedString 62–66
　Spinning-Number-
　　Control 85, 87, 91
Layer
　Bildübergang 21
　duplizieren 165
　Spinning-Number-
　　Control 84–91, 120
layoutSubviews-Methode 116, 119,
　121–123
lineThickness-Eigenschaft 143
loadView-Methode 14
Logging-Anweisungen 210
Logging-Funktion 207–211

M

mehrere Kontexte 229

mergedModelFromBundles:
　-Methode 226
modale View-Controller
　Splashscreen ausblenden 15
Modelle initialisieren 225–230
Möwenanimation 161–164
MPMediaItem 71
MPMediaItemArtwork 71
MPMusicPlayerController 75
Multipart-POST 191–199
Musikwiedergabe 73–79, 82

N

networkActivityIndicatorVisible-
　Eigenschaft 178–181
Netzwerke
　Aktivitätsindikator 178–181
　Downloads vereinfachen 182–185
　einfache POSTs 186–199
　Multipart-POST 191–199
Nibs
　Benachrichtigungen 27
　Tabellenzellen wiederverwenden
　　98–102
　Zellbezeichner 98–102, 132
nicht-skalierende Views 130
nowPlayingItem-Eigenschaft 77
NSError 182–185, 228
NSLog 207
NSManagedObjectContext 229
NSMutableArray 162
NSMutableURLRequest 186, 192
NSNumbers 149
NSString
　maskieren mit 187
NSTimer-Objekt 30, 164
NSURLConnection
　Multipart-POST 198
　URL-kodierter POST 186–193,
　　195–199
NSURLRequest 186
NSUserDefaults 212–216
NSValue 232
Number-Control, Spinning- 84–91
numberOfSectionsInTableView:
　-Methode 110

O

OBJC_ASSOCIATION_RETAIN_NONATOMIC 233
objc_getAssociatedObject 233
objc_setAssociatedObject 232
Objective-C
    Codeformatierung im Buch 4
    Daten in Kategorien speichern 231–234
    Klassendesign 4–5, 202–206
    View-Hierarchien durchsuchen 217
Online-Ressourcen 7
Opazität
    Gradienten 86, 144
    maskieren mit 21
    Teilchenemitter 168
outputStreamToFileAtPath 194

P

Page-Control 135–137
Paging-Scroll-View 133–137
performSelector:withObject:afterDelay:-Methode 16, 24
Persistent-Store-Coordinator 225, 227–234
PhotoScroller 133–137
positionelle Translation 85
POST
    einfache, formatieren 186–195
    Multipart- 191–199
Präfix 213
    für Kategoriemethoden 4–5, 213–214
private Klassenerweiterungen 6, 202–206
Progress-Views
    Downloads 182–190
    selbst aufgebaute 47–49
Prozessname in Logging-Anweisungen 207
Pulsieren-Animation 147–149, 169
Punktumwandlung 232

Q

QuadCurve 142
quadratische Bézierkurve 142, 161

R

Rahmen
    Schatten in Tabellen 119–126
recursiveDescription-Methode 217, 223
registerDefaults-Methode 212–216
renderInContext:-Methode 153
Replikation von Layern 165
representativeItem-Eigenschaft 71
Ressourcen, Online- 7
Retain-Zyklen 60
Retina-Display 68–70, 72
RFC 1341 191
RFC 1867 191, 193
RFC 2616 187
Root-View-Controller, Splashscreen ausblenden 15
Rotation
    3-D-Transformationen 80
    Blumenbild 148, 151
    Emitterteilchen 167
    Impuls bei 89, 91
    Spinning-Number-Control 85
    Splashscreen 18
    Umblättern-Übergang 170–176
    Web-Views 42, 45–46
RSS 185

S

Schatten
    Tabellenrahmen 119–126
    umformen 158–160
Schlüssel/Wert-Formularparameter 192
Schriften, Label 62–66
Scrollen
    Karussell-Paging-View 133–137
    statischen Inhalt 127–132
    Text 80–83
Scrollen, kontinuierliches 67–72
Seite umblättern-Übergang 170–176

sendActionsForControlEvents:
    -Methode 84–91
setBackgroundImage:forState:
    -Methode 32
setNeedsDisplay-Methode 64, 141
setZoomScale:animated:-Methode 132
shadowOffset-Eigenschaft 160
shadowPath-Eigenschaft 158
Skalierung
    beim Scrollen von statischem Inhalt 128
Slider, angepasste 47–49
Smiley 146–149, 151
Sonnenschein-Animation 147
Speicher
    Downloads 185
    Input-Streams 195, 197
    Multipart-POST 193
    Views scrollen 67
    zusammengesetzte Views 153
Speichern von Daten in Kategorien 231–234
Speichern von Klassen 205
Speirs, Fraser 107
Spinning-Animation 147–149
Spinning-Number-Controls 84–91
Spirale, Teilchen 167
Splashscreen-Übergänge
    einfache 12–20
    stylisierte 21–26
Stamm 150
state-Eigenschaft für Recognizer 51
statische Elemente teilen 180
statische Tabellenzellen 112
statischer Inhalt in Scroll-Views 127–132
Statusleiste
    Splashscreen-Übergänge 15–19, 24
Stecknadeln, Karte 127–132
Stocks-App 133
Store-Coordinator, Persistent- 225–230
Streams, Input 195, 197
Streifen, Seiten umblättern 170–176
Strings
    attributierte 62–66
    Begrenzungsstring 191
    POST 187–190

strokeColor-Eigenschaft 143
Sublayers
    duplizieren 165
    rendern im Kontext 153
Subviews
    mit statischem Inhalt scrollen 128
    Tabellenzellen 95, 103–106
    zur Dehnung 116
    zusammengesetzte und transformierte Views 150–153
SWIZZLE 84

T

Tabellenüberschriften 114–118
Tabellenzellen
    auffinden 103–106
    Download-Fortschritt 181
    nib-basierte 98–102
    statische 112
    wiederverwenden 94–102
tableView:cellForRowAtIndexPath:
    -Methode 102, 107–110
tableView:didSelectCellForRow-AtIndexPath:-Methode 108
Table-Views
    Enumerationen 109–113
    Höhe 122
    komplexe organisieren 107–113
    Schlagschatten 119–126
    zweifarbige 114–118
Tag-Kollision 95
Teilchenemitter 165–169
temporäre Dateien 194
Thread-Sicherheit 180
thumbImage-Eigenschaft 48
Timing-Funktionen 89, 156
Titel
    Buttons 55–58
    Navigation 44
Toggle-Buttons, wiederverwendbare 32–37
touchesBegan:withEvent:
    -Methode 233
        Benachrichtigungen animieren 31
        Gesture-Recognizer 51

touchesEnded:withEvent:-Methode 53
touchesMoved:withEvent:-Methode 52
Touch-Punkte
　Kreisgeste 50
　Spinning-Number-Control 88
　Umwandlung 232
　Ursprungspunkt 231–234
Transformationen
　automatisches Scrollen
　　von Text 80–83
　Blumenbild 151
　Number-Controls 84–91
　Spinning-Number-Control 85
　statische Inhalte scrollen 127–132
　Umblättern-Übergang 170–176
　zusammengesetzte und
　　transformierte Views 150–153
Transparenz
　Gradienten 86
　maskieren mit 21
Tubus, Umblättern-
　Transition 170–176

U

Überblenden 154–157
Überschreiben definierter Methoden 5
Uhr-App 119
UIActivityIndicatorView 42
UIBezierPath
　gradientgefüllte Bézierpfade
　　141–146
　Möwenanimation 163
　Rasterzeichnung 127
　Wolkenbild 159
UIControl
　Number-Control 84–91
　Toggle-Buttons 32–37
UIGraphicsBeginImageContext-
　WithOptions 163
UIGraphicsGetImageFromCurrent-
　ImageContext 153, 163
UIImage
　Compositing 152
　dehnbare 50–54
　Schleifenanimation 161–164
UIImageView 152

UILabel
　Hintergrundtexturen 40
UINib 99
UIScrollView, Bildwand 67–72
UISlider 47–49
UISwipeGestureRecognizer 175
UITableView
　Indexpfade 104
　komplexe Table-Views
　　organisieren 107
　Nib-basierte Zellen 98–102
　wiederverwendbare Zellen 94–97
UITapGestureRecognizer 73
UITouch, Ursprungspunkt 231–234
UIView
　animierte Benach-
　　richtigungen 27–31
　Drehung und Rotation
　　animieren 147
　gerundete Views mit
　　Texturen 38–41
　Hintergrundgradienten
　　animieren 154–157
　Indexpfade 104
　Scrollen animieren 82
　zusammengesetzte und
　　transformierte Views 150–153
UIWebView 42–46
UIWindow 232
Umblättern-Übergang 170–176
Umschalten
　Wiedergabesteuerung 74
Unterstreichen 62, 66
Ursprungspunkt speichern 50, 231–234
UTF-8-Umwandlung 195

V

valueForProperty:-Methode 77
versionierte Modelle 226
Verzerrungseffekt 80–83
Verzögerung
　Splashscreen-Übergänge 24
　Teilchenemitter 166
View-Controller 13
　Ausblenden mit 13
viewDidAppear:-Methode

Splashscreen-Übergang 24
Text scrollen 81
viewDidLoad-Methode
   Hintergrundfarbe 44
   Karussell-Paging 134
   Music-Controller 75
   Page-Control 136
   Splashscreen-Übergang 24
View-Hierarchien durchlaufen 217–224
Views
   Layer 21
viewWillAppear:-Methode 74
Voreinstellungen nutzen 212

W

WEBrick-Servlets 190, 199
webViewDidFinishLoad:-Methode 44
Web-Views, wiederverwendbare 67–72
Wiedergabe
   aus Bildwand 73–79
   AVAudio 82
Wolkenbild 158–160

X

Xcode
   bedingtes Logging 207–211
   Benutzereinstellungen 212
   iPod-Bibliothek 68

Z

Zeichen
   Escape-Zeichen 187
   reservierte 188
Zeichnen 141, 146
Zeilenindex 103–105, 107–110
Zeilennummern in Logging-Anweisungen 207
Zeitstempel in Logging-Anweisungen 207
Zoomen, und statischer Inhalt 127–132
zoomScale-Eigenschaft 129
zoomToRect:animated:-Methode 132
Z-Ordnung 126, 220
zPosition-Eigenschaft 86, 173
zweifarbige Table-Views 114–118

Informieren Sie sich auf www.oreilly.de

➥ Gesamtübersicht aller englischen und deutschen Bücher mit **Online-Bestellmöglichkeit**

➥ **Probekapitel** und **Inhaltsverzeichnisse** unserer Bücher

➥ Ankündigungen von **Neuerscheinungen**

➥ lesen Sie **Themenspecials, Artikel, Autoreninterviews**

➥ abonnieren Sie unseren **Newsletter**

➥ Sie wollen O'Reilly **Autor werden**? www.oreilly.de/author

➥ für **User Groups** bieten wir ein spezielles Programm an: www.oreilly.de/ug

➥ lesen Sie unser **Verlagsblog** unter: http://community.oreilly.de/blog

➥ folgen Sie uns auf **Twitter**: http://twitter.com/OReilly_Verlag

O'Reillys eBooks

Ob Tierbücher, Kochbücher, Basics oder die beliebten Missing Manuals: O'Reilly-Leser können auch online auf das deutschsprachige Verlagsprogramm zugreifen (ausgenommen Taschenbibliothek und »Von Kopf bis Fuß«).

Und: Die eBook-Ausgabe ist ca. 20 % günstiger als das gedruckte Buch!

Erhältlich unter: www.oreilly.de/ebooks

O'Reilly Verlag GmbH & Co. KG
Balthasarstraße 81, 50670 Köln
kommentar@oreilly.de

Mobile & Web

iPhone Apps mit HTML, CSS & JavaScript

Jonathan Stark, 192 Seiten, 2010, 29,90 €
ISBN 978-3-89721-603-7

Es geht auch ohne Objective-C und Cocoa! Wenn Sie HTML, CSS und JavaScript können, haben Sie alles, was Sie brauchen, um eine schicke, funktionstüchtige iPhone-Applikation zu entwickeln. Im iPhone-Look&Feel, ohne sich bei jedem Bugfix Apples Kontrollprozessen unterwerfen zu müssen, nur mit Standard-Technologien – und unschlagbar einfach. Vermutlich brauchen Sie mit diesem kompakten, praxisnahen Leitfaden nur wenige Stunden, und Ihre Anwendung steht. Dann können Sie ja immer noch entscheiden, ob Sie Ihr Werk auch über den App Store unters Volk bringen möchten. Nutzen Sie Ihr Webwissen und legen Sie los!

Entwickeln mit dem iPhone SDK

Bill Dudney, Chris Adamson
608 Seiten, 2010, 39,90 €
ISBN 978-3-89721-951-9

Endlich gibt es auch die deutsche Ausgabe dieses erfolgreichen und hochgelobten US-Titels – und zwar in bewährter O'Reilly-Qualität. Voll mit nützlichen Beispielen, vermittelt Entwickeln mit dem iPhone SDK nicht nur die tragenden Konzepte, sondern behandelt auch die kleinen Details und Fallstricke, die einem im Programmieralltag begegnen. Sie bauen eine Benutzerschnittstelle mit dem Interface Builder, nutzen das Xcode IDE, verbinden das iPhone per Bonjour und Game Kit mit der Außenwelt, arbeiten mit SQLite-Datenbanken, entwickeln Multimedia-Anwendungen und sprechen den iPhone-Kompass und den Beschleunigungssensor an, um ganz besonders coole Features zu kreieren.

Cocoa Programmierung – Der schnelle Einstieg für Entwickler

Daniel H Steinberg
464 Seiten, 2010, 34,90 €
ISBN 978-3-89721-613-6

Cocoa Programmierung – Der schnelle Einstieg für Entwickler zeigt ohne Umschweife, wie Sie mit Cocoa sofort produktiv sein können. Dabei wird nicht jede Methode und Klasse durchgekaut, aber dennoch gezeigt, wo diese Informationen zu finden sind. Sie steigen sofort ein: Ein Webbrowser wird mit Cocoa programmiert, der bereits nach wenigen Minuten Programmierarbeit prinzipiell funktioniert. Und nach weiteren nachvollziehbaren Schritten haben Sie bereits einen Browser mit voller Funktionalität programmiert. Und da befinden Sie sich erst in den ersten Kapiteln ... Sie lernen, wie die Apple-Entwicklungs-Tools eingesetzt werden, um User-Schnittstellen zu entwerfen, den Code zu schreiben und das Datenmodell zu erstellen. Und Sie lernen die zentralen Objective-C-Konzepte kennen. Am Ende des Buches sind Sie ein gestandener Cocoa-Programmierer.

Facebook-Anwendungen programmieren

Mario Scheliga, 464 Seiten, 2011, 34,90 €
ISBN 978-3-89721-645-7

Facebook-Anwendungen zu programmieren, unterscheidet sich erheblich von der Erstellung von Webseiten, CMS- oder Stand-alone-Applikationen. Web-Programmierern tut sich damit ein neues Betätigungsfeld auf. Neben dem technischen Wissen für den Web-Programmierer, der die Hauptzielgruppe für das Buch darstellt, erläutert der Autor fachkundig den Marketing-Paradigmenwechsel, der mit Facebook im Online-Marketing einhergeht. Der Leser wird mit den neuen Begrifflichkeiten und Ansätzen der Social-Media-Marketing-Konzepte vertraut gemacht. Facebook-Anwendungen programmieren vermittelt das Detailwissen mithilfe zahlreicher praxisnaher Beispiele, um Facebook-Applikation, -Widgets, -Addons und -Fanpages erstellen zu können.

Web-TV – AV-Streaming im Internet

Nikolai Longolius
192 Seiten, 2011, 34,90 €
ISBN 978-3-89721-609-9

Internet-Fernsehen boomt und erzeugt Wissensdurst. Welche grundsätzliche Übertragungstechnik steht dahinter, welche Formate und Codizes werden verwendet, wie funktioniert ein Streamingprozess im Detail? Wie erstelle ich einen Livestream und wie bekomme ich mein Videomaterial ins Netz? Und wie kann ich meinen eigenen Internet-TV-Sender aufbauen? Mit diesen Fragen beschäftigt sich *Web TV – AV-Streaming im Internet*. Es richtet sich an den Systemadministrator, der einen Livestream für die firmeninterne Kommunikation aufsetzen soll, an den Podcaster, der zukünftig auch TV-Sendungen produzieren möchte, bis hin zu Lokalzeitungen, die einen Lokalsender im Internet aufbauen wollen. Der Autor ist ein Pionier des Web-TVs, der u.a. für SPIEGEL die Fernsehsender XXP und SPIEGEL TV digital sowie die Bewegtbilderaktivitäten für SPIEGEL online konzipiert hat.

jQuery Kochbuch

jQuery Community Experts
488 Seiten, 2010, 39,90 €
ISBN 978-3-89721-999-1

Ideal für den jQuery-Newcomer und den JavaScript-Veteranen startet das jQuery Kochbuch mit den Basics und geht dann über zum praktischen Einsatz von jQuery am Beispiel von gut getesteten Lösungen, um alle gängigen Hürden der Webprogrammierung zu nehmen. Rezepte zu den jQuery-Grundlagen, zur Selektion von Elementen, zum Einsatz von jQuery-Utilities, zu Effekten und zu Events findet der Leser im ersten Teil. HTML Forms, jQuery Plugins, Interface-Komponenten, der Einsatz von jQuery UI sowie in Kombination mit AJAX lassen sich im zweiten Teil nachschlagen.

anfragen@oreilly.de • http://www.oreilly.de • +49 (0)221-97 31 60-0

Digitaler Lifestyle & Macintosh

iPod: Das Missing Manual, 2. Auflage

J.D. Biersdorfer & David Pogue
328 Seiten, komplett in Farbe, 2010, 19,90 €
ISBN 978-3-89721-990-8

Erfahren Sie in diesem Bestseller alles Wichtige zu iTunes 9 und zu den neuen iPods aus erster Hand! Da hat Apple die ganze Welt mit seinem fantastischen Multimedia-Wunder geködert – aber ein Handbuch, das einem zeigt, wie man das Beste aus seinem Schatz holt, bekommt man leider nicht dazu. Hier springen J.D. Biersdorfer und David Pogue ein: *iPod: Das Missing Manual* verschafft Ihnen nicht nur einen Überblick über die neue Produktlinie, sondern bringt Ihnen mit glasklaren Erklärungen, übersichtlichen Farbabbildungen und viel Expertise all die tollen Sachen näher, die Sie mit Ihrem iPod machen können.

iPhone: Das Missing Manual, 4. Auflage

David Pogue, 464 Seiten, 2011, 24,90 €
ISBN 978-3-89721-575-7

Das iPhone ist ein Meisterwerk in Sachen Design, Eleganz und Funktionalität. Alles ist dabei: natürlich ein Telefon, ein iPod, E-Mail und Internetbrowser, eine Foto- und Videokamera ... bloß die Bedienungsanleitung fehlt mal wieder. David Pogue füllt diese Lücke und erläutert in diesem Buch den kompletten Funktionsumfang des iPhone 4. Das Buch behandelt auch die Neuerungen des kostenlosen Software-Updates 4.2.

iPad: Das Missing Manual

J. D. Biersdorfer, 336 Seiten, 2010, 19,90 €
ISBN 978-3-89721-655-6

Ist es ein großer iPod oder eher ein schlanker Tablet PC? Egal: Das iPad hat ganz neu definiert, wie ein Gerät heutzutage aussehen muss, das persönlicher Begleiter für alle Lebenslagen sein will. Ob man nun E-Books lesen, Musik hören, Filme gucken, Mails lesen und schreiben, spielen, im Web surfen oder vielleicht sogar ein bisschen arbeiten möchte: Das iPad ist ein echter Allrounder – wenn man weiß, wie's geht und wie man das Beste aus seinem eleganten Schätzchen holt! Zum Glück zeigt die Apple-Expertin und New York Times-Kolumnistin Jude Biersdorfer in diesem Missing Manual alle Kniffe und Tricks, die auch Sie zum iPad-Profi machen.

Mac OS X Snow Leopard: Das Missing Manual

David Pogue
1008 Seiten, 2010, 39,90 €
ISBN 978-3-89721-975-5

Dafür, dass Apple angekündigt hat, mit neuen Mac-Features einmal zu pausieren, waren die Entwickler doch wieder ganz schön fleißig – es gibt kaum eine Funktion in Mac OS X 10.6, dem »Snow Leopard«, die sie nicht angefasst haben. Schneller, glatter, besser ist das neue System ... aber immer noch ohne beschreibendes Handbuch. Zum Glück hat sich Dompteur David Pogue wieder daran gemacht, die große Katze auf Herz und Nieren zu prüfen und zu zähmen. Mit Witz und Humor, aber auch der gebührenden kritischen Distanz schildert er, was wie geht – und was nicht.

Mac OS X Snow Leopard – kurz & gut

Chris Seibold
246 Seiten, 2009, 12,90 €
ISBN 978-3-89721-555-9

Viel kann sich ja von Version 10.5 auf 10.6 nicht geändert haben für 29 € Update-Preis, meinen Sie? Tatsächlich zeichnet sich der Snow Leopard gegenüber dem Leoparden hauptsächlich durch größere Schnelligkeit und Verbesserungen in den Tiefen des Systems aus, die Sie als Benutzer vor allem in kürzeren Antwortzeiten etc. bemerken werden. Aber einige Punkte sind halt doch anders als früher – und kompakter und preisgünstiger finden Sie das neue System mit all seinen Finessen nirgendwo präsentiert als in diesem unschlagbaren Bestseller.

Blogs, Video & Online-Journalismus, 2. Auflage

Moritz »mo.« Sauer
432 Seiten, 2010, 24,90 €
ISBN 978-3-89721-973-1

Wer heutzutage online Inhalte zusammenstellen und verbreiten möchte, kann auf eine Reihe von Tools und Plattformen zurückgreifen, die ihm jede Menge Arbeit abnehmen. Dieses Buch zeigt, wie Sie in wenigen Schritten ein Blog mit WordPress aufsetzen, nach Ihren Vorstellungen gestalten und mit attraktivem Bildmaterial versehen. Sie lernen, wie Sie Ihre Artikel über Twitter bekannter machen und für Suchmaschinen optimieren. Auch die Produktion und Einbindung von Videos wird behandelt. Wenn Sie online publizieren, müssen Sie natürlich darauf achten, dass Sie sich juristisch auf sicherem Terrain bewegen. Deshalb haben zwei Juristen konkrete Hinweise und Hintergründe zu rechtlichen Fragen im (Video-)Blogger-Umfeld ergänzt.